国家社科基金项目"培育马克思主义信仰的群众基础"（2017MKS141）的阶段性研究成果

乡村振兴中农村精神文明建设研究：

面向农民日常生活的视角

练庆伟＿＿＿著

山西出版传媒集团
山西教育出版社

图书在版编目（ＣＩＰ）数据

乡村振兴中农村精神文明建设研究：面向农民日常
生活的视角／练庆伟著. — 太原：山西教育出版社，
2022.3
　ISBN　978－7－5703－1866－7

　Ⅰ．①乡…　Ⅱ．①练…　Ⅲ．①农村—精神文明建设—
中国　Ⅳ．①D422.62

中国版本图书馆 CIP 数据核字（2021）第 180637 号

乡村振兴中农村精神文明建设研究：面向农民日常生活的视角

XIANGCUN ZHENXING ZHONG NONGCUN JINGSHEN WENMING JIANSHE YANJIU：MIANXIANG NONGMIN RICHANG SHENGHUO DE SHIJIAO

责任编辑	康　健　白　宁
复　　审	刘晓露
终　　审	郭志强
装帧设计	陶雅娜
印装监制	蔡　洁

出版发行　山西出版传媒集团·山西教育出版社
　　　　　（太原市水西门街馒头巷7号　电话：0351－4729801　邮编：030002）
印　　装　山西新华印业有限公司
开　　本　720×1020　1/16
印　　张　22
字　　数　254 千字
版　　次　2022 年 3 月第 1 版　2022 年 3 月山西第 1 次印刷
书　　号　ISBN　978－7－5703－1866－7
定　　价　98.00 元

如发现印装质量问题，影响阅读，请与出版社联系调换，电话：0351－4729718。

序　言

从中华民族伟大复兴战略全局看，民族要复兴，乡村必振兴。在中国共产党成立100周年之际，习近平总书记庄严宣告，经过全党全国各族人民持续奋斗，我们实现了第一个百年奋斗目标，在中华大地上全面建成了小康社会，历史性地解决了绝对贫困问题。站在新的起点上，人民对美好生活的向往和追求有了新需要，乡村振兴战略迈向新高度，农村精神文明建设水平需要新的跃升。

乡村振兴战略是以习近平同志为核心的党中央对"三农"工作做出的重大决策部署。依据2020年、2035年、2050年社会主义现代化的三个重要发展阶段，乡村振兴的具体规划也分别对应为"制度框架和政策体系基本形成""农业农村现代化基本实现""乡村全面振兴，农业强、农村美、农民富全面实现"三个阶段。从过程看，乡村振兴战略既包括物质生产的过程，也包括精神生产的过程，而物质生产需要精神成果的支持，精神生产需要物质成果为底色；从成果看，乡村振兴战略取得的物质成果是物质文明，取得的精神成果是精神文明。换句话说，乡村振兴要实现"三农"全面进步、全面发展和全面振兴，要实现物质文明和精神文明双丰收。《乡村振兴战略规划（2018－2022年）》对新时代农村精神文明建设做出了全面部署，指出要持续推进农村精神文明建设，提升农民精神风貌，倡导科学文明生活，不断提高乡村社会文明程度。同时从政治教育、思想教育和道德教育等三个方面提出了具体要求：一是践行社会主义核心价值观，二是巩固农村思想文化阵地，三是倡导诚信道德风尚。练庆伟长期关注农村精神文明建设问题，《乡村振兴中农村精神文明建设研究——面向农民日常生活的视角》就是其思考研究的结果。

精神文明建设作为一个复杂的系统，不仅要研究建设什么的问题，而且要研究如何建设的问题。本书正是紧扣这两个维度，以农民为主体，以精神文明建设议题为聚焦点，以农民日常生活为切入点，以促使乡村振兴、夯实党的群众基础为目标的研究。主要有如下特点：

第一，探讨新阶段农村精神文明建设主要议题。农村精神文明建设是习近平总书记一直关注的问题，1989年习近平总书记就指出："脱贫致富从直观上说，是贫困地区创造物质文明的实践活动。但是，真正的社会主义不能仅仅理解为生产力的高度发展，还必须有高度发展的精神文明——一方面要让人民过上比较富足的生活，另一方面要提高人民的思想道德水平和科学文化水平，这才是真正意义上的脱贫致富。""脱贫致富的实践过程不但是我们改造客观世界、建设物质文明的过程，也是我们改造主观世界、建设精神文明的过程。"[1]2020年习近平总书记在中央农村工作会议上强调，全面实施乡村振兴战略的深度、广度、难度都不亚于脱贫攻坚，要加强社会主义精神文明建设，加强农村思想道德建设，弘扬和践行社会主义核心价值观，普及科学知识，推进农村移风易俗，推动形成文

---

[1] 习近平：《摆脱贫困》，福建人民出版社，1992，第111、114页。

明乡风、良好家风、淳朴民风。经过多年的不懈努力，我国农村精神文明建设取得了显著的成就，但是精神文明重在建设，只有进行时没有完成时。当前，农村仍然存在社会关系失衡、基本价值失准、文化失调等不良问题，这些问题产生了思想道德崩塌、小农意识影响、发展内生动力不足、社会无序竞争等现象。在新阶段的伟大征程中，乡村振兴中的农村精神文明建设的主要议题需要重点关注。本书围绕这一核心主旨紧扣"四个全面"战略布局展开多角度的讨论，告诉读者朋友们乡村振兴中农村精神文明建设要重视工匠精神培养、风险意识教育、理想信念教育和法治意识教育等议题。

第二，分析面向农民日常生活的实践路径。人民是社会主义精神文明建设的主体，社会主义性质决定了精神文明建设主体既是建设者，又是受益者。质言之，农村精神文明建设归根到底是以农民为主体的一项人类特有的精神生产活动，是农民素质不断现代化和农村社会风气不断优化的过程。所以，农村精神文明建设需要嵌入农民的日常生活，让精神文明建设活动具有乡土气息。日常生活与非日常生活是相对应的，日常生活之于个体是最为熟悉和得心应手的实践，熟悉性是其最突出的特性，同时日常生活还具有重复性、自在性和经验性。日常生活的这些特性不仅有利于实现教育目的，而且也与农民生活特点有很高的契合性。因此，基于日常生活的农民精神文明建设是提升教育亲和力的重要维度。本书从农民日常观念活动的日常话语、礼尚往来等日常交往和衣食住行等日常生计切入，思考提升农民精神文明建设亲和力和实效性的问题，为新时代加强和改进农村精神文明建设提供了新的视角。

第三，服务于夯实党在农村的群众基础。"求木之长者，必固其根本；欲流之远者，必浚其泉源。"不断夯实群众基础是政治的重要问题，争取群众并取得群众的支持拥护是革命的重要基础，也是社会主义建设蓬勃发展的重要基础。习近平总书记高度重视党的群众基础问题，指出："民心是最大的政治。"①"历史充分证明，江山就是人民，人民就是江山，人心向背关系党的生死存亡。赢得人民信任，得到人民支持，党就能够克服任何困难，就能够无往而不胜。反之，我们将一事无成，甚至走向衰败。"②从中华民族伟大复兴的战略全局和世界百年未有之大变局来看，最繁重的任务在农村，最深厚的基础也在农村，"三农"问题是事关全局的重大问题，守好"三农"基础是应变局、开新局的"压舱石"。经过多年的健康发展，党在农村的群众基础愈加稳固，但是在新的征程中也面对各种挑战，其中思想战线领域的各种挑战将更加复杂，希望本书的出版有利于推动夯实党在农村的群众基础理论和实践的发展。

开启全面建设社会主义现代化国家新征程，是中国共产党走向第二个百年新的伟大革命，是坚持和发展中国特色社会主义新的伟大创举。习近平总书记指出："即便我国城镇化率达到70%，农村仍将有4亿多人口。如果在现代化进程中把农村4亿多人落下，到头来'一边是繁荣的城市，一边是凋敝的农村'，这不符合我们党的执政宗旨，也不符合社会主义的本质要求。"③中国社会异常宽广，尤其各地农村、农民和农业具有很强的地域特色，农村精神文明建设领域需要不断拓展和细化，具有广阔的成长空间。在研究的视角上理

---

① 《习近平谈治国理政》第3卷，外文出版社，2020，第137页。
② 习近平：《在党史学习教育动员大会上的讲话》，人民出版社，2021，第15页。
③ 《习近平谈治国理政》第3卷，外文出版社，2020，第257页。

解农村、农民、农业问题不仅需要宏观的理论性阐释，也需要微观的实践性研究；在研究的议题上也非常丰富，既有国家与农民关系的问题，也有农村社会结构的问题，还有农民价值观和世界观等文化维度的问题；在研究的方法上可以有理论阐释，也需要实证研究。如此等等。本研究主要从宏观层面对农民价值观和世界观维度的问题进行理论性的阐释，是新时代农村精神文明建设问题值得鼓励和肯定的探索，期待更多的学界同仁关注农村精神文明建设问题，创造更多的精品力作。

刘建军

教育部长江学者特聘教授、中国人民大学教授

目　录

绪　　论

改革开放40多年，我国乡村建设取得了举世瞩目的成就。改革开放初期，家庭联产承包责任制的落实使农村面貌发生了翻天覆地的变化；党的十六届五中全会提出了"建设社会主义新农村"的思想，将"三农"问题摆在更加突出重要的位置；党的十九大提出实施乡村振兴战略是以习近平同志为核心的党中央对"三农"工作做出的重大决策部署。"农业农村现代化是实施乡村振兴战略的总目标，坚持农业农村优先发展是总方针，产业兴旺、生态宜居、乡风文明、治理有效、生活富裕是总要求，建立健全城乡融合发展体制机制和政策体系是制度保障。"①乡村振兴的"二十字"总要求，反映了乡村振兴战略的丰富内涵，是"五位一体"总体布局、"四个全面"战略布局在"三农"工作中的体现。乡村振兴战略对实现"两个一百年"奋斗目标和中华民族伟大复兴中国梦具有深远意义。从过程看，"二十字"总要求既包括物质生产的过程，也包括精神生产的过程，而物质生产需要精神成果的支持，精神生产需要物质成果为底色。从成果看，"二十字"总要求取得的物质成果是物质文明，取得的精神成果是精神文明。但是不管是物质文明还是精神文明，都是人类社会中人与自然相互作用关系和人与人交往关系的实践的产物。也就是说，乡村振兴要实现物质文明和精神文明双丰收，要

①《习近平谈治国理政》第3卷，外文出版社，2020，第257页。

实现"三农"全面进步、全面发展和全面振兴。精神文明建设是乡村振兴战略的支点，精神文明建设在乡村振兴中既体现为工具性的价值，也体现为目的性的价值。

一、农村精神文明建设是乡村振兴的应有之义

现代化是在全社会发生的全方位的从传统农业社会向现代工业社会转变的发展过程。现代化是中国近代以来最深沉的历史使命。从国内看，近代中国是"'老大帝国'，'东亚病夫'，经济落后，文化也落后，又不讲卫生，打球也不行，游水也不行，女人是小脚，男人留辫子，还有太监，中国的月亮也不那么很好，外国的月亮总是比较清爽一点"①。从国际看，资本主义入侵带来两个结果：一是使得中国逐渐变为一个半殖民地半封建社会。二是"外国资本主义对于中国的社会经济起到了很大的分解作用；一方面，破坏了中国自给自足的自然经济的基础，破坏了城市的手工业和农民的家庭手工业；又一方面，则促进了中国城乡商品经济的发展"②。资本主义入侵虽然带来了现代化因素的发展，但是如何让中华民族真正实现现代化成为极为重要的议题，因为"帝国主义列强侵入中国的目的，决不是要把封建的中国变成资本主义的中国。帝国主义列强的目的和这相反，它们是要把中国变成它们的半殖民地和殖民地"③。实现现代化、实现中华民族伟大复兴成为近代以来全体中国人民的伟大梦想和使命担当。中华人民共和国的成立开启了中国历史的新纪元，中国终于建立了一个高度统一、独立自主的现代国

---

① 《毛泽东文集》第7卷，人民出版社，1999，第87页。
② 《毛泽东选集》第2卷，人民出版社，1991，第626页。
③ 《毛泽东选集》第2卷，人民出版社，1991，第628页。

家。1954年，毛泽东在第一届全国人民代表大会第一次会议开幕式上就提出了"建设成为一个工业化的具有高度现代文明的伟大的国家"的宏伟目标。1962年，毛泽东又指出："资本主义的发展，经过了好几百年。十六世纪不算，那还是在中世纪。从十七世纪到现在，已经有三百六十多年。在我国，要建设起强大的社会主义经济，我估计要花一百多年。""社会主义和资本主义比较，有许多优越性，我们国家经济的发展，会比资本主义国家快得多。""三百几十年建设了强大的资本主义经济，在我国，五十年内外到一百年内外，建设起强大的社会主义经济，那又有什么不好呢？"[1]党的十一届三中全会召开实现了工作重心转移到经济建设上来，开启了改革开放新时期，中国发生了翻天覆地的变化。党的十八大以来，中国特色社会主义进入新时代，我们比历史上任何时候都更加接近中华民族伟大复兴。

农业农村农民的现代化不仅是中国社会主义现代化的重要组成部分，而且农民也是现代化的重要主体和推动力量。美国历史学家巴林顿·摩尔从中国和俄国的经验中发出这样的惊叹："现代化进程以失败的农民革命为起点，在20世纪，它却经由成功的农民革命而进入高潮。那种认为农民只是历史客体，是一种社会生存形态，是历史变化的被动承受者，而与历史变革的动力无缘的观点，已经站不住脚了。对于上述论点，历史的讽刺是耐人寻味的。在现时代，农民一如革命中坚分子，成了革命的代表，随着中坚分子大获全胜，他们也作为卓有影响的演员而步入历史舞台。然而，他们的革命作用在不同国家有所不同。在中国和俄国，农民发挥了决定性的

---

[1]《毛泽东文集》第8卷，人民出版社，1999，第301-302页。

作用……"①这是农民对中国革命所具有的主体性影响的判断，这个判断不是主观臆断，而是基于中国革命的发展历程和实践结果的总结。回过头去看，农民不仅在革命时期，而且在建设和改革时期同样具有举足轻重的地位。农民是新中国社会主义建设最可依靠的力量，农民也是改革开放中伟大的探索者。展望未来，虽然随着社会主义现代化建设的不断发展，农民在总人口中的比重会大幅下降，但是其主体性、能动性和创造性始终是中华民族伟大复兴的重要力量。

农业农村农民问题作为社会主义现代化的一个基本问题，是中国共产党始终重视的一个问题。在党的第七次全国代表大会上的政治报告中，毛泽东就说："农民——这是中国工人的前身。将来还要有几千万农民进入城市，进入工厂。如果中国需要建设强大的民族工业，建设很多的近代的大城市，就要有一个变农村人口为城市人口的长过程。""农民——这是中国工业市场的主体。只有他们能够供给最丰富的粮食和原料，并吸收最大量的工业品。"②1949年3月，毛泽东在党的第七届中央委员会第二次会议上同样强调农民在党的工作中的重要地位，他指出："从现在起，开始了由城市到乡村并由城市领导乡村的时期。党的工作重心由乡村转移到了城市。"但"决不可以丢掉乡村，仅顾城市，如果这样想，那是完全错误的。"③作为农业大国，农民的现代化与中国社会主义现代化是密切相连的关系。新民主主义革命胜利是如此，新中国成立，尤其是新

---

① [美] 巴林顿·摩尔:《民主与专制的社会起源》，华夏出版社，1987，第368页。
②《毛泽东选集》第3卷，人民出版社，1991，第1077页。
③《毛泽东选集》第4卷，人民出版社，1991，第1427页。

时期中国特色社会主义事业的伟大成就也是如此。经过长期努力，我国社会主义现代化建设进入了新时代。从中华民族复兴历史进程来看，中国特色社会主义进入新时代，意味着近代以来久经磨难的中华民族迎来了从站起来、富起来到强起来的伟大飞跃，迎来了实现中华民族伟大复兴的光明前景；从科学社会主义的发展进程看，中国特色社会主义进入新时代，意味着科学社会主义在21世纪的中国焕发出强大的生机活力，在世界上高高举起了中国特色社会主义伟大旗帜；从人类历史进程看，中国特色社会主义进入新时代，意味着中国特色社会主义道路、理论、制度、文化不断发展，拓展了发展中国家走向现代化的途径，给世界上那些既希望加快发展又希望保持自身独立性的国家和民族提供了全新的选择，为解决人类问题贡献了中国智慧和中国方案。中国能够发展到今天，是因为中国共产党领导的革命很好地动员和组织了农民，变革了乡村。今天，动员组织农民和变革农村的逻辑依然决定着中国的发展。依此逻辑，中国未来的国家建设和社会发展，在很大程度上将取决于中国共产党能否在现代化的行动逻辑中组织乡村、发展乡村、提升农民。[①]组织乡村、发展乡村和提升农民中，农村是结构性因素，是农民的能动性因素，因此，农民是关键。

农民的思想政治素质是重要维度，因此，"严重的问题是教育农民"。农民有松散型的特点，农民是"由一些同名数简单相加形成的，好像一袋马铃薯是由袋中的一个个马铃薯所集成的那样"[②]。但是农民是社会发展的重要力量，列宁指出，俄国社会的"第一个

---

① 林尚立：《革命与乡村：中国的逻辑——读〈革命与乡村〉丛书》，《中共党史研究》2008年第1期。

② 《马克思恩格斯全集》第11卷，人民出版社，1995，第229页。

特点"就是"我国的无产阶级不但是少数，而且是极少数，占大多数的是农民。"①"我们过去怎样争取和今后如何继续'争取'农民（站到无产阶级这方面来）的问题"，是"极其重要的、根本的、世界性的（涉及世界政治的实质的）问题"②。这个道理在中国仍然适用。新民主主义革命时期毛泽东就指出："中国的革命实质上是农民革命。"③邓小平指出："看中国的变化，首先要看农村的变化，看中国的稳定，首先要看农村的稳定，因为它毕竟是百分之八十的人的问题。"④江泽民指出："对农民进行思想教育，是摆在农村各级党组织面前的一项重要而紧迫的任务，各地都要予以重视。"⑤胡锦涛在2008年与小岗村干部群众的座谈会上讲道："希望乡亲们齐心协力，努力把农业生产搞上去，把文化生活搞丰富，把村庄环境搞整洁，使日子过得一天更比一天好。"⑥习近平总书记在党的十九大报告中指出："农业农村农民问题是关系国计民生的根本性问题，必须始终把解决好'三农'问题作为全党工作的重中之重。"⑦农民教育不单纯是农民自身素质提升的问题，还关系农业、农村现代化的问题，进而关系整个国家的工业化、城市化、共同富裕等一系列重大问题。因此，改革开放以来，党中央、国务院连续多年以"一号文件"的形式强调农业、农村和农民问题，强调要加强农村精神

---

① 《列宁专题文集论社会主义》，人民出版社，2009，第196页。
② 《列宁全集》第42卷，人民出版社，2017，第94页。
③ 《毛泽东选集》第2卷，人民出版社，1991，第692页。
④ 《邓小平年谱（1975—1997）》（下），中央文献出版社，2004，第1207页。
⑤ 《毛泽东、邓小平、江泽民论思想政治工作》，学习出版社，2000，第38页。
⑥ 《胡锦涛文选》第3卷，人民出版社，2016，第116页。
⑦ 《习近平谈治国理政》第3卷，外文出版社，2020，第25页。

文明建设，不断提升农民精神风貌。

二、农村精神文明建设的理论与实践价值

农村精神文明建设具有重要的理论意义。首先，有利于丰富精神文明建设理论。贺雪峰曾指出，当前中国电影电视上，最多的主题是帝王将相、才子佳人，再就是讲述中产阶级的小资梦想，报纸和网络媒体也极少有农民的形象，尤其是缺少农民从事农业生产的形象。农民工业很少引起关注。[①]这里虽然表达的是媒体关注普通农民不多，但也从一个侧面反映出农民问题不是学界关注的重点。如果有关注的话，也多没有站在"小农立场上关心和思考占中国农民绝大多数、占中国人口绝大多数的小农"[②]。如果梳理一下近年农民思想政治教育的研究我们也可以发现，与其他群体相比其相关研究比重偏少，高质量的成果也不多。对此，下文的"研究现状"中将述及，在此不再赘述。"农村精神文明建设的重点是加强做好农民的思想政治工作"[③]，"农村精神文明建设，最根本的是要加强对农民的思想教育"[④]。因此，本研究作为从理论上梳理农村精神文明建设的相关研究的尝试，是对目前研究现状的丰富补充。其次，有利于完善思想政治教育学术版图。思想政治教育实践伴随着阶级与国家的出现而产生，以不同的性质和形态存在于社会发展的不同阶段。对这种教育实践活动，不同时代不同学者从不同角度做了总

---

① 贺雪峰：《小农立场》，中国政法大学出版社，2013，第5页。
② 贺雪峰：《小农立场》，中国政法大学出版社，2013，第8页。
③ "农村精神文明"，《十三大以来重要文献选编》（中），中央文献出版社，1991，第1186页。
④《十四大以来重要文献选编》（中），中央文献出版社，1997，第1521页。

结和梳理。无产阶级政党实现了思想政治教育实践的划时代意义的变革，形成了丰富的思想政治教育的理论成果。为了落实中共中央批转的《国营企业职工思想政治工作纲要（试行）》中"努力造就一大批思想政治工作能手，一大批精通思想政治工作的专家"的要求，1984年召开的全国高等学校思想政治工作会议提出，有条件的大专院校增设政治工作专业。为此，进一步组织专家论证，确定专业名称为"思想政治教育专业"，实现了思想政治教育专业与思想政治教育学科的创办。①由此，思想政治教育的主干理论和分支学科的研究不断深入，其中既有基础理论的研究，也有应用性的研究。农民教育问题始终是思想政治教育的重要"关键词"，农民思想政治教育的研究有利于完善和丰富思想政治教育的学术版图。

　　农村精神文明建设研究也具有重要的现实意义。首先，农村精神文明建设是新时代乡村振兴战略的重要内容。经过长期努力，中国进入了新时代，新时代农村思想政治教育也面对新的议题。《乡村振兴战略规划（2018—2022年）》对新时代农村思想政治教育做出了全面部署，指出要持续推进农村精神文明建设，提升农民精神风貌，倡导科学文明生活，不断提高乡村社会文明程度。同时从政治

---

① 思想政治工作与思想政治教育两个概念，含义基本相同，指导思想、目的和内容也基本一致，在一般情况下可以通用。但思想政治工作与思想政治教育也有区别。思想政治工作除包含思想政治教育外，还包括党的组织工作、统一战线工作、群众工作等。（《思想政治教育学原理》编写组：《思想政治教育学原理》，高等教育出版社，2016，第3、11页。）另外，从思想内涵和政治实质上说，思想政治教育与精神文明建设是完全一致的；从外延和范围上说，思想政治教育与精神文明建设可以说是包含关系，思想政治教育被包括在精神文明建设之内，成为精神文明建设的一个部分，因此，本研究将思想政治教育与精神文明建设视为一致的概念，不做严格区分，以免陷入概念的丛林。

教育、思想教育和道德教育等三个方面提出了具体要求：一是践行社会主义核心价值观。坚持教育引导、实践养成、制度保障三管齐下，采取符合农村特点的方式方法和载体，深化中国特色社会主义和中国梦宣传教育，大力弘扬民族精神和时代精神。二是巩固农村思想文化阵地。推动基层党组织、基层单位、农村社区有针对性地加强农村群众性思想政治工作。三是倡导诚信道德风尚。深入实施公民道德建设工程，推进社会公德、职业道德、家庭美德、个人品德建设。"乡土中国不仅是地理意义的农村，而且是整个中国社会文化基本特性。"①换句话说，农村精神文明建设、农民思想政治教育的研究可以在一定程度上关照精神文明建设的整体。其次，农村精神文明建设可以发挥凝聚共识、提高思想觉悟、提供精神动力等重要作用，为新时代乡村振兴提供精神动力。当前，许多农民对自己的身份不是很认同，"由于城乡之间的差距在不断地扩大，农民的弱势地位在不断加重，因而农民对于社会难以有一个积极的认同"②。同时，农村仍然存在许多不良风气，农民素质面临现代化问题。当前农村存在的主要问题不是农民收入太低、劳动太重，而是消费不合理，闲暇无意义，是社会关系的失衡，是基本价值的失准，是文化的失调。这些问题表现出来林林总总，如人情泛滥、彩礼横行、无序竞争、道德崩塌、老年人自杀率高、离婚率高、不理性消费、刁民崛起等。③英克尔斯在《人的现代化》中说："那些完善的现代制度以及伴随而来的指导大纲、管理守则，本身是一些空

---

① 梁鸿：《中国在梁庄》，江苏人民出版社，2010，第193页。
② 吴忠民：《社会公正论》，山东人民出版社，2004，第274页。
③ 贺雪峰：《大国之基：中国乡村振兴诸问题》，东方出版社，2019，第105-126页。

的躯壳。如果一个国家的人民缺乏一种能赋予这些制度以真实生命力的广泛的现代心理基础，如果执行和运用着这些现代制度的人，自身还没有从心理、思想、态度和行为方式上都经历一个向现代化的转变，失败和畸形发展的悲剧结局是不可避免的，再完美的现代制度和管理方式，再先进的技术工艺，也会在一群传统人的手中变成废纸一堆。"①也就是说，要让农村更好地构成中国现代化的稳定器与蓄水池，需要不断提升农民的素质。农村精神文明建设有利于提升农民精神风貌，有利于形成科学文明生活，有利于不断提高乡村社会文明程度。

三、农村精神文明建设研究的学术版图

中国共产党始终重视农村精神文明建设，改革开放以来高度重视农村精神文明建设并取得巨大成绩。1983年，中共中央关于印发《当前农村经济政策的若干问题》的通知指出："党在农村的工作，必须始终坚持两手抓的方针，一手抓物质文明，一手抓精神文明，使整个农村的物质生活不断改善，思想政治不断进步，文化知识不断提高。""农村的各项经济工作做好了，可以促进思想政治工作的开展，但终究不能代替思想政治工作；思想政治工作加强了，才能保证农村各项改革的健康发展。"②同年下发的《中共中央关于加强农村思想政治工作的通知》是改革开放以来关于农村思想政治教育的标志文件。《通知》对新时期农村思想政治教育的背景和必要性、农村思想政治教育的工作任务和主要内容、农村思想政治教育的基

---

① ［美］阿历克斯·英格尔斯等:《人的现代化》，殷陆君编译，四川人民出版社，1985，第4页。

② 《十二大以来重要文献选编》（上），中央文献出版社，1986，第267页。

本原则和新方法、农村思想政治教育的领导和管理等问题做了全面的部署。同时，还印发了《当前农村思想政治宣传教育提要》推进具体工作。①1985年，陈云《在中国共产党全国代表会议上的讲话》特别强调要加强思想政治工作，维护党的思想政治工作部门的权威，他指出："各级党组织都应把思想政治工作认真抓好，都要积极维护思想政治工作部门的权威。""应当把共产主义思想的教育、四项基本原则的宣传，作为思想政治工作的中心内容。"②1990年，江泽民《在农村工作座谈会上的讲话》谈到农村一些地方滋生不良现象影响农村安定时，指出："发生这些问题的重要原因之一，是放松了思想政治工作，放松了对农民进行爱国主义、集体主义、社会主义教育。""越是搞现代化建设和改革开放，越是要重视对农民的教育。农村的思想阵地，社会主义思想不去占领，落后的、错误的思想就必然会去占领。"③1993年江泽民在《要始终高度重视农业、农村和农民问题》中强调："加强农村的社会主义精神文明建设和民主法制建设，搞好农村社会治安综合治理。这是农村现代化建设和社会进步的重要内容。"④与之对应，学界对农村精神文明建设和农民思想政治教育问题也进行了深入研究。依据相关文献发表时间的高峰为标志进行阶段分析，改革开放以来大致可分为六个研究高峰阶段：1999年以前为第一阶段，2000—2002年为第二阶段，2003—2009年为第三阶段，2010—2014年为第四阶段，2015—2017年为第五阶段，2018至今为第六阶段。这六个阶段总体上可以分为三个

① 《十二大以来重要文献选编》（上），中央文献出版社，2011，第231页。
② 《十二大以来重要文献选编》（中），中央文献出版社，1986，第845-846页。
③ 《十三大以来重要文献选编》（中），中央文献出版社，1991，第1166页。
④ 《十四大以来重要文献选编》（上），中央文献出版社，1996，第431页。

时期：

（一）初探期

改革开放以来不可避免地出现不适应新形势、新政策的问题，并且受到前一时期极"左"环境的影响，农村发展需要一个适应环境变化的过程。由此，需要坚持解放思想、实事求是的思想路线，加强思想政治教育力度，正确认识和解决农民问题。从十一届三中全会召开至1999年文献发文量较少，趋势较平缓，发文高峰年份在1990年和1992年，均为26篇。通过聚类分析可见，研究关键词频次从高到低依次是："劳动者""国防教育""乡镇企业""国情教育""劳动教育""爱国主义教育""思想政治工作队伍""村社""商品经济""农村革命根据地""揽储""一切从实际出发"。这个时期研究的重点主要有：第一，教育内容的研究。强调要加强理想信念教育，"应当在有中国特色社会主义建设的过程中，把前途教育、把共产主义思想教育同现行政策正确地结合起来，才能保证社会主义建设事业的发展方向"[1]。同时，强调国防教育、法制教育。20世纪90年代，我国开展军事国防普及教育，搞好农民的国防教育，提高农民的国防观念，要寓教于农民的实际生活中，"采取广播、电视、展览、流动宣传、文艺演出和刊、函授教育等多种形式"[2]。针对"经常性的法制宣传几乎没有开展，打击刑事犯罪活动中没有进行相应的法制宣传，对农村基层干部的法制教育未能放到应有的

---

[1] 宋锡仁：《建设有中国特色社会主义必须坚持实践观点和发展观点》，《毛泽东思想研究》1983年第1期，第32页。

[2] 周卫华：《农民国防教育值得重视》，《国防》1993年第6期，第10页。

位置上来"①等问题强调要开展法制教育。这一时期思想政治教育强调科学文化知识与先进实用农业科技知识的教育，农村信用合作社的相关金融、借贷、揽储的教育等。值得注意的是，教育要结合有效的工作方式，"探索出切合当地实际，群众乐于接受的新的有效的工作方式"②。第二，教育重点对象的研究。党在农村的基层干部在思想政治教育中发挥着重要作用，强化干部理论政策的学习，引导他们克服"左"和"右"的干扰，认识到"实现四个现代化是当前最大的政治，思想政治工作必须围绕现代化建设这个中心"③，"逐步树立市场经济观念，提高他们对发展农业必须实行两个根本性转变的认识；从整顿思想作风入手，进一步提高基层干部的思想政治素质，进一步强化基层干部的科学文化、政策法规教育"④。

（二）发展期

这一阶段的发文高峰为2000年，共35篇。这一阶段的关键词主要是"思想政治工作""群众""政治""'三个代表'重要思想""党员""法制教育""乡镇党委""市场经济""社会主义""农村信用社""精神文明创建活动"等。进行聚类分析可知，这一时期主要从三个方面进行研究：

第一，从"乡镇企业""农村工业"和"信用合作社"等关键词

---

① 傅亚斌：《农村法制教育亟待加强》，《现代法学》1984年第3期，第77-79页。

② 乌力吉图：《加强思想政治工作是做好当前农村工作的关键》，《内蒙古宣传》1999年第5期，第20页。

③ 阮银甫：《党的十一届三中全会与农民问题》，《理论月刊》1998年第12期，第12页。

④ 乌力吉图：《加强思想政治工作是做好当前农村工作的关键》，《内蒙古宣传》1999年第5期，第20页。

可以看出这个时期紧贴时代背景，从解放生产力、乡村城镇化入手，着重减轻农民负担，顺应新形势的发展而开展思想政治教育。市场经济的新模式受当时极"左"的政治环境和计划经济的影响并不能使农民放心大胆地实践，农民的价值观的转变和教育是重点研究问题，因此，学者们提出对农民的思想要有新的认识。"思想观念突破了传统束缚，获得了极大的释放，但深层次陈旧观念短期内难以彻底根除；有着对理想社会的向往，对社会主义本质的追求，但往往限于狭隘的功利主义，使理想、信念发生扭曲；参与意识不断增强，但参政水平亟待提高；用法律维护自己权益的观念增强，但对法律的理解和运用有失公允；对知识、文化、技术渴求有余，但吸吮严重不足；对党和国家的各项涉农政策的理解及对政府的信任度增强，但在基层，干群关系依然紧张。"①因此，思想政治教育强调"对农民的教育，要结合奔小康，建设社会主义新农村，提高农民素质，促进农民自身的解放来进行"②。

第二，从"市场经济""经济体制""农村党建""爱国主义教育""法纪教育""思想体系"等关键词，体现出此时我国农村（民）思想政治建设的重点在于顺应经济发展和社会主义教育，包括对党员的教育和如何开展党建工作、爱国主义教育和法纪教育。对此，学者们对实践中的好经验和好做法进行了总结，比如对郑州市上街区聂寨乡辖7个农村党支部开展的"三级联创"党建活动进行

---

① 杨以谦：《对农民思想政治教育要有新思路》，《江淮论坛》2000年第5期，第60-61页。

② 杨以谦：《对农民思想政治教育要有新思路》，《江淮论坛》2000年第5期，第62页。

总结。①又如，遵义县当时在积极开展新形势下农村思想政治工作的实践中，主要依据"立足于教育，提高基层干部的素质；着眼于群众宣传教育，加强思想阵地建设；充分发挥以村党支部为核心的战斗堡垒作用；把解决思想问题同解决实际问题结合起来"②。再如，宁乡部分乡镇实现从乱到治的调查中发现，"他们充分发挥思想政治教育的作用，致力于改善农村干部同农民群众的关系，努力提高广大干部群众的综合素质，使那些曾经躁动不安的乡镇实现了从乱到治的变迁"，主要是"加强党性党风教育，帮助农村基层干部树立正确的群众观；加强民主法制教育，帮助农民群众树立正确的权利义务观；加强文明素质教育，帮助农民群众树立正确的价值观"③。

第三，从"农村基层干部""形势""减轻农民负担""民主法制教育""农村文化建设""农村社会稳定"等关键词，体现出由于当时的社会背景正是改革开放与发展市场经济条件下的新农村建设，学者们关注新发展与新问题，主要集中在两方面：一是这个阶段深入贯彻落实"三个代表"重要思想，切实提高农村基层干部素质，增强农村基层党组织凝聚力和战斗力，推动农业农村经济结构战略性调整，促进农村经济发展和社会全面进步。④二是针对"联产承包责任制的推行极大地调动了广大农民的生产积极性，但农民的个

---

① 王敏：《拓宽渠道丰富内涵，深化乡村党建工作》，《农村农业农民》2000年第9期，第35页。

② 刘一民：《凝聚人心强化信念服务大局——遵义县积极开展新形势下农村思想政治工作》，《当代贵州》2000年第11期，第14-15页。

③《思想政治教育在维护农村社会稳定中的成功实践——宁乡县部分乡镇实现从乱到治的调查》，《学习导报》2000年第2期，第30-32页。

④ 阳国亮：《"三个代表"与当前农村思想教育》，《中共桂林市委党校学报》2001年第1期，第3-5页。

体'松散性'重新成为一个新的问题"①，教育重点基本围绕"抓好基层组织建设"②"推进民主政治建设"③"增强农民思想政治教育"④。同时提出了相应的对策建议，教育重点关注"加强对农民的思想政治教育必须与为农民群众办实事、办好事结合起来"⑤，大力发展生产力是解决一切矛盾的基础，要"思想政治教育必须与农村经济建设相结合"⑥"发展是硬道理。加快农村经济发展是解决农村所有问题的关键，只有通过大力发展农村经济，千方百计增加农民收入，给农民带来看得见、摸得着的物质利益，思想政治工作才有说服力和感召力"⑦。

第四，从"劳动者""德育""教育方式""新农村""农牧民""经常性思想工作""井冈山"等关键词中可以看到研究既有回顾性的历史经验总结，也有根据新环境的政策要求以及亟需解决的问题进行专题研究。"井冈山"的研究多为学者对以毛泽东为首的党的第

---

① 傅伯言、王明美、谢晓蔚：《适应新形势 探索新办法 赢得好效果——丰城市开创农村工作新局面调查》，《求实》2000年第6期，第40页。

② 杨正午：《加强对农民的思想政治教育》，《党建研究》2000年第6期，第8页。

③ 黄金龙：《抓好五个结合做好农民思想政治工作》，《福建理论学习》2000年第10期，第11页。

④ 李秀忠：《农民教育与农村的社会稳定和经济发展》，《山东经济》2001年第3期，第43页。

⑤ 杨正午：《加强对农民的思想政治教育》，《党建研究》2000年第6期，第7页。

⑥ 黄金龙：《抓好五个结合做好农民思想政治工作》，《福建理论学习》2000年第10期，第10页。

⑦ 杨正午：《加强对农民的思想政治教育》，《党建研究》2000年第6期，第6页。

一届领导人在革命或新中国成立初期对农村农民思想教育的研究分析。从以上关键词可以看出，这一阶段的思想教育开始从偏重社会背景的"政策教育"到注重探索新方式的"素质教育"，重点围绕"农村文化建设""新农村建设""革命传统教育"开展思想政治研究。此时，商品经济已经普遍被农民接受并且适应了市场经济的环境，思想政治教育也呈现多元化趋向，"农村社会的转型使农民思想产生了复杂的变化。在开放意识增强的同时，对所接受思想的辨别力下降；在平等意识增强的同时，又出现了自由散漫的苗头；在自我意识增强的同时，集体意识淡化。除此之外，转型期新旧道德规范、价值观念之间的碰撞所造成的道德空缺，以及由于文化程度低、劳动技能差等缺陷所致的弱势群体因其地位一时难以改善而对社会的一种抵触情绪，给思想政治教育带来新的挑战"①。因此，如何改变农村现有的思想教育工作方式，进行创新，是这一阶段农村工作中迫切需要解决的新问题。

（三）丰富期

新时代面对新机遇，也催生新问题。随着形势的变化，思想政治教育工作的开展也要与时俱进，面对复杂多变的国际国内环境与科技、网络等新兴力量的发展，思想政治教育方式和内容更有针对性，思想政治队伍建设的重要性更加凸显。这个时期大略可以分为三个阶段：

第一，2010—2014 年共 270 篇相关文献，高频关键词从高到低依次是"对策""思想政治工作""社会主义新农村建设""新时期""华中抗日根据地""法制教育""丰碑"。再进一步查看每个类别下

---

① 苏明秀、张玉兰：《农村思想政治教育的困境与出路》，《江苏农村经济》2004 第 11 期，第 42 页。

面的关键词，可以大致看出这一阶段的研究大多以回顾革命时期以及国家建设和改革过程中党组织的决定，尤其是毛泽东对于农民思想教育理论与实践进行经验总结，由此启发新时期我国如何有针对性地继续开展思想政治教育工作。王东维与路建华的《中国共产党农民思想政治教育工作的历史经验与启示》一文，从革命战争年代、进入社会主义建设时期、改革开放新时期三个阶段进行梳理并得出启示。又如石亚玲与王树荫的《我国农村思想政治教育研究三十年述要》、龙海平的《农村思想政治教育30年的回顾与展望》、段兰兰的《毛泽东农民教育思想与新型农民的塑造——以湖南省辰溪县赵家溪村为例》、王尊旺的《毛泽东重农思想浅析》、钟欢的《大革命时期党对农民的思想政治教育》、张文标与李媛的《中央苏区农村思想政治教育的基本经验与启示》等，均是对历史上农民思想政治教育的回顾。此外，这一阶段对现阶段教育工作的分析研究颇丰，《论加强农民思想政治教育对提升新农村文化软实力的效用》一文中，作者从农村文化软实力角度看思想政治教育的必要性、面临的问题与解决问题的基本着力点，因此，"农民思想政治教育要坚持贯彻中国化马克思主义理论的最新成果，与时俱进，探索新时代内容，加强教育机制改革，创新教育方式和载体，不断提升新农村文化软实力"[1]。除了对现状的分析和对策的创新之外，这一阶段对农村青少年的思想政治教育研究的文献偏多，例如《农村青年思想

---

[1] 洪涛、睢艳卿、康慧娟：《论加强农民思想政治教育对提升新农村文化软实力的效用》，《思想政治教育研究》2013年第6期，第76页。

政治工作思考》①《浅谈农村留守儿童思想政治教育》②《农村大学生思想政治教育的内在机制研究》③等，均是在农村处在改革和发展的新变化下，对青年群体思想教育工作的重视。

第二，2015—2017年的相关文献，高频关键词从高到低依次是"中国共产党""问题""法制教育"。主要有如下视角：一是从历史维度探寻培育和践行社会主义核心价值观④；二是探讨中国梦融入农村思想政治教育理念、内容、方法等，可以增强中国梦融入农村思想政治教育实效性⑤；三是在全面从严治党形势下农村党员思想政治教育的长度、力度、广度、效度等问题⑥；四是"法制教育"在这一阶段主要体现为，在农民法律意识、法制观念普遍提高的情况下，随着社会主义新农村建设的深入和城乡一体化建设的发展，如何看待法治社会，如何解决出现的新问题和新矛盾。⑦

第三，2018年至今相关文献，聚类分析得出高频关键词类别使

① 陈东旭：《农村青年思想政治工作思考》，《思想政治教育研究》2012年第4期，第66-69页。
② 余锋：《浅谈农村留守儿童思想政治教育》，《改革与开放》2013年第2期，第176页。
③ 赵春草：《农村大学生思想政治教育的内在机制研究》，《学校党建与思想教育》2012年第15期，第38-39页。
④ 易新涛：《培育和践行社会主义核心价值观的历史启示——以新中国成立初期农村社会主义教育为例》，《理论探索》2015年第4期，第77-81页。
⑤ 张季、李可世：《中国梦融入农村思想政治教育初探》，《传承》2016年第9期，第79-81页。
⑥ 张明颜：《全面从严治党视角下农村党员思想政治教育的"四度三维"》，《党史文苑》2016年第22期，第60-62页。
⑦ 林雪子、宿一兵：《湖南省新农村法制教育现状及对策研究》，《改革与开放》2016年第2期，第90-91页。

用频次从高到低为"乡村振兴""农村中学""农村地区""乡村振兴战略""劳动教育"等。一是将物质扶贫与思想扶贫相结合，探索精准扶贫背景下思想政治教育工作与时俱进地创新发展是其中的研究重点。[①]二是重视农民思想政治教育理念创新。有学者指出："在自主性视角下建构农民思想政治教育效能提升机制，有效引导农民群体发挥自主性、树立健康向上的价值观，是创新农民思想政治教育工作的重要任务，也是在乡村振兴中发挥农民主力军作用的必要保证。"[②]"重新确定农民思想政治教育平等性、现实性、交往性、制约性的时代特征，反思当前农民思想政治教育自身存在的注重单向灌输而忽略相互交往、强调规范性而忽略人的能动性、突出知识性而忽略生活世界、着眼集体性而忽视个体性的问题，在此基础上对农民思想政治教育的教育理念、教育内容、教育方式进行重构。"[③]三是新时代农村思想政治教育的模式也有进一步推进。比如《新时代农村思想政治工作创新案例选编》（人民出版社2019年）出版收录了农村基层地区思想政治工作典型案例，是农村思想政治工作思路方法的创新，是依托理论、贴近实践的经验总结，也是指引思想教育工作深入展开的可靠帮助。

（四）简要评述

改革开放以来，农村精神文明建设问题得到党和国家的高度重视，是学界始终关注的一个重要问题。上述文献主要来源于知网中

---

① 刘婷：《精准扶贫中对农民的思想政治教育》，《农家参谋》2019年第22期，第50-51页。

② 张译木、王瑶：《农民思想政治教育的自主性维度》，《人民论坛》2020年第5期，第90页。

③ 李晓广、朱楷文：《新时代农民思想政治教育的重构》，《吉林师范大学学报（人文社会科学版）》2020年第1期，第98页。

的论文，并不包括各个时期学者们从不同维度切入的各类著作，也不包括各部门、各地方的工作经验总结，但是从上述的简要梳理中我们可以看到已有的研究视角多样、主题丰富、方法也不断发展。已有的研究为进一步研究农村精神文明建设问题提供了很好的资源，当然也仍然存在需要拓展的发展空间。首先，随着时代的发展，教育议题需要不断拓展。当前，我们比历史上任何时期都更接近于实现中华民族伟大复兴，我们也面临百年未有之大变局，这个世界既充满机遇，也存在挑战。因此，新时代农民思想政治教育中道德素质教育、法制教育、理想信念教育等原有议题需要不断发展，农民的风险观教育、网络素养等新议题需要不断完善。其次，随着社会日益多样，需要强化精神文明建设的供给侧改革。农村的社会结构发生巨大变迁，人与人之间的社会关系也发生改变，个体的思想观念也迥异于以前。如何让思想政治教育嵌入农民的日常生活，让党的创新理论飞进寻常百姓家，成为农民思想政治教育需要高度重视的问题。最后，随着农村精神文明建设不断丰富发展，农民思想政治教育需要总结历史经验和工作成绩，需要梳理农村精神文明建设的相关文献资料，为进一步深入研究提供基础和条件。

第一章

社会变迁与农民价值认同

农村精神文明建设要遵循价值生成的逻辑，同时寻求价值认同也是精神文明建设的重要目标。作为过程，精神文明建设过程中的价值认同既受政治、经济和文化等结构性因素的影响，也受到作为主体的人的能动性因素的影响；作为结果，精神文明建设的目的是要努力实现坚定社会主义核心价值观的认同，并且在此基础上转化为社会主义现代化建设的实践活动。马克思、恩格斯指出："……而发展着自己的物质生产和物质交往的人们，在改变自己的这个现实的同时也改变着自己的思维和思维的产物。不是意识决定生活，而是生活决定意识。"①新中国成立以来，我国发生了翻天覆地的变化，这是农民价值认同的重要依托和重要资源。本章基于唯物主义立场分析农民价值认同的基本类型和价值认同的变迁过程。

---

① 《马克思恩格斯选集》第1卷，人民出版社，2012，第152页。

第一节 认同与价值认同

认同是一个复杂的概念，价值认同也同样可以从不同维度理解。为了更好地聚焦本研究的主题，我们不想陷入概念的丛林，本节主要立足于思想政治教育的视野对认同和价值认同做简要梳理。本节重点分析了认同与价值认同、价值认同与政治认同以及价值认同与思想政治教育之间的密切关系。

一、认同

在现代汉语中"认同"有两种含义：一是认为跟自己有共同之处而感到亲切，二是承认、认可。认同的英文是 identity，"identity 的本意'同一性'源自拉丁词 Identita，它描述和界定了存在自身的两个特性：其一是 semperidem，即同（the same），它不为时间的流变性所改变；另一个特性是 semperunum，即一（the one），它不为空间的多重性所改变"①。"认同"这个中文词同时也包含了英文中 identify 和 identification 的含义。认同既是动词，又是名词，既是作为过程的名词，又是作为结果的名词。也就是说，认同既是同一化的过程，也是同一化的结果。

认同的本意是同一性，但是并等于同化或者趋同，同一性是同一与差异的辩证。从一般意义上看，同一性也不能认为是没有任何

---

① 伍庆：《消费社会与消费认同》，社会科学文献出版社，2009，第3页。

差别的同化或者趋同。对此，黑格尔认为："对于同一的真正意义加以正确的了解，乃是异常重要之事。为达到这一目的，我们首先必须特别注意，不要把同一单纯认作抽象的同一，认作排斥一切差别的同一。"①从认同的具体情况看，是差异构成了认同。"认同可以是在承认两方或多方并存的前提下的彼此间在若干方面的契合或一致，而同化或趋同则是以消灭一方的存在为终极目标。"②我们可以认为认同表征的是基于实践活动的关系范畴。如果以消灭一方的存在为终极目标，那不是主体之间正常的共通性的过程和结果，其过程是强制，其结果是主体的主体性丧失。主体在实践中形成了各种人、事、物的关系，认同就是在实践中主体与各种对象间获得共通性的过程和结果，而由客观的共通性衍生出的相应的作为主观的情感、态度和价值观。

不同学科从不同角度界定认同。从心理学的角度，认同是指"一个人将其他个人或群体的行为方式、态度观念、价值标准等，经由模仿、内化，而使其本人与他人或群体趋于一致的心理历程"③。心理学家米勒指出："认同的本质不但是'心理'的，它也包含'群体'的概念，是一项'自我的延伸，是将自我视为一个群体的一部分'。这是认同的核心。"④显然，认同不仅包含从个体心理层理解，还要从群体层面，对于后者，社会学者有诸多关注。曼纽尔·卡斯特认为："虽然认同也可以由支配的制度产生，但是只有在社会行动者将之内化，且将它们的意义环绕着这内化过程建构

---

① [德] 黑格尔：《小逻辑》，贺麟译，商务印书馆，2014，第250页。

② 叶泽雄：《社会理想论》，武汉大学出版社，1998，第203页。

③ 张春兴：《张氏心理学大辞典》，上海辞书出版社，1992，第122页。

④ 梁丽萍：《中国人的宗教心理》，社会科学文献出版社，2004，第12页。

时，它会成为认同。"①美国社会学家科尔曼在《社会理论的基础》一书中提出了对直接亲属的认同、对国家的认同、对雇主的认同、对主人的认同、对势力强大的征服者的认同、对社区的认同、法人行动者对其他行动者的认同等七种认同。②也就是说，认同被认为是将他人或群体的价值、标准和期望与社会角色内化于个人的行为和自我概念之中。这样，认同包括个体认同、群体认同、社会认同等不同层面；同时，认同也具有不同的认同对象，比如有对亲朋的认同、对国家的认同、对法人的认同、对社区的认同等。《辞海》对认同的解释综合了心理学和社会学的理解，认为："认同一译'认定'，在心理学上指认识与感情的一致性。认为经过认同，形成人的自我概念。在社会学上泛指个人与他人有共同的想法。在人们交往活动过程中，为他人的感情和经验所同化，或者自己的感情和经验足以同化他人，彼此产生内心的默契。分为有意和无意两种。"③

　　认同与信仰也有密切联系。认同往往体现为主体对人、事、物在心理、感情和价值上共通的意识。信仰一般指对某人或者某种主张、主义、宗教或人极度相信和尊敬，拿来作为自己行动的指南和榜样。他们都体现了主体与客体之间的积极联系，但是他们也有不同。从主体状态看，认同体现了主体对客体的积极态度；信仰不仅体现为积极态度，而且还转化为积极的行动。从客体指向看，认同是多维和多层的有机系统，有人格认同、种族认同、民族认同、国

---

① ［美］曼纽尔·斯特：《认同的力量》，夏铸九等译，社会科学文献出版社，2003，第3页。
② ［美］詹姆斯·S. 科尔曼：《社会理论的基础》，邓方译，社会科学文献出版社，1990。
③ 夏征农主编：《辞海缩印本》，上海辞书出版社，1989，第433页。

家认同等不同类别，也有利益认同、制度认同、价值认同等不同层面；信仰虽然也多种多样，有政治信仰、道德信仰、宗教信仰等，但是信仰归根到底强调终极性的关怀。终极关怀不是一般关切的东西，对此，蒂利希认为："同所有生物一样，人也关切很多东西，尤其是关切那些制约其生存的东西，诸如食物和居所之类。但与其他食物不同，人还有精神方面的关切：认知的、审美的、社会的、政治的关切。在这些关切中，有一些很紧迫，通常是极端紧迫，每一种这样的紧迫的关切，与那些有关生存的关切一样，都声称它们具有对于一个人的生活或者一个社会团体的生活的终极重要性。"①信仰是终极状态，对信仰者的生活具有无限重要性，要求信仰者完全服从于终极关怀的对象。

二、价值认同

认同归根到底是价值认同。"当人们在确立自己的身份感的时候，他又总要受到一定的利益需求、情感和信仰等问题的影响。进一步说，人们总是认同那些与自己的利益、情感和信仰相一致或相近似的东西，利益、情感和信仰影响着人们对'他者'的评价问题，这就注定了从一开始人们的认同就是一个价值问题。"②价值认同已成为重要的时代课题，同时主体的多元化和需求的多样化也决定了价值认同丰富的内涵。这里，我们从狭义角度理解价值认同，主要指在实践基础上形成和发展起来的个体对社会核心价值从内心

① ［美］保罗·蒂利希：《信仰的动力学》，成穷译，商务出版社，2019，第2页。
② 贾英健：《认同的哲学意蕴与价值认同的本质》，《山东师范大学学报（人文社会科学版）》2006年第1期。

深处产生的认同，是社会核心价值认同化的过程，是个体发展与社会和谐的保证。价值认同具有主体性、互动性和生成性等特征。主体性是价值认同的基本特征，反映了个体在价值比较、价值选择和价值认同过程中的自觉状态。互动性是价值认同的历时性和共时性的特征，既体现了价值认同的认同化和流变性，也体现了当代社会主体间、主体与环境间的交互影响关系。生成性是价值认同的创造特征，是价值内化与外化统一的体现。

　　政治认同与价值认同密切联系。从横向看，政治认同的外延比价值认同的外延更大。《中国大百科全书——政治学》认为："人们在社会政治生活中产生一种情感和意识上的归属感。它与人们的心理活动有密切的关系。人们在一定的社会生活中，总要在一定的社会联系中确定自己的身份，如把自己看作某一政党的党员、某一阶级的成员、某一政治过程的参与者或某一政治信念的追求者等，并自觉地以组织及过程的规范来规范自己的政治行为。这种现象就是政治认同。"[①]也就是说，政治认同一般被认为包括支持（强制性）国家机器的实体的认同，也包括意识形态国家机器的认同。价值认同则侧重于主导意识形态的认同，而且强调共同的政治价值的认同。从纵向看，价值认同作为政治认同的核心，是政治认同的最高层次。"对某一地区或某个社会集团的依附感，向来是人们忠于自己的政治理想、采取政治行动的一种最强大的动力。一个人一旦把他自己同某一地区或某个社会集团的利益紧紧联系在一起，以致在那个范围以外他的生活就失去任何真正的意义，那么，他就已经准备

[①]《中国大百科全书——政治学》，中国大百科全书出版社，1992，第501页。

在必要时不惜牺牲自己的生命来维护那些利益。"①因此，"政治价值是极为重要的价值，因之是不能轻易僭越的，这些价值支配着社会生活的基本框架——即我们存在的根基——并具体规定着政治和社会合作的根本项目"②。价值认同与政治认同的这种紧密关系也决定了思想政治教育的重要逻辑要遵循价值认同生成的机制，重要目标需要寻求价值认同。

通过思想政治教育促进价值认同是可能的。第一，认同本身在具有结构性成分的同时，更具有建构性的成分。正如鲍曼所说："个体没有现成的认同（identity），认同需要个体自身去建构并为之负责；换言之，个体并非'拥有一种认同'，而是面临一项长期、艰辛、永无休止的同一化（identification）的任务。"③可见，认同是结果和过程的统一，作为结果强调形成的自我以及与他人联系的一种状态，作为过程指经过与他者的比较、鉴别从而形成联系的行为和过程。第二，思想政治教育可以促进价值认同的建构。时代转换的每一个片段都倾向于变成一种认同危机的同时，"个体常常会通过反思来认识这种危机"④。也就是说，在价值范式解体与重构的教育生态中，主体需要正确的思想政治教育提供正确的"参照系"，以超越自我本身及自我与社会之间的价值冲突的困境。思想政治教育是

---

① ［英］维尔：《美国政治》，王合、陈国清、杨铁钧译，商务印书馆，1981，第27页。
② ［美］约翰·罗尔斯：《正义论》，何怀宏译，中国社会科学出版社，1988，第85页。
③ ［英］鲍曼：《寻找政治》，洪涛、周顺、郭台辉译，上海人民出版社，2006，第128页。
④ ［英］安东尼·吉登斯：《现代性与自我认同》，赵旭东、方文译，三联书店，1998，第174页。

教育者与受教育者根据社会和自身发展的需要，以正确的思想道德为指导，不断提高教育对象的思想道德素质和坚持全面发展的过程。当然，这种"可实现性"还仅仅是潜在的，并不等于"现实性"。要真正实现价值认同的"现实性"，思想政治教育就要强调"从价值再造走向价值创造"，实现对价值观念由外在认识到内在体认与创造性践行。①

---

① 李辉、练庆伟：《价值认同：当代大学生思想政治教育的重要取向》，《学校党建与思想教育》2008 年第 1 期。

第二节　农民价值认同的基本类型

韦伯认为，一种理想类型是通过单方面地突出一个或更多的观点，通过综合许多弥漫的、无联系的，或多或少存在的、偶尔又不存在的具体的个别的现象而成的，这些现象根据那些被单方面强调的观点而被整理在一个统一的分析结构中。理想类型体现了主观性与客观性的统一，作为一种思维的主观构建不是对现象的还原，但是它却可以为这种现象的描述提供明确的框架。①借鉴马克斯·韦伯"理想类型"的思维方式，借助费孝通先生在《乡土中国》中分析乡土社会的权力结构时谈到了横暴权力、教化权力和同意权力的分析路径，我们主要将农民价值认同的基本类型抽象为强制性认同、教化性认同和同意性认同三种类型。这是根据农民价值认同中突出的特征而抽象简化的分析框架，实践中，强制性认同、教化性认同和同意性认同是彼此交织、互相融合的，并不存在单一的认同形式，往往是你中有我、我中有你的状态。

一、制度性认同

制度性认同指的是主体因为制度规范约束引导促进价值认同，这种认同根本上是屈服于暴力的一种认同，制度性认同实际上是暴

---

① ［德］马克斯·韦伯：《社会科学方法论》，李秋零译，中国人民大学出版社，1992，第85页。

力认同。费孝通先生曾指出："权力是维持这关系所必需的手段，它是压迫性质的，是上下之别……这种权力我们不妨称之为横暴权力。"①显然，这种认同的驱动力源于上下之别而形成的"势差"，处于掌握暴力机器的高势位者占据了"上游"位置，其人流、物流、信息流等单向流向处于"下游"的低势位者。

一般认为，随着生产力的发展，出现了阶级和国家。随着阶级和国家的出现，社会日益分裂为不同地位的阶级，其矛盾和斗争也日趋激烈。依靠个人魅力和威望就逐步变得无法维持社会的正常运转，暴力机器逐步占据越来越重要的位置。"横暴权力是发生于社会冲突，是利用来剥削被统治者以获得利益的工具。"②确实，暴力伴随着战争、奴役、驱逐和屠杀，但却不能说不是认同的一种实现方式。赫拉利在《人类简史》中的描述似乎可以说明这个问题，他认为："今天大多数人说话、思考和做梦的时候，用的是过去曾拿刀对着祖先的征服者的语言。比如多数东亚人讲话和做梦的时候，用的是汉文化的语言。而在南美和北美，不管各地的人民祖先来自何方，从阿拉斯加最北的巴洛半岛，到南美最南的麦哲伦海峡，几乎所有人都讲着以下4种语言之一：西班牙语、葡萄牙语、法语或英语。现在的埃及人说阿拉伯语，认为自己是阿拉伯人，也认同阿拉伯帝国；然而，阿拉伯帝国其实是在公元7世纪征服了埃及，而且多次以铁腕措施镇压了企图反抗的埃及人民。至于南非，大约有1000万祖鲁人还缅怀着19世纪祖鲁最光荣的年代，但其实大部分祖鲁人祖先的部落都曾经奋死抵抗祖鲁帝国的侵略，最后是在血腥的

① 费孝通：《乡土中国》，北京出版社，2005，第85-86页。
② 费孝通：《乡土中国》，北京出版社，2005，第95页。

军事行动下才融为一体。"①从中我们可以看到，强制性的暴力造成烧杀掠夺的同时，也促进了价值认同。这既是无意而为之的产品，也是有意而为的产品。之所以说是无意为之的产品，因为被暴力打怕了、打服了，既然打不过、跑不掉，那么就让"我们"变成"你们"。比如，出生于英国殖民桎梏下的甘地不惜被开除种姓身份，远涉重洋，赴伦敦求学，就是一个典型的例子。之所以说是有意为之的产品，是因为我打你，不是欺负你，而是"为你们好"。"这种良性的帝国思想让帝国的存在合理化，不仅让属民打消了反抗的念头，就算独立的民族也不再反抗帝国的扩张。"②不管是从征服者的角度，还是从被征服者的角度，上下互动共同形成了推动价值认同的力量。

农民价值认同必然受到强制力的制约，一旦面临暴力的强制，由于其经济实力和社会地位的限制，可能首先成为被征服者，而不得不接受征服者的价值观念。但是，通过暴力的强制推动认同在农村是有限度的，因为"乡土社会是个小农经济，在经济上每个农家，除了盐铁之外，必要时可以关门自给。""在这里我们可以看到的是乡土社会里的权力结构，虽则名义上可以说是'专制''独裁'，但是除了自己不想持续的末代皇帝之外，在人民实际生活上看，是松弛和微弱的，是挂名的，是无为的"③。显然，农民价值认同受到统治阶级意志影响的同时，文化传统、习俗惯例等的影响

① [以色列] 尤瓦尔·赫拉利：《人类简史》，林俊宏译，中信出版社，2017，第184-185页。

② [以色列] 尤瓦尔·赫拉利：《人类简史》，林俊宏译，中信出版社，2017，第186页。

③ 费孝通：《乡土中国》，北京出版社，2005，第91页。

因素也不可忽视。斯科特就强调了农民价值认同中的地方性的传统和文化特质的意义："贫困本身不是农民反叛的原因，只有当农民的生存道德和社会公正感受到侵犯时，他们才会奋起反抗，甚至铤而走险。而农民的社会公正感及其对剥削的认知和感受，植根于他们具体的生活境遇，同生存策略和生存权的维护密切相关。因此，如果不去仔细考察各种地方性的传统和文化特质，不去探寻那些看似琐碎的农民日常行为的丰富含义，人们对农民问题的认识便会误入歧途，就可能将农民隐蔽的抵抗与积极的合作混为一谈，从中作出错误的政治、经济决策，诱发社会动乱。"①显然，制度性的规范是促进农民价值认同的一个方面，除此之外，文化传统也是不可忽视的内容。这方面内容将在下文"文化性认同"中进行分析。

强制性认同具有不同的实现方式，暴力是典型的实现方式，但是法律制度是最重要的实现方式。法律制度不是软性的约束，而是具有强制性的硬约束，同时法律制度不是变动不居的闪烁言辞，而是具有相对稳定性的规章制度。但是不管是通过何种实现方式，强制性认同都具有强制性的特点，采用的是不改变观念，就剥夺自由甚至消灭身体的极端形式，因此，强制性认同具有立竿见影的效果。但是，这种认同状态中由于外在的强制、压力或其他原因，主体隐瞒真实的政治倾向。因为"服从不等于认同。权力的强制命令可能会使人们顺从，但却得不到人们的忠诚"②。因此，对主体而言，这是一种不得不的、没有选择的认同实现方式，但是作为一种

---

① ［美］詹姆斯·C. 斯科特：《农民的道义经济学：东南亚的反叛与生存》，程立显等译，上海译林出版社，2001，第322页。

② ［美］莱斯利·里普森：《政治学的重大问题》，刘晓译，华夏出版社，2001，第57-58页。

权宜之计，"戏还得演下去"，因此实际上有可能是受而不悟不化的虚假认同，在心态上可能是既不自觉也不自愿的认同。

二、文化性认同

文化性认同指的是没有通过暴力但又不得不同意的一种认同，实际上是一种教化认同。对此，费孝通先生有非常精彩的描述，他指出，乡土社会有一种权力"既不是横暴性质，又不是同意性质；既不是发生于社会冲突，又不是发生于社会合作。它是发生于社会继替的过程，是教化性的权力，或者说爸爸式的，英文是paternatism"①。显然，文化性认同也有上下之别的"势差"，但是这种"势差"不是因为赤裸裸的暴力而产生，而是处于"伞状结构"顶端的传统惯性向各个全体个体输出影响力。

教化性认同伴随着人类发展而发展。人类通过劳动由猿转变成为人，在这个过程中人类也积累生产生活的经验。这些经验是人类面对自然、社会挑战的总结，也是新一代应对自然、社会挑战的智慧。因此，言传身教成为新一代避免走弯路，而可以快速掌握生产生活智慧的捷径。作为命运共同体，上一代人有这种能力，新一代人也有强烈的意愿。对此，人类学家玛格丽特·米德将之称为"前喻文化"。在传统社会环境中，整个社会的发展十分缓慢，上一代人的经历几乎可能原封不动地发生于下一代人的身上。人们根本不可能设想自己的生活能和祖辈的生活有什么不同，前辈的过去就是他们的未来，前辈的生产生活智慧就是他们需要的生产生活智慧。随着人类文明的发展，尤其工业革命以来，这种封闭、静止的人行道的步行状态逐步变换到开放、流动的快车道，人类社会狂飙突进。

---

① 费孝通：《乡土中国》，北京出版社，2005，第92-93页。

正如马克思、恩格斯在《共产党宣言》中说到的："原封不动地保持旧的生产方式，却是过去的一切工业阶级生存的首要条件。生产的不断变革，一切社会状况不停地动荡，永远的不安定和变动，这就是资产阶级时代不同于过去一切时代的地方。一切固定的僵化的关系以及与之相适应的素被尊崇的观念和见解都被消除了，一切新形成的关系等不到固定下来就陈旧了。一切等级的和固定的东西都烟消云散了，一切神圣的东西都被亵渎了。人们终于不得不用冷静的眼光来看他们的生活地位、他们的相互关系。"①随着人类社会的快速流变，上一代人的生产生活智慧不一定适应于下一代人的生产生活需要。对于这种变化米德用"并喻文化"和"后喻文化"的概念来说明。这样前辈的权威和能力开始下降，彼此之间需要相互学习，共同成长，甚至前辈需要虚心向晚辈学习，利用他们广博而新颖的知识，才能建立一个有生命力的未来。

　　这种变化只是表明教化性认同在社会生活中的位置有所变化，并不代表教化性认同消失或者不存在了。不管社会如何发展，教化性认同始终存在并具有一定的位置。因为人类不是凭空出世的，总是生活于一定的社会历史条件下，总是在一定的文化传统中成长。如果我们把眼光投向社会的具体区域，我们还可以发现教化性认同在农村占有相当重要的位置。费孝通先生曾说："如果我们能想象一个完全由传统所规定下的社会生活，这个社会可以说是没有政治的，有的只是教化。事实上固然并没有这种社会，但是乡土社会却是靠近这种标准的社会。'为政不在多言''无为而治'都是描写政治活动的单纯。也是这种社会，人民的行为有着传统的礼管束着。""用民主和不民主的尺度来衡量中国社会，都是也都不是，都有些

① 《马克思恩格斯选集》第 1 卷，人民出版社，2012，第 403-404 页。

像，但都不确当。一定要给它一个名词的话，我一时想不出比'长老统治'更好的说法了。"①对此，黄琨也说："贫困并不是农民参加革命的唯一理由，革命农民固然出于对物质利益的渴求，但传统的价值判断和道义准则仍在考虑之列。"②新中国成立以来，尤其改革开放以来，中国农村正迅速走向开放和流动，但是农村仍然有其相对稳定的一面，生活还是有一套传统的办法。因此，文化性认同仍然是农民价值认同的重要类型。

文化性认同不是暴力强制，但也是没得选择的认同。詹姆斯·斯科认为："这种契约型的规律在形成的过程中，必须尊重各个人的自由意志，民主政治的形式就是综合个人意志和社会强制的结果。在教化过程中并不发生这个问题，被教化者并没有选择的机会。他所学的那一套，我们称作文化的，是先于他而存在的。"③因为文化像是一张生活谱，教化性认同虽然不是暴力强制，但是对于社会性分子而言仍然具有强制性。但是教化性认同不是既不自愿也不自觉的虚假的认同，教化性认同虽然不自觉但是是自愿的，因为文化如果是酒的话，人们浸润于其中自然会散发出酒的甘醇。当然，教化性认同也有其不足：第一，缺乏疑问。人们都把他们生活于其中的文化视为理所当然的，只要按着问题去查照就可以了，生产生活中容易教条僵化，从根本上来说排除了反叛和变革的可能。第二，缺乏独立人格。这类似于卢梭所说："文明人在奴隶状态中生，在奴隶状态中活，在奴隶状态中死：他一生下来就被人捆在襁褓里；他一

---

① 费孝通：《乡土中国》，北京出版社，2005，第96~97页。
② 黄琨：《从暴动到乡村割据：1927—1929年——中国共产党革命根据地是怎样建立起来的》，上海社会科学院出版社，2006，第2页。
③ 费孝通：《乡土中国》，北京出版社，2005，第94页。

死就被人钉在棺材里；只要他还保持着人的样子，他就要受到文明的制度约束。"①这种纵向、单向、封闭的文化传递方式容易发展出依附性的人格。

三、利益性认同

利益性认同不同于强制性认同，也不同于教化性认同，是物质利益基础上主体能动性充分激发的认同。利益认同更深层的推动力量和利益密切相关。马克思指出："人们奋斗所争取的一切，都同他们的利益有关。"人们的思想、观念的产生不是无根的浮萍，总是深深地根植于物质活动和物质交往当中，因而，共同的物质利益是生成共同的价值的基础。

利益认同与生产力的发展有密切关联。生产力发展意味着人类可以组成规模极大的团体，除了依靠暴力强制和文化传统等维系纽带外，还形成了人类分工合作而带来的同意性认同。对此，费孝通先生指出："分工对于每个人都是有利的，因为这是经济的基础，人可以花费较少劳力得到较多收获；劳力是成本，是痛苦的；人靠了分工，减轻了生活担子，增加了享受。""这时，为了自己，不能不干涉人家了。同样地，自己如果不尽其分，也会影响人家，受着人家的干涉。……这里发生了共同授予的权力。这种权力的基础是社会契约，是同意。"②分工合作是平等协助，是通过契约、交换和买卖实现互通有无，这背后隐含的逻辑不是强买强卖，而是互利共赢。从这个角度看，这种认同的机制不是来自上下之别的"势

---

① ［法］让·雅克·卢梭：《爱弥儿》，李平沤译，商务印书馆，2008，第15页。

② 费孝通：《乡土中国》，北京出版社，2005，第87页。

差"，而是主体间的互动协商而达成的同意。因此，同意性认同是利益性认同的一种重要表现形态。同意性认同强调主体之间没有上下之别的、彼此之间是平等的，而且强调所有平等的主体都具有积极的主体意识并能充分地发挥主观能动性。平等的主体之间通过反复的协商、沟通，达成共识，这类似于约翰·罗尔斯在《正义论》中提到的"无知之幕"。就是说，人们沟通商量时，大家聚集到一个幕布后，每一个人都不知道自己走出这个幕布后将在社会或者组织里处于什么样的角色，然后大家讨论并达成共识。因而，这样达成的价值认同不是强制的、预设的给定答案，而是生成的价值共识。值得注意的是，人类拥有越来越强的能力改造自然，拥有越来越大的活动空间，同时人类的主体意识、个体意识也不断增强，通过对话、仲裁、阐评、体认等的互动成为价值认同重要维度。

不管是人的依赖关系阶段，还是物的依赖关系阶段，这种认同形态都不是很充分，只有到了自由全面发展阶段，同意性认同才将会成为价值认同的最重要、最根本的认同形态。马克思认为人类社会可以分为三个形态："人的依赖关系（起初完全是自然发生的），是最初的社会形式，在这种形式下，人的生产能力只是在狭小的范围内和孤立的地点上发展着。以物的依赖性为基础的人的独立性，是第二大形式，在这种形式下，才形成普遍的社会物质变换、全面的关系、多方面的需要以及全面的能力的体系。建立在个人全面发展和他们共同的、社会的生产能力成为从属于他们的社会财富这一基础上的自由个性，是第三个阶段。"①在人的依赖的阶段大略包括原始社会、奴隶社会和封建社会。原始社会中人类经历了从采集走向农业的转变，但是不管是采集时期，还是进行农业生产的阶段，

---

① 《马克思恩格斯全集》第30卷，人民出版社，1995，第107-108页。

为了更好地面对自然的压力和其他群体的压力，人都必须依赖于群体才能生存发展。不仅个体依赖于共同体，而且人类也匍匐于自己想象的神的面前。人类不能很好地掌控外部世界，不能很好地掌控动植物的生长，于是就想象出了掌管生育、掌管气候、掌管健康等的各种神灵。人类向这些神灵祈福，以换取人类健康、五谷丰登和战斗胜利。奴隶社会和封建社会中，生产力获得了更大的进步和发展，但是个体和共同体直接的依赖关系、神与人之间的关系变化不大。只是除此以外，阶级压迫又成为压在被统治者身上抛不掉的枷锁，上等人、平民、奴隶等阶级划分被奉为圭臬。因此，在人的依赖阶段和物的依赖阶段，随着生产力发展水平和社会结构的限制，虽然利益在主体认同生成过程中起到重要的作用，但是不同的物质财富分配体制机制也会对价值认同产生积极或者消极影响。只有到了自由全面发展的阶段，物质利益得到极大丰富发展，物质利益的满足对价值认同的生成的重要性会降低，物质财富分配不公等问题对价值认同的消极影响也逐步消除。

对于中国这样一个从漫长的农业文明走向现代化的国家而言，既有第一形态的因素，也有第二形态的因素，也透露出第三形态的端倪，利益认同是当代价值认同的重要维度。有学者认为："新中国成立60年来，我国农民政治认同的产生和变化在本质上是农民与政治权力之间进行社会交换的过程，这一过程虽然受到诸多因素的影响，但是从根本上受农民生存理性的支配。农民的生存理性主要表现为农民对民生福利的需求。"[1]经济发展当然会带来价值认同提升，但是很多时候物质生活条件提升带来的是"感恩式认同"，这种

---

[1] 彭正德：《民生政治：一种农民政治认同机制》，《当代世界与社会主义》2010年第3期，第126页。

认同力量呈边际效应递减的趋势，因此，如果仅仅依靠物质条件的改善难以支撑价值认同的稳定和提升。同时，农民虽然关注物质利益，但是不是农民就只关注于此呢？其实，农民有自己的价值尺度，农民有自己的价值坚守。农民不是无知的、不讲道理的盲流。正如美国学者巴林顿·摩尔所说："现代化进程以失败的农民革命为起点，在20世纪，它却经由成功的农民革命而进入高潮。那种认为农民只是历史客体，是一种社会生存形态，是历史变化的被动承受者，而与历史变革的动力无缘的观点，已经站不住脚了。对于上述论点，历史的讽刺是耐人寻味的。在现时代，农民一如革命中坚分子，成了革命的代表，随着中坚分子大获全胜，他们也作为卓有影响的演员而步入历史舞台。然而，他们的革命作用在不同国家有所不同。在中国和俄国，农民发挥了决定性的作用。"①这段话虽然说的是农民在革命中的地位和作用，但是我们也可以从更大的意义中看到农民不是没有主体意识的被动主体，正相反，不仅有其特定的主体意识，而且还具有独特而强大的行动能力。综观近代中国历史的发展进程，中国共产党将农民组织起来、动员起来、凝聚起来，使农民走上中国革命舞台、走进现代化境遇。与此同时，农民也开始决心走出传统，现代性的因素也随之注入农民的思想和精神世界。正是在党的领导和农民主体能动性的互动中，农民成为中国革命、建设和改革的重要力量。因此，协商对话不是某些精英群体的事情，协商对话同样是农民价值认同的重要方式。

---

① ［美］巴林顿·摩尔：《民主与专政的社会起源》，拓夫等译，华夏出版社，1987，第368页。

第三节　农民价值认同机制变迁

如前所述，农民价值认同是多种因素共同推动的过程和结果，物质条件、制度规范、文化传统和主体条件是共同推动农民价值认同的合力。随着实践的发展，农民价值认同也经历发展变化的过程。新中国成立前，中国共产党的土地政策、民主改革、革命纪律、社会理想等得到越来越广泛的认可。全体人民包括农民对中国共产党和新中国的价值认同螺旋上升，到新中国成立前后到达高峰。改革开放是中国的第二次革命，随着中国特色社会主义道路的发展，农民价值认同又有新的变化。

一、新中国建立到改革开放的认同机制

在革命战争年代，中国共产党在马克思主义指导下，走出了一条不同于俄国十月革命的道路，带领中国人民站起来，探索建立人民幸福和民族复兴的基础。新中国成立后，筑牢了社会主义制度的四梁八柱，完成了中华民族有史以来最广泛而深刻的变革。

首先，社会主义改造奠定了价值认同的物质基础。从1949年到1952年，党领导人民集中精力恢复国民经济，继续完成民主革命遗留的任务。1950年，中央人民政府委员会第八次会议通过《中华人民共和国土地改革法》并公布施行。这是新中国成立后土地改革的基本指导文件，明确指出土地改革的目的是废除地主阶级封建剥削的土地所有制，实行农民的土地所有制，借以解放农村生产力，发

展农业生产，为新中国的工业化开辟道路。从 1953 年开始，党提出了过渡时期总路线和总任务，"从中华人民共和国成立，到社会主义改造基本完成，这是一个过渡时期。党在这个过渡时期的总路线和总任务，是要在一个相当长的时期内，逐步实现国家的社会主义工业化，并逐步实现国家对农业、对手工业和对资本主义工商业的社会主义改造"①。土地改革完成后，我国广大农民的生产积极性极大提高。因为如此，法国研究农民问题的学者 H·孟德拉斯曾说："农民在内心深处坚信，他的土地是独特的，因为他是唯一了解、爱恋和拥有它的人。认识、爱恋和占有，这三者是不可分离的。"②土地改革后，贫农、雇农分到了土地等生产资料，有半数人迅速上升为中农。1956 年，全国居民的消费水平比 1952 年提高了 21.3%，其中，农民提高了 14.6%，非农业居民提高了 28.6%。③党依靠贫下中农，发展互助合作，从逐步限制到最后消灭富农剥削，这样农业合作化有了坚实的阶级基础和群众基础。高化民在《农业合作化运动始末》中道出了新中国土地改革时期农民心态和价值观的转变："千载难逢的土地改革，是农村的暴风骤雨，是一场具有重大历史意义的革命变革。它使饥肠辘辘的贫苦农民分到了土地——自此，衣衫褴褛的农民从心理认定，跟着共产党走就能过上好日子。那时候，共产党在贫苦农民中的威信如日中天。党无论采取怎样的步骤引导

---

① 《建国以来重要文献选编》第 4 册，中央文献出版社，1993，第 548 页。

② ［法］H·孟德拉斯：《农民的终结》，李培林译，社会科学文献出版社，2005，第 54 页。

③ 中共中央党史研究室：《中国共产党历史》第 2 卷（1949—1978）上册，中共党史出版社，2011，第 363 页。

农民走向社会主义，开始往往都是一呼百应。"[①]农民选择社会主义并不是出于通晓社会规律，而是废除剥削制度、改善生活契合了他们切身的生活经验，因此，新中国成立后农民经济地位的提升，极大增强了农民的价值认同感。潘光旦对苏南区实地考察后关于"坊间印行的毛主席像，销路好极了"[②]的叙述，就是农民价值认同增强的体现。换句话说，通过社会主义改造，彻底废除了封建土地所有制，长久以来"耕者有其田"的理想变成了现实，农民的根本利益诉求得到实现，从而为价值认同奠定了坚实的利益基础。

其次，社会主义民主政治建设奠定了价值认同的制度基础。到1956年年底，我国对农业、手工业和资本主义工商业的社会主义改造基本完成，社会主义公有制已经成为我国社会的经济基础，标志着社会主义基本制度的确立。随着社会主义改造的进行，我国的人民民主政治建设也有步骤地向前推进。1954年，第一届全国人民代表大会召开和《中华人民共和国宪法》制定并颁布实施，是我国社会主义民主政治建设的里程碑。人民代表大会制度、中国共产党领导的多党合作和政治协商制度、民族区域自治制度等基本政治制度确立起来，我国从一个新民主主义的国家转变成为社会主义国家。随着社会主义经济制度和政治制度的根本变化，我国社会主义社会经济结构也发生根本变化。压在人民头上的"三座大山"被移除，帝国主义侵略势力也已被清除出大陆，官僚资产阶级也在中国内地被消灭，原来的地主和富农也改造成为自食其力的劳动者。与之对应，工人阶级成为国家的领导阶级，亿万农民成为社会主义的集体劳动者。新中国成立后，农民不仅实现了长期没有实现终于实现了

---

① 高化民：《农业合作化运动始末》，中国青年出版社，1999，第3页。

② 潘光旦、全慰天：《苏南土地改革访问记》，三联书店，1952，第114页。

的获得土地的诉求，而且摆脱了长期战乱和被压迫的困苦。同时，通过镇压土匪、劣绅、恶霸以及国民党旧政权中的顽固反动势力和特务分子，赋予规范农民的各项权利。1950年，中央政府颁布实施《乡（行政村）人民代表会议组织通则》和《乡（行政村）人民政府组织通则》，明确规范了乡、村级政权的构成与职权。1953年，《中央选举委员会关于基层选举工作的指示》颁布，开始实施乡镇基层单位普选。广大贫下中农逐渐占据较高地位，逐步建立和健全农村基层政权，维护乡村基本社会秩序的安定。社会主义民主政治建设的推进，不仅较好地实现了国家利益和农民需求的结合，巩固了党在农民心中的执政威信，而且较好地实现了教育与制度的结合，确立了全新的权利义务关系。

再次，社会主义文化建设为价值认同奠定了文化基础。鸦片战争的炮响惊醒了沉睡于"天朝上国"迷梦中的中国人，于是开始了从器物到制度，一直到文化的学习与变革的过程。随着五四运动前后西方各种社会思潮纷涌而入，马克思主义的科学社会主义理论传入中国。自传入之日起，科学社会主义思想就受到各种思潮的抵制与围攻，但是科学社会主义理论战胜了各种思潮，不仅成为中国主导的意识形态，而且与中国革命和建设实际相结合发展了马克思主义，形成了中国化的马克思主义。中国人民取得了新民主主义革命胜利、社会主义革命的胜利。1940年，毛泽东在《新民主主义论》中，完整阐述了中国革命的目标与任务："我们共产党人，多年以来，不但为中国的政治革命和经济革命而奋斗，而且为中国的文化革命而奋斗；一切这些的目的，在于建设一个中华民族的新社会和新国家。在这个新社会和新国家中，不但有新政治、新经济，而且有新文化。这就是说，我们不但要把一个政治上受压迫、经济上受剥削的中国，变为一个政治上自由和经济上繁荣的中国，而且要把一个被旧文化统治因而愚昧落后的中国，变为一个被新文化统治因而文明先进的中国。一句话，我们要建立一个新中国。"①新民主主义文化是民族的科学的大众的文化，新中国成立后，党继承了民主革命时期的传统。1949年，毛泽东在中国人民政治协商会议第一届全体会议上说："随着经济建设的高潮的到来，不可避免地将要出现一个文化建设的高潮。中国人被人认为不文明的时代已经过去了，我们将以一个具有高度文化的民族出现于世界。"②《中国人民政治协商会议共同纲领》对"文化教育政策"分九条进行说明，明确规定了：中华人民共和国的文化教育为新民主主义的，即民族的、科学的、大众的文化教育。人民政府的文化教育工作，应以提高人民文化水平，培养国家建设人才，肃清封建的、买办的、法西斯主义的思想，发展为人民服务的思想为主要任务。新的文化方针得到全体人民的拥护，也成为农民价值认同的思想基础。同时，教育活动也让农民在"翻身"的基础上"翻心"。比如："通过'诉苦'这种特殊的政治动员技术，方能成功地将农民'日常生活的苦难'上升为'阶级的苦难'，进而形塑出了他们的阶级意识。而通过斗争地主，打垮地主的威风，昔日在有钱人面前感觉自卑，抬不起头来的贫苦农民，从此扬眉吐气，有了在政治上翻身做主人的感受，而在此基础上，群众的心态及伦理价值观念也都开始发生转变。"③农民的阶级意识推动土地改革的同时，农民政治觉悟和政治参与意识迅

---

① 《毛泽东选集》第2卷，人民出版社，1991，第663页。
② 《毛泽东文集》第5卷，人民出版社，1996，第345页。
③ 吴毅、吴帆：《传统的翻转与再翻转：新区土改中农民土地心态的建构与历史逻辑》，《开放时代》2010年第3期。

速增长，提升了他们对党的路线、方针和政策的认同。他们也许不清楚社会主义和共产主义的崇高追求，但是真切地拥护这种价值追求。

新中国经济、政治和文化建设确立了农民价值认同的利益、制度和文化基础。这是价值认同的结构性因素，相比能动性因素，这时期的价值认同结构性因素是主导的推动性力量。因为"具备了共产主义的强力灌输、国家暴力的强力进入和利益获取的心理驱动这三大要素的有机结合，且阶级斗争的强大意识形态所要摧毁的，是农民对传统伦理价值的无意识服从，因此，其最终能以外科手术似的革命化操作来'断然'完成"[①]。对此，有的学者就认为："中华人民共和国成立之初，农村在土地改革结束不久，又掀起了农业合作化运动。从总体上来说，农民加入合作社并不是出于自主的理性选择，而是政策与环境双重作用的结果。具体而言，有的农民是当地政府用实际利益'挤''逼'进合作社的，有的是被各种关于合作化的美妙前景的宣传诱惑入合作社的，也有的是以随大流或坚决跟着毛泽东走的心态加入合作社的。"[②]在革命战争时代和计划经济时期，时代的主题是战争与革命，要以阶级斗争为纲，要不断组织、动员人民群众进行不屈的斗争。这样的时期，是相对权威、封闭的时代，人民群众的思想行为、利益取向相对单一，社会政治、经济、文化三大领域也以政治为统合中心。这种情况在后来逐步偏离了正常的轨道，经济上急于求成、盲目求纯和急于过渡，政治上坚持以阶级斗争为纲，思想文化战线也出现了"左"的干扰。可以

[①] 吴毅、吴帆：《传统的翻转与再翻转：新区土改中农民土地心态的建构与历史逻辑》，《开放时代》2010年第3期。

[②] 李巧宁：《农业合作社与农民心态》，《浙江学刊》2005年第1期。

说，这一时期的价值认同在本质上是基于"同一性认同"的逻辑，表现为：信仰主体上不同年龄、性别、民族的全民性认同；信仰对象上不具异质性的同质性认同；信仰心态上不具批判性的遵从性认同；个人信仰和社会信仰关系上，个人信仰消融于社会信仰的一致性认同。往往过于重视思想政治教育与意识形态的"同一"，并且没有合理地区分思想政治教育与意识形态不同层面之间的张力关系。

二、改革开放以来的认同机制

改革开放新时期，面对国家大、人口多、底子薄等困难，我们解放思想、实事求是，实施了经济特区等重大举措，从"杀出一条血路"到"走出一条新路"，从"跟上世界"到"引领世界"，从"世界舞台边缘"走向"世界舞台中央"。农民价值认同的结构性因素发生改变，结构性因素和能动性因素的地位关系也发生了变化。

首先，经济体制改革激发农民的价值认同。20世纪70年代，国际形势发生重大变化，"应当把发展问题提到全人类的高度来认识，要从这个高度去观察问题和解决问题"[①]。和平和发展成为时代主题。十一届三中全会后以邓小平为主要代表的中国共产党人，领导全党和全国人民，果断纠正我国社会主义建设存在的问题和失误，把马克思主义的普遍真理同我国的具体实际结合起来，走自己的路，建设有中国特色的社会主义。改革开放以来，农村也开始农民自主的改革。邓小平后来回顾说："从中国的实际出发，我们首先要解决农村问题。中国有百分之八十的人口住在农村，中国稳定不稳定首先要看这百分之八十稳定不稳定。城市搞得再漂亮，没有农村这一稳定的基础是不行的。所以，我们首先在农村实行搞活经济和

---

① 《邓小平文选》第3卷，人民出版社，1993，第282页。

开放政策，调动了全国百分之八十的人口的积极性，我们是在一九七八年年底制定这个方针的。"①一方面，逐步确定了农业家庭承包经营责任制作为农业生产的主要形式。1983年，中共中央关于印发《当前农村经济政策的若干问题》的通知中，明确包产到户、包干到户是集体经济的一个经营层次，走出了包产到户、包干到户是单干、走资本主义道路的误区。另一方面，发展农村非农产业作为改造农村、发展农村经济的关键因素。1986年，邓小平对乡镇企业发展曾高度评价，他说："农村改革中，我们完全没有预料到的最大的收获，就是乡镇企业发展起来了，突然冒出搞多种行业，搞商品经济，搞各种小型企业，异军突起。这不是我们中央的功绩。乡镇企业每年都是百分之二十几的增长率，持续了几年，一直到现在还是这样。乡镇企业的发展，主要是工业，还包括其他行业，解决了占农村剩余劳动力百分之五十的人的出路问题。农民不往城市跑，而是建设大批小型新型乡镇。如果说在这个问题上中央有点功绩的话，就是中央制定的搞活政策是对头的。"②包产到户使他们吃得饱饭，乡镇企业发展使他们增加收入，但是市场化改革使他们面临"读不起书，盖不起房，看不起病"等问题。"农民作为维持生计的生产者……他们就要追求一种实实在在的生活，就要用自己的双手去创造一种能满足他们最低生活水准的生活，就要追求一种属于自己的生存权利。"③针对如何进一步增加农民收入、减轻农民负担的诉求，中共中央、国务院高度重视，采取了一系列措施，其中2005年十届全国人大常委会第十九次会议作出了废止农业税条例的决

---

① 《邓小平文选》第3卷，人民出版社，1993，第65页。

② 《邓小平文选》第3卷，人民出版社，1993，第238页。

③ 吴忠民：《社会公正论》，山东人民出版社，2001，第274页。

定，标志着农业税从此退出了历史舞台。农民不仅解决了生存问题，而且开始走上了富裕道路，极大地激发了农民生产和生活的积极性和对社会主义的认同感。

其次，乡镇政府和村民自治组织的完善激发了农民的价值认同。1982年通过的新的《中华人民共和国宪法》规定：改变人民公社政社合一的体制，设立乡政府，人民公社只是农民集体经济的一种组织形式。同时，规定农村按照居民居住地区设立的村民委员会是基层群众性自治组织，明确了基本任务、组织设置和选举等事宜，确立了村民委员会的法律地位。到1985年，全国农村全部完成了政社分开，人民公社体制解体。[①]同时，从1982年到1986年，中共中央连续下发了五个有关解决农村问题的"一号文件"。这样在中央大政方针和国家法律层面，农民从高度集中、管得过死的人民公社体制解放出来，确立了农民的基本民主权利，提升了农民政治参与的积极性。"伴随政党下乡的政策下乡直接影响着农民的命运，使农民对政策的依存达到前所未有的高度。他们不再是与世隔绝的'桃花源中人'，而成为直接受政策所支配的'政策对象'，并由此进入以中国共产党为核心的政治共同体。"[②]但是，20世纪80年代中后期以后，各种体制性、结构性、政策性矛盾日益增加，对此有学者曾说："农民只将中央和高层次的领导作为'亲人'和'好人'，而将基层领导人作为'恶人'和'仇人'，是难以获得一个有效治理环

---

① 张厚安：《中国农村基层政权》，四川人民出版社，1992，第175页。
② 徐勇：《"政策下乡"及对乡土社会的政策整合》，《当代世界与社会主义》2008年第1期。

境的。"①为了进一步推动农村高质量的发展,党的十六届五中全会作出了"建设社会主义新农村"的决定,尤其党的十八大以来实施了乡村振兴战略,为农村党群关系的健康发展提供了新的空间。

再次,中国特色社会主义文化是价值认同的文化滋养。社会主义精神文明建设是社会主义的重要特征,邓小平指出:"我们的国家已经进入社会主义现代化建设的新时期。我们要在大幅度提高社会生产力的同时,改革和完善社会主义的经济制度和政治制度,发展高度的社会主义民主和完备的社会主义法制。我们要在建设高度物质文明的同时,提高全民族的科学文化水平,发展高尚的丰富多彩的文化生活,建设高度的社会主义精神文明。"②改革开放以来,我国在经济建设飞速发展的同时,思想文化建设也取得了举世瞩目的成就。主要表现为马克思主义中国化取得新发展,形成了邓小平理论、"三个代表"重要思想、科学发展观和习近平新时代中国特色社会主义思想,这既是文化建设取得的重要理论成果,也是改革开放条件下思想文化建设的根本指南。人民的精神面貌焕然一新,"80年代以来中国人精神生活的一个重要变化就是从政治化的总体性逻辑中解放自我或主体性"。"不是抽象的总体性来安排人的精神生活,而是在个人的独特生活经历中,打开自己的精神天空,这成为80年代以来一个逐渐在深化、扩展的精神生活新景观,这意味着自我的发现:个人不再是国家、民族与世界历史实现自己目的的一个工具,而是有其不可化约的独立存在。"③从而,思想文化建设的新

---

① 徐勇:《"政策下乡"及对乡土社会的政策整合》,《当代世界与社会主义》2008年第1期。

②《邓小平文选》第2卷,人民出版社,1994,第208页。

③ 陈赟:《现时代的精神生活》,新星出版社,2008,第68-69页。

议程重塑社会主义市场经济条件下农民的价值认同。

　　显然，改革开放以来农民价值认同逻辑异于以前。首先，随着社会走向民主化、市场化、多元化、信息化，制度性因素对农民的影响不同。其次，在经历了制度内部及外部因素的洗礼之后，个体力量得到了萌芽和发展的机会。这样，信仰发展只依靠制度、市场等外在因素显然不够，价值发展还需要获得最广泛的主体的合作与自觉。有学者指出："自1987年《村委会组织法》（试行）颁布以来，全国所有的农村都进行了民主的选举，千百万农民正在实践着社会主义民主。这种直接广泛的民主实践，不仅培植了中国民主进程的土壤，而且塑造着农民的民主性格。尽管农村选举的制度规则还存在许多瑕疵，实践过程也存在形式化的毛病，但我们不能吹毛求疵，更不能因噎废食。民主的种子一旦播种于广阔的农村天地，就会在农民的心中生根、发芽，开花结果。""我们没有理由怀疑中国农民对加快民主步伐的信念和信心。正是这样的民主信心和民众支持，中国的民主化进程才有了坚实的支撑。"[1]结构性因素和能动性因素之间的对逆互拉所造成的离开之趋向的相互作用关系出现新的状态。就是说，改革开放以来，农民认同在本质上不再是"同一性认同"，而只可能如有机体器官一样和而不同的"统一性认同"；在认同形式上也不再是"强制性认同"或"教化性认同"的形式为主，而是"生成性认同"的形式成为主轴，即在理解、对话、体认的互动过程中能动地理解和响应国家政策并自觉践行。

---

① 郭正林：《当代中国农民政治态度的定量研究》，《学术研究》2005年第5期。

表1—1　改革开放以来农民价值认同的变迁

时　期	认同基础	认同本质	主要认同形式
改革开放以前	计划经济体制	同一性认同	教化性认同
			强制性认同
改革开放以后	市场经济体制	统一性认同	生成性认同

第二章

全面建成小康社会与新型职业

农民工匠精神培育

"小康社会"是由邓小平在20世纪70年代末80年代初提出的中国经济社会发展的战略构想。党的十八大报告首次提出"全面建成小康社会",党的十九大报告中进一步指出,我们既要全面建成小康社会、实现第一个百年奋斗目标,又要乘势而上开启全面建设社会主义现代化国家新征程,向第二个百年奋斗目标进军。从全面建成小康社会到基本实现现代化,再到全面建成社会主义现代化强国,是新时代中国特色社会主义发展的战略安排。对标新时代中国特色社会主义发展的战略安排,农村发展"人"是关键,除了硬件建设的投入,更重要的是对新型职业农民的培养。新型职业农民的培养是一个系统工程,本章从精神文明建设视野切入,主要分析了中国社会主义现代化建设与农业农村现代化、农业农村现代化与新型职业农民的关系以及新型职业农民与工匠精神的培育等问题。

第一节　现代化与新型职业农民

中国社会主义现代化建设是新型职业农民的历史语境，新型职业农民也是中国社会主义现代化建设发展的必然要求。本节重点分析了中国社会主义现代化建设过程中随着农业农村现代化的发展，新型职业农民的形成和发展、新型职业农民的内涵和特点、新型职业农民工匠精神培育的实现机制等问题。

一、现代化与中国社会主义现代化建设

历史的车轮滚滚向前，工业文明的兴起及其对农业文明的取代深刻地改变了社会的各个方面，人民的生产、生活方式也发生了深刻的变化。"现代化"一词就是用来描述这个深刻的变化的概念。

1960 年在日本举行的"箱根会议"，各界学者第一次对"现代化"概念立下了 8 条标准：（1）人口相对高度地集中于城市和整个社会不断上升的城市向心趋势；（2）较高程度的无生命动力能源的利用，商品流通和服务设施的增长；（3）社会成员大范围地相互交流，以及这些成员对经济和政治事务的广泛参与；（4）公社性和世袭性集团的普遍瓦解，以及通过这一瓦解在社会中造成更大程度的个人社会流动性和更加多样化的个人活动领域；（5）通过个人对其环境的世俗性和日益科学性的选择，广泛地普及文化和知识；（6）一个延展和渗透的大众传播系统；（7）存在大规模的诸如政府、商业、工业等社会制度，以及成长中的这些制度的官僚管理组织；（8）在一

个单元（如国家）扩展之下大量人口不断趋向统一性和在一些单元（如国际关系）扩展之下日益增长的相互影响。①可以认为，这是对西方社会发展的抽象概括的理想化模型。其后，不同学者对现代化的特征进行了不同的概括。比如：金耀基教授认为现代化体现为工业化、都市化、普遍参与、世俗化、高度的结构分殊性、普遍的成就取向等六个方面。②何传启教授认为，现代化概念可以从词义、理论和政策三个维度理解。

表2—1　"现代化"含义的三个维度③

	现代化的含义
基本词义习惯用法	根据辞典里"现代化"的解释来使用它。"现代化"的英文单词是modernization，产生于18世纪70年代，具有两个基本词义：（1）成为现代的、适合现代需要；（2）大约公元1500年以来出现的新特点和新变化。现代化既可以表示一个成为现代的过程，也可以表示现代先进水平的特征。
理论含义	现代化指18世纪工业革命以来人类社会所发生的深刻变化，它包括从传统经济向现代经济、传统社会向现代社会、传统政治向现代政治、传统文明向现代文明的转变过程及其变化；它既发生在先锋国家的社会变迁里，也存在于后进国家追赶先进水平的过程中。经典现代化指从农业社会向工业社会的转变过程及其深刻变化，第二次现代化指从工业社会向知识社会的转变过程和变化。

① 罗荣渠：《现代化新论》，北京大学出版社，1993，第35页。
② 金耀基：《从传统到现代》，中国人民大学出版社，1999，第98-103页。
③ 何传启：《现代化概念的三维定义》，《管理评论》2003年第3期。

政策 含义	现代化理论的实际应用，即推进现代化的各种战略和政策措施。现代化理论在不同国家和不同领域有不同的政策含义，例如：在经济领域，经典现代化的政策含义是推进工业化、标准化、规模化、农业现代化、工业现代化、科技现代化、管理现代化等；在社会领域，经典现代化的政策含义是推进城市化、专业化、流动化、社会保障、教育现代化、国防现代化等。

总体上，现代化是对人类发生深刻变化历史进程的描绘。历时性维度，现代化是从传统到现代的长期过程，这个过程不是一帆风顺的，存在停滞与反复；共时性维度，现代化不仅涉及各个领域的系统变革，而且是全球化的变革。"现代化"一词在政治学、社会学、历史学和经济学等不同学科运用，并对人类社会的这个深刻变化的历史进程进行研究。不同学科的切入点有所不同、各有侧重，这样形成了多维的现代化理论谱系。何传启教授认为，经典现代化理论可以分为六个分支：政治现代化、经济现代化、社会现代化、个人现代化、文化现代化理论和比较现代化理论等；如果根据研究方法的特点分类，经典现代化理论可以分为六个学派：结构功能学派、过程学派、行为学派、实证学派、综合（历史）学派和未来学派等。

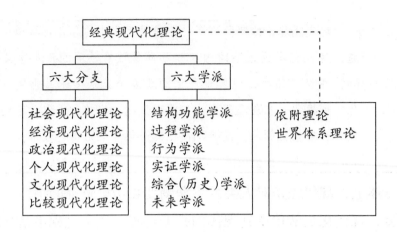

图2—1　经典现代化理论的结构①

　　由于某些偶然的因素，现代化进程首先发生于西方国家。资本主义在历史上曾经起过非常革命性的作用。因为对资本主义历史性成就的盲目乐观，有人甚至认为这种西式现代文明代表了人类社会发展的最高阶段，意味着"历史的终结"。西方道路似乎成为人类现代化的典型模板和唯一选择，终结了人类现代化道路的其他可能性。相关理论根据西方社会的发展道路提出来，现代化理论在一定程度上在其发展的过程中也形成了意识形态的霸权，似乎现代化道路可以无限外推，普遍适用于世界各国。有学者就说："欠发达社会应以一种有计划、有控制、加速度的方式重现西方的发展。在亚非拉各国尚不存在西方体制及传统时，应引进或通过'功能等同物'来加以替代。"②实践证明，"西方模式"不是普世道路，"拉美陷阱"就是一个例证。现代化是人类社会发展的重要体现，但是每一

---

① 何传启：《现代化概念的三维定义》，《管理评论》2003年第3期。
② ［德］沃尔夫冈·查普夫：《现代化与社会转型》，陆宏成、陈黎译，社会科学文献出版社，2000，第8页。

个国家都需要结合自身国情选择适合本国发展的现代化道路。

中国的现代化走出了一条不同于西方国家的具有中国特色的社会主义现代化道路。中国的现代化进程大略起始于19世纪中叶，中国社会开启了一个与以前不同的新起点。这期间经历了清末为应对内外交困的局面而采取的挽救其衰亡的努力，经历了清王朝灭亡后面对民族独立、国家富强和人民富裕的主题所做的努力。总体上，这个时期现代化的进程比较缓慢，成绩比较有限。

1949年中华人民共和国成立，中国现代化进程进入了一个新的阶段。在革命战争年代，中国共产党在马克思主义指导下，走出了一条不同于俄国十月革命的道路，带领中国人民站起来，打下了人民幸福和民族复兴的坚实根基。新中国成立后，筑牢了社会主义制度的四梁八柱，完成了中华民族有史以来最广泛而深刻的变革，为更好地践行党的初心和使命奠定了坚实的政治前提和制度基础。针对一穷二白的基本国情，我们从加强工业化入手逐步确立起了"四个现代化"的奋斗目标。周恩来总理在三届全国人大一次会议上所做的《政府工作报告》中不仅明确了"四个现代化"的具体内涵，还提出了从"三五"计划开始的"两步走"战略安排："第一步，建立一个独立的比较完整的工业体系和国民经济体系；第二步，全面实现农业、工业、国防和科学技术的现代化，使我国经济走在世界的前列。"[1]这一时期我们以苏联的经验教训为鉴戒，探索生产力十分落后的东方大国进行社会主义建设的道路。社会主义现代化建设虽然曲折艰难，但取得了巨大成就，取得了社会主义现代化建设的良好开局。

改革开放是我们党的一次伟大觉醒，实现了党践行初心和使命

---

[1] 《周恩来选集》下卷，人民出版社，1984，第439页。

过程中重心的转换。邓小平指出："贫穷不是社会主义"，"我们要赶上时代，这是改革要达到的目的"。十一届三中全会后，邓小平为主要领导的中国共产党人实事求是地提出了"中国式的现代化"。1979年，邓小平在会见英中文化协会会长麦克唐纳时，首次提出了"中国式的现代化"的命题。他说："我们定的目标是在本世纪末实现四个现代化。我们的概念与西方不同，我姑且用个新说法，叫作中国式的四个现代化。"①同年10月，他进一步指出："我们开了大口，本世纪末实现四个现代化。后来改了个口，叫中国式的现代化，就是把标准放低一点。"②这一战略安排把"到20世纪末实现四个现代化"改为"人民生活总体上达到小康水平"，并提出设计了"三步走"的发展战略。改革开放新时期，面对国家大、人口多、底子薄等困难，我们解放思想、实事求是，实施了经济特区等重大举措。40多年来从"杀出一条血路"到"走出一条新路"，从"跟上世界"到"引领世界"，从"世界舞台边缘"走向"世界舞台中央"。当前，我们已经实现了从温饱到小康的历史性跨越，党的十九大部署了新时代"两个阶段"的战略安排，开启了中国特色社会主义现代化强国建设的新征程。第一个阶段，从2020年到2035年，在全面建成小康社会的基础上，再奋斗15年，基本实现社会主义现代化。第二个阶段，从2035年到本世纪中叶，在基本实现现代化的基础上，再奋斗15年，把我国建成富强民主文明和谐美丽的社会主义现代化强国。③中国的社会主义现代化建设取得巨大成就，国家的经

---

① 《邓小平年谱（一九七五——一九九七）》（上），中央文献出版社，2004，第496页。
② 《邓小平文选》第2卷，人民出版社，1994，第194页。
③ 《习近平谈治国理政》第3卷，外文出版社，2020，第22-23页。

济社会发生了翻天覆地的变化，而且为人类文明发展提供了全新的可能，贡献着中国智慧和中国方案。

在中国共产党的坚强领导下，"中国特色社会主义是社会主义而不是其他什么主义"①。中国特色社会主义的伟大实践不走帝国主义、殖民主义老路，也不走依附别人、丧失独立自主的道路，而是结合中国实际、总结经验教训、借鉴人类文明，走出了一条自己的路。随着中国特色社会主义的蓬勃发展，两种社会制度的较量已经逐步发生了有利于科学社会主义的深刻转变。今天，我们取得的成就还是这种新文明类型的初级阶段，我们将占有现代文明成果、吸吮伟大传统的精神养分，将成为有别于西式现代文明的新文明类型的典范。这是人类历史上最为宏大而独特的实践创新。中国特色社会主义伟大实践创造了一个又一个人间奇迹，用雄辩的史实力量和事实力量展现了新文明类型的景观，展示了人类文明发展的新空间。这意味着拓展了发展中国家走向现代化的途径，给世界上那些既希望加快发展又希望保持自身独立性的国家和民族提供了全新选择。

二、农业农村现代化与新型职业农民培育

现代化进程一定意义上就是农业文明走向工业文明的过程，内含着农业现代化。中国特色农业现代化道路具有多元化特征，不同学者提出了不同的观点，主要的观点有："三化论"强调高产化、优质化、高效化；农业产业现代化、农业环境现代化、农业主体现代化；农业生产力现代化、农业生产关系现代化、农业上层建筑现代化。"四化论"强调农业机械化、科学化、社会化、企业化；农业经济结构现代化、生产技术现代化、经营管理现代化、流通和消费过

---

① 《十八大以来重要文献选编》（上），中央文献出版社，2014，第109页。

程现代化。"五化论"强调农业的科学化、商品化、集约化、产业化、生态化。"六化论"强调农业生产手段、劳动者、组织管理、运行机制的现代化以及资源环境优良化、农业的国际化。"七化论"强调农业的市场化、工业装备化、企业化、专业化、社会化、生态化、规模化。①可见，农业现代化不是某个要素的现代化，而是涉及农业、农村和农民不同方面的全员、全程、全方位的现代化，主要体现为农业市场工具机械化、组织专业化、活动市场化、管理科学化、人员素质优化，实现产业兴旺、生态宜居、乡风文明、治理有效、生活富裕的要求，最终实现城乡融合发展。

中央始终非常重视"三农"工作，新中国成立后我们根据当时的国情先后实施了"土地改革"、农业合作化和人民公社制度。改革开放后，1982—1986年连续5年出台以"三农"为主题的中央一号文件，2004年开始中央每年都出台以"三农"为主题的中央一号文件，尤其2004年中央一号文件中，中央作出了"把解决好农业、农村、农民问题作为全党工作的重中之重"②的战略定位。在党中央的坚强领导之下，中国特色社会主义农业现代化是一个不断迭代升级的过程。蒋永穆等通过梳理新中国成立以来的文献和实践，认为中国特色社会主义农业现代化发展经历了四个阶段：第一，从新中国成立初期至党的十一届三中全会（1949—1978年）的探索阶段。在高度封闭的计划经济体制下，主要依靠要素投入推进农业现代化建设，以农业增产为目标，遵循"技术为主范式"。在认识上，中央

---

① 曹俊杰：《新中国成立70年农业现代化理论政策和实践的演变》，《中州学刊》2019年第7期。

② 《中共中央国务院关于"三农"工作的一号文件汇编》，人民出版社，2014，第93页。

提出"以苏联的经验为鉴戒"，将现代农业概括为"机械化、电气化、化肥化和水利化"，对农业生产现代化进行初步探讨。第二，从党的十一届三中全会至党的十六大（1978—2002年）的形成阶段。在社会主义市场经济体制逐步建立的过程中，主要依靠体制创新推进农业现代化建设，以农业增产和农民增收为目标，遵循"技术变迁与制度变迁并重范式"。在认识上，中央提出要"走出一条具有中国特色的社会主义农业发展道路"，将现代农业概括为"科学化、集约化、社会化和产业化"，对农业生产和经营管理现代化进行深入探讨。第三，从党的十六大至党的十八大（2002—2012年）的确立阶段。在社会主义市场经济体制逐步完善的过程中，主要依靠城乡统筹推进农业现代化建设，以确保国家粮食安全、农民增收和农业可持续发展为目标，遵循"制度为主范式"。在认识上，中央正式提出"走中国特色农业现代化道路"，将农业现代化的内容拓展为囊括现代农业要素的强化、农业产业体系的构建、农业生产组织形式的完善和农业发展模式的转变的综合体，在科学发展的框架下对农业现代化进行全面探讨。第四，从党的十八大至今（2012年至今）的深化阶段。在社会主义市场经济体制进一步完善的过程中，主要依靠乡村振兴和城乡融合推进农业现代化建设，以保障国家粮食安全、农民增收、农业可持续发展和农业高质量发展为目标，遵循"制度为主范式"。在认识上，中央提出"加快推进农业农村现代化"，以"一条主线""三大体系""新发展理念"阐释现代农业，在协同发展的框架下对农业现代化进行系统探讨。[1]中国特色社会主义农业农村现代化建设飞速发展的重要体现就是农业农村取得了历史性成

---

[1] 蒋永穆等：《新中国成立70年来中国特色农业现代化内涵演进特征探析》，《当代经济研究》2019年第8期。

就。中国不仅用不到世界9%的耕地养活了世界近20%的人口，为全球粮食安全、贫困治理和农业可持续发展作出了巨大贡献。

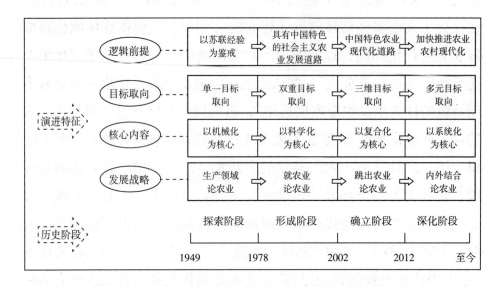

图2—2　中国特色农业现代化内涵的历史演进

　　农业农村现代化是中国特色社会主义现代化的必然要求，但是我国现代化建设在不同阶段的工作重点是有所侧重的，新中国成立以来我国的社会主义现代化首先是从工业化开始的。1949年七届二中全会上，我们党提出了由农业国变为工业国的发展方向，1953年，我们提出党在过渡时期的总路线。党在这个过渡时期的总路线和总任务，是要在一个相当长的时期内，基本上实现国家工业化和对农业、手工业、资本主义工商业的社会主义改造。1963年，党中央召开工作会议，讨论《关于工业发展问题》初稿，强调要建立完整工业体系的目标。文件还指出："在三年过渡阶段之后，我们的工业发展可以按两步来考虑：第一步，搞十五年，建立一个独立的完整的工业体系，使我国工业大体上赶上世界先进水平；第二步，再

用十五年，使我国工业接近世界的先进水平。"①我国的现代化建设
以国家工业化为侧重点，逐步形成了城乡二元体制。所谓"城乡二
元体制是新中国成立之后，为了工业化的优先发展，人为地固化乃
至强化城乡隔绝的一系列政策和制度安排"。"在其工业化的起步阶
段，国家通过'以农补工'的政策与制度安排逐步控制乡村的各种
资源，以保障工业化所需的原料与资金，由此确立和巩固了中国的
城乡二元体制。"②与城乡二元体制相对应的是城乡二元结构。如果
把视野放大到人类社会的发展进程看，尤其是现代化以来，出现了
城乡二元结构。中国的城乡二元结构，是指近代以来逐渐形成的城
乡隔绝且各自演进的一种经济社会结构，是伴随着工业文明的兴起
逐步形成的，是指以社会化大生产为主要特点的城市经济和以小生
产为主要特征的农村经济同时并存，且城乡彼此隔绝、各自演进的
一种经济结构与状态。③20世纪90年代初，中国社会科学院社会学
所"社会发展综合研究课题组"曾经对我国社会主义现代化进程中
呈现出来的城乡二元结构的特点做过一个概括："社会现代化的过程
是一个孕育着各种矛盾和冲突的从传统社会向现代社会的转型时
期。""我们正在从自给半自给的产品经济社会向有计划的商品经济
社会转化；从农业社会向工业社会转化；从乡村社会向城镇社会转
化；从封闭半封闭社会向开放社会转化；从同质的单一性社会向异

---

① 《邓小平传（1904—1974）》（下），中央文献出版社，2014，第1285页。
② 辛逸等：《从"以农补工"到"以工补农"——新中国城乡二元体制述
论》，《中共党史研究》2009年第9期。
③ 辛逸等：《从"以农补工"到"以工补农"——新中国城乡二元体制述
论》，《中共党史研究》2009年第9期。

质的多样化社会转化；从伦理型社会向法理型社会转化。"①可以认为，城乡二元体制是城乡二元结构的强化，换句话说，我国农业农村现代化进程中存在"两个二元"的双重强化。

这种双重强化对农业农村现代化发展是有影响的。若以1952年为100，1979年工业总产值指数达1734.4。其中，重工业指数竟高达2991.6；但同期农业总产值指数只有249.4。②截至改革开放之初的1980年，在总共529.57万个农村基本核算单位（生产队）中，人均年收入低于50元的有145.17万个，占核算单位总数的27.41%，即1/4多的农民终年不得温饱；同期，人均年收入低于100元的基本核算单位达391.69万个，占核算单位总数的73.96%。③农村农户兼业化、村庄空心化、人口老龄化趋势明显。农户兼业化是指农民从事农业的同时也从事非农产业，这是社会经济发展和分化的结果。村庄空心化是特定城乡地域系统内城乡二元制度体系作用于农村"自然—生态—社会—经济"系统而产生的一种不良演化结果，农业空心化、基建空心化、人口空心化和宅地空心化是农村空心化的四个主要特征。④人口老龄化问题就是农村青壮年大批迁移就业，农村人口老龄化程度明显高于城市。第三次全国农业普查的结果显示了这个问题的严重性。截至2017年，全国农业从业人员中，35岁以下

---

① "社会发展综合研究"课题组：《我国转型时期社会发展状况的综合分析（摘要）》，《社会学研究》1991年第4期。

② 《中国统计年鉴（1981）》，中国统计出版社，1982，第18页。

③ 《中国统计年鉴（1981）》，中国统计出版社，1982，第199页。

④ 崔卫国等：《中国重点农区农村空心化的特征、机制与调控——以河南省郸城县为例》，《资源科学》2011年第11期。

的占19.2%，36—54岁的占47.3%，55岁以上的占33.6%。①1996年第一次农业普查时，50岁以上农业从业人员比重仅为18.1%。第二次农业普查时上升至32.5%，10年上升了14.4个百分点。第三次全国农业普查结果显示55岁以上的达到了33.6%，似乎只是上升了1.1%，但是统计年龄从50岁提高到了55岁，可以认为全国农业人口老龄化的趋势并没有改变。因此，当前我国农村正发生深刻变化，"谁来种地"已经成为一个需要面对和解决的问题。2012年，15位两院院士联名上书中央提防人口大国无人种地问题："作为老一代知识分子，十分关心将来谁来种地，谁来守住我们的'米袋子'与'菜篮子'等问题。这个问题得不到及时、妥善的解决，将影响中国走新型工业化发展之路与经济社会发展的和谐局面。"②"'谁来种地'这个问题，说到底，是愿不愿意种地、会不会种地、什么人来种地、怎样种地的问题。核心是要解决好人的问题，通过富裕农民、提高农民、扶持农民，让农业经营有效益，让农业成为有奔头的产业，让农民成为体面的职业，让农村成为安居乐业的美丽家园。"③谁来种地的问题归结到底就是农业农村现代化问题。

　　农业农村现代化需要从城乡二元体制到城乡融合发展。党的中共十六大报告中指出："统筹城乡经济社会发展，建设现代农业，发展农村经济，增加农民收入，是全面建设小康社会的重大任务。"④

① 第三次全国农业普查主要数据公报（第五号）。http://www.stats.gov.cn/tjsj/tjgb/nypcgb/qgnypcgb/201712/t20171215_1563599.html.
②《15位两院院士联名上书中央：提防人口大国无人种地》，《中国青年报》2012年03月19日。
③《十八大以来重要文献选编》（上），中央文献出版社，2014，第678页。
④《十六大以来重要文献汇编》（上），中央文献出版社，2005，第17页。

"三农"问题成为经济社会发展的优先考虑问题。2004年，胡锦涛在中共十六届四中全会上的讲话指出："综观一些工业化国家发展的历程，在工业化初始阶段，农业支持工业、为工业提供积累是带有普遍性的趋向；但在工业化达到相当程度以后，工业反哺农业、城市支持农村，实现工业与农业、城市与农村协调发展，也是带有普遍性的趋向。"①"两个趋向"是对我国城乡关系协调发展的全新阐释。2004年，中央下发《中共中央关于促进农民增加收入若干政策的意见》（简称"一号文件"）规定，农业税税率总体上降低一个百分点，同时取消除烟叶外的农业特产税。②为进一步减轻农民的负担，2006年，"一号文件"规定，全国范围取消农业税。这标志着在中国延续了两千多年的"皇粮国税"从此退出历史舞台。全面取消农业税后与税改前的1999年相比，全国农民平均每年减负1250多亿元，人均减负140元左右。③2008年年底，中共十七届三中全会通过的《中共中央关于推进农村改革发展若干重大问题的决定》已成为破除城乡二元体制的纲领性文件。④习近平总书记曾指出："即便我国城镇化率达到70%，农村仍将有4亿多人口。如果在现代化进程中把农村4亿多人落下，到头来'一边是繁荣的城市、一边是凋敝的农村'，这不符合我们党的执政宗旨，也不符合社会主义的本质要求。"⑤党的十八

---

① 《十六大以来重要文献选编》（中），中央文献出版社，2006，第311页。

② 《中共中央国务院关于"三农"工作的一号文件汇编》（1982—2014），人民出版社，2014，第90、97页。

③ 金人庆：《扩大公共财政覆盖农村范围，建立支农资金稳定增长机制》，《求是》2006年第8期。

④ 《中共中央关于推进农村改革发展若干重大问题的决定》，《人民日报》2008年10月20日。

⑤ 《习近平谈治国理政》第3卷，外文出版社，2020，第257页。

大以来，党针对工农关系、城乡关系，采取了一系列举措推动"工业反哺农业、城市支持农村"，十九大继续提出实施乡村振兴战略。

农业农村现代化不仅需要产业基础和物质保障，还需要农村现代化作为依托和空间载体。不管是物质基础，还是空间依托，农业农村现代化归根到底依赖于活动主体，依赖于劳动者。2012年中央一号文件首次提出："大力培育新型职业农民，对未升学的农村高初中毕业生免费提供农业技能培训，对符合条件的农村青年务农创业和农民工返乡创业项目给予补助和贷款支持。"[①]2013年中央一号文件指出："大力培育新型农民和农村实用人才，着力加强农业职业教育和职业培训。"[②]党的十八大将新型职业农民确立为现代农业的经营主体。党的十九大提出了实施乡村振兴战略的重大决策和部署，并进一步强调"农业农村农民问题是关系国计民生的根本性问题，必须始终把解决好'三农'问题作为全党工作的重中之重"，要"培育新型农业经营主体"。为贯彻落实党中央、国务院决策部署，加快培育新型职业农民，造就高素质农业生产经营者队伍，强化人才对现代农业发展和新农村建设的支撑作用，农业部编制了《"十三五"全国新型职业农民培育发展规划》，经农业部2017年第1次常务会议审议通过。规划提出到2020年，全国新型职业农民总量超过2000万人。同时提出新型职业农民以提高农民、扶持农民、富裕农民为方向，以吸引年轻人务农、培养职业农民为重点，通过培训提高一批、吸引发展一批、培育储备一批，加快构建一支有文化、懂技术、善经营、会管理的新型职业农民队伍。

---

① 《十七大以来重要文献选编》（下），中央文献出版社，2013，第735页。
② 《十八大以来重要文献选编》（上），中央文献出版社，2014，第100页。

第二节　工匠精神是培育新型
职业农民的重要课题

　　农业农村现代化需要大力培育新型职业农民，新型职业农民的素质要求是多方面的，需要思想政治素质、本职业务素质、科学文化素质和身心健康素质等。"工匠精神是一种劳动精神，是一种劳动者的精神，它体现了劳动者，特别是普通劳动者的价值，对于纠正当前一定范围内存在的轻视劳动特别是轻视普通劳动者的不良风气具有重要的意义。""我们倡导'工匠精神'……还具有重要的精神价值，是一种新的思想政治教育任务，它与弘扬社会主义核心价值观是完全一致的。"[①]新型职业农民培育蕴含工匠精神培育的要求。本节主要分析了新型职业农民的内涵与特点、工匠精神与新型职业农民培育等问题。

一、新型职业农民的内涵与特点

　　古罗马学者奥古斯丁（Augustinus）的感叹：如果不问"时间是什么？"我大概还知道"时间"是什么；但是真问我"时间是什么"时，倒不知道时间是什么了。农民的界定也是如此，《新帕尔格雷夫经济学大辞典》也有同样的慨叹："很少有哪个名词像'农民'这样

---

① 刘建军：《工匠精神及其当代价值》，《思想教育研究》2016年第10期。

给农村社会学家、人类学家和经济学家造成这么多困难。"①如果真要给农民做一个具体的界定也是困难的。有学者认为，总结起来农民主要有如下四个维度的含义：第一，职业。比如古代有"士农工商"的"四民"之说，即士民、农民、工民、商民。农民是作为一种职业而出现的，现代农民也有职业的含义。第二，阶层。比如，我国宪法明确规定："社会主义的建设事业必须依靠工人、农民和知识分子""中华人民共和国是工人阶级领导的、以工农联盟为基础的人民民主专政的社会主义国家。"农民阶级和工人阶级一样，是地主阶级、资产阶级相对应的阶级。第三，群体。他们过着"日出而作，日落而息"的田园生活，这样的生产生活方式也形成了小农意识，乡下人、乡巴佬等成为农民的标签。第四，身份。以1958年《中华人民共和国户口登记条例》的颁布为标志，形成了农业户口与非农户口的"二元结构"的户籍管理体制，户口成为界定农民的社会标准，"农业户口"便成为农民的身份标签。②通过理论框架对农民进行分析无疑是必要的，有利于我们更好更完整地把握农民的内涵和外延，但是如果仅仅局限于词源等抽象层面的把握，不仅容易陷入概念的丛林，而且也容易忽视了事物本身的鲜活性。

农民一词在不同的语境中所指是不同的，我们要准确把握新型职业农民的内涵和外延就要将农民嵌入具体的历史情境。正如列宁在《论国家》一文所指出："在社会科学问题上有一种最可靠的方

---

① Eatwell, John. The New Palgrave: A Dictionay of Economics. The Macmillan Press Ltd, 1987. 241.

② 高建民：《中国农民概念及其分层研究》，《河北师范大学学报》2008年第4期；陈运贵：《关于"农民"概念的逻辑审视———基于乡村振兴的研究》，《社科纵横》2019年第7期。

法，它是真正养成正确分析这个问题的本领而不致淹没在一大堆细节或大量争执意见之中所必需的，对于用科学眼光分析这个问题来说是最重要的，那就是不要忘记基本的历史联系，考察每个问题都要看某种现象在历史上怎样产生、在发展中经过了哪些主要阶段，并根据它的这种发展去考察这一事物现在是怎样的。"①对新型职业农民的内涵界定也需要联系新型职业农民概念提出的语境来考察其内涵。从新中国成立以来相关政策文件来看，基于不同的特定社会背景经历了农民、职业农民、新型农民和新型职业农民的发展变化。

表2—2　新中国成立以来国家政策文件中新型职业农民相关概念的演变②

概念	标志性出处	提出背景	备注
农民	1958年1月，《中华人民共和国户口管理条例》	基于户籍管理体制的改革	即"传统农民"或"身份农民"
职业农民	2005年年底，《关于实施农村实用人才培养"百万中专生计划的意见》	推进农业产业化、农业专业化进程	相似称谓为"专业农民"

① 《列宁选集》第4卷，人民出版社，2012，第26页。
② 康红芹：《新型职业农民：概念辨析与内涵新解》，《当代职业教育》2018年第5期。

概念	标志性出处	提出背景	备注
新型农民	2006 年中央一号文件《关于推进社会主义新农村建设若干问题的建议》	基于新农村建设、城镇化建设	早在 1997 年的"跨世纪青年农民科技培训工程"的批示中和党的十六届五中全会上出现过新型农民这一概念。之后,《中共中央国务院关于积极发展现代农业扎实推进社会主义新农村建设的若干意见》、十七大报告、《关于加快发展面向农村的职业教育的意见》等政策文件提及了新型农民及其培育问题。
新型职业农民	2012 年中央一号文件《关于加快推进农业科技创新 持续增强农产品供给保障能力的若干意见》	基于"四化"同步发展	《新型职业农民培育试点工作方案》《新型职业农民培育试点工作的指导意见》、"十三五"规划纲要、2013—2018 年"中央一号文件"、《"十三五"全国新型职业农民培育发展规划》等相关重要文件的出台,标志着新型职业农民这一称谓趋向稳定。

值得注意的是:"就今天的中国农民而言,他们不是一个职业概念,我们很难具体说明所谓'农民'都包含多少种职业群体,有所谓'农民企业家''农民工',甚至有'农民作家''农民发明家',当然也有所谓真正意义的农民,即'作为职业的农民',还有'失地农民'(这在外国学者是难以理解的,没有土地居然还称为'农民'),还有一种是非农民、非居民的'假市民,真农民'。"①把握

---

① 赵树凯:《农民的政治》,商务印书馆,2018,第9页。

好当代中国农民的含义是复杂的，需要具体问题具体分析。这是我国农民这个概念的实然状态，农民、职业农民、新型农民和新型职业农民政策发展路径是一种应然状态，新型职业农民是我国社会主义现代化的发展方向。

农业部关于印发《"十三五"全国新型职业农民培育发展规划》的通知中指出，新型职业农民是以农业为职业、具有相应的专业技能、收入主要来自农业生产经营并达到相当水平的现代农业从业者。[①]早在2013年中央农村工作会议上，习总书记就提出，要提高农民素质，培养造就新型农民队伍，把培养青年农民纳入国家实用人才培养计划，确保农业后继有人。2017年"两会"期间，习近平总书记到四川代表团参加审议时指出，要"优化农业产业体系、生产体系、经营体系，形成农业农村改革综合效应，推进城乡发展一体化，就地培养更多爱农业、懂技术、善经营的新型职业农民"[②]。综上论述，我们可以从以下几个方面理解新型职业农民的内涵：

第一，新型职业农民强调由身份型向职业型转换。在当代中国，"农村不仅是一个地域概念，而且是一个政治概念。农民不仅是一种职业身份，而且是一种政策身份"[③]。身份是一种户籍上的概念，"农业户口"是农民的标签，人们往往将具有农村户籍的人称为农民，与之对应享有相应的权利和义务。如果说身份型农民如《农民的终结》里所言"在一个受传统支配的乡村和社会里，人们甚至

---

① 农业部关于印发《"十三五"全国新型职业农民培育发展规划》的通知。http://jiuban.moa.gov.cn/zwllm/ghjh/201701/t20170122_5461506.htm.

② 习近平到四川代表团参加审议。http://www.china.com.cn/lianghui/news/2017-03/08/content_40431200.htm.

③ 夏勇：《乡民公法权利的生成，走向权利的时代》，中国政法大学出版社，2000，第616页。

会怀疑个人选择的存在"①一样，是被动的选择，那么，职业型农民不仅"身份决定饭碗"的生存逻辑被打破，而且告别了被动"世袭"的问题，是主体发挥主观能动性的自主选择。农民是和教师、律师、医生等一样的社会分工，这是爱农业的重要心理基础。农民从身份型向职业型转换本质上是权利义务的无差别化，淡化由于户籍形成的权利义务的区别，突出农民是在乡村从事农业生产工作的劳动者。因为户籍登记的管理功能需要优化，"农业户口"下的宅基地等仍然是重要的基本保障，城乡融合发展也是逐步发展的过程，因此从身份型向职业型的转换不是一蹴而就的，而是一个过程。

第二，新型职业农民是专职化的农民。这意味着专职做农业生产经营活动的相关工作，不是兼职从事农业生产活动的兼业农民。兼业农民主要从事农业以外的工作，保留作为农民的土地等基本权利，进行基本的农业生产满足自身需要或者甚至不从事农业生产，只是把农村、农业作为自己生活的保底或者退路。"满足自己需要""保底"的心态自然不会重视农业基础设施建设，也不会重视农业生产效率的不断提高。因此，专职化从事农业生产活动的农民是新型职业农民的重要内涵。通过培养一大批专职从事农业生产活动的农民，既解决"谁来种地"的问题，也为不断提高农业生产效率、促进农业现代化奠定了基础。

第三，新型职业农民是具有专业化水平的农民。弗兰克·艾利斯曾经对农民进行过分类，将农民分为经验型与利润型。②如果按

① ［法］H. 孟德拉斯：《农民的终结》，李培林译，社会科学文献出版社，1984，第47-53页。
② ［英］弗兰克·艾利斯：《农民经济学：农民家庭农业和农业发展》，胡景北译，上海人民出版社，2006。

照经验型和利润型的分析框架，经验型农民可以不需要任何的专业性教育，新型职业农民不是简单依靠经验进行农业生产活动的维持自己和家人生计的劳动者，而是有知识技能、有较高专业水平的高素质劳动者。因为只有较高的专业技能水平，才可能在农业生产经营活动中有更高的生产效率，从而在市场活动中得到较高的利润。因此，新型职业农民不仅要爱农业，而且一定要懂技术、会经营。

第四，新型职业农民是现代化的农民。专职化、专业化是横向角度理解新型职业农民的特质，现代化则是从纵向的角度理解新型职业农民的特质。新型职业农民体现为从传统向现代的转变。与传统小农意识不同，新型职业农民体现在知识、情感和能力以及工作生活方式的现代化；与传统农民自给自足不同，新型职业农民是社会主义市场经济的活动主体；与传统小规模分散的特点不同，新型职业农民从事的农业生产活动具有一定的规模。

二、工匠精神与新型职业农民培育

基于新时代新的历史方位，2016年李克强总理在《政府工作报告》中强调了"工匠精神"一词，提出了"培育精益求精的工匠精神"的重要任务。工匠精神的核心和重点是"精益求精"的精神，但工匠精神具有丰富的内涵，是高度认同、敬业乐业的精神，专注专一、全情投入的精神和精益求精、追求卓越的精神的统一。[1]工匠精神产生于手工业时代，但是作为一种劳动者的素质要求和精神追求具有超越时空的恒久性和普遍性。工匠精神不会因为具体社会历史条件的改变而过时；工匠精神也不仅仅局限于手工业等某一个

---

① 刘建军：《工匠精神及其当代价值》，《思想教育研究》2016年第10期。

行业，而是逐步延展到各行各业并成为各行各业倡导的一种精神。工匠精神是技能型人才的核心职业素养，是培育新型职业农民的重要要求。

第一，工匠精神是新型职业农民的应有之义。职业具有多层次的内涵，至少有如下三个维度：首先，职业追求物质利益。马克思指出："全部人类历史的第一个前提无疑是有生命的个人的存在。因此，第一个需要确认的事实就是这些个人的肉体组织以及由此产生的个人对其他自然的关系……任何历史记载都应当从这些自然基础以及它们在历史进程中由于人们的活动而发生的变更出发。"①因为历史的第一前提是有生命的个体的存在，人总是从利益出发的，只有一定的利益才能够生活，才能够创造历史。人们所从事的各种职业，首先都是为了满足人类的种种基本需要为目的。其次，职业又是精神追求。如果职业成为主体从事的事业，那么不仅体验工作的愉悦，而且彰显人生价值。相反，如果只是为了谋生，那么职业生活是枯燥的。"两眼一睁，忙到熄灯；回头一看，啥也没干"，"当一天和尚，撞一天钟"等的表述大略是这种职业状态的表达。马克思曾说："我们的使命绝不是求得一个最足以炫耀的职业，因为它不是那种使我们长期从事而始终不会感到厌倦、始终不会松动、始终不会情绪低落的职业，相反，我们很快就会觉得，我们的愿望没有得到满足，我们的理想没有实现，我们就将怨天尤人。""如果我们选择了最能为人类而工作的职业，那么，重担就不能把我们压倒，因为这是为大家作出的牺牲；那时我们所享受的就不是可怜的、有限的、自私的乐趣，我们的幸福将属于千百万人，我们的事业将悄然无声地存在下去，但是它会永远发挥作用，而面对我们的骨灰，高

---

① 《马克思恩格斯选集》第1卷，人民出版社，2012，第146–147页。

尚的人们将洒下热泪。"①职业不仅是谋生的一种手段，职业也是成就自我的一个平台。从这个意义上说，职业也是每一个个体从事的事业。第三，职业还蕴含道德要求。职业道德是一定职业的人在职业生活中应当遵循的具有职业特征的道德要求和行为规范。杜威曾说过这样一个案例："如果你在报纸上看看聘用雇员的招聘广告并做统计调查，把要求特定技能的人员数量与要求主动性、人格、正直和勤劳的人员数量进行对比，你将发现，从招聘工作人员的雇主的立场看，毕竟是人的一些个性品质而不是更有技术性的因素使他更加称职。"②职业能力是重要的，但是职业道德同样不可或缺，甚至职业道德更为重要。

新型职业农民的重要转变是由"身份"向"职业"的转变。新型职业农民不是"世袭"的身份，而是自主选择的职业，这种转变强化了新型职业农民与工匠精神相互依存的关系。如前所述，新型职业农民不同于兼业农民，具有专职性，其收入就是从事农业生产活动的收入。工匠精神将更有利于达成谋生的目的，因此农业生产谋生属性的不可替代性强化了工匠精神的需求。新型职业农民的职业不是被动的选择，而是主动的选择。作为主动的选择，新型职业农民不仅擅长农业生产，而且热爱农业生产。换句话说，农业生产之于新型职业农民不仅具有功利性的外在价值，更具有目的性的内在价值。工匠精神将是新型职业农民更好地享有职业的审美体验。职业的道德属性也要求新型职业农民有工匠精神，因为工匠精神本身就是一种职业道德。

---

① 《马克思恩格斯全集》第1卷，人民出版社，1995，第459-460页。
② ［美］约翰·杜威：《杜威全集》中15卷，汪堂家等译，华东师范大学出版社，2012，第137页。

　　第二，工匠精神有利于使新型职业农民的农业生产符合时代要求。千百年来人类不断追求美好的生活。我国社会主义建设初期，面对西方资本主义强国的封锁和挑衅，存在意识形态对立和隔离；面对落后的社会主义生产水平，需要大规模的社会经济建设。但是，当国家独立和富强的理想初步实现之后，社会主义现代化建设就需要由"生产"转换为"生活"。意识形态斗争是为人民享有美好生活服务的，而不是相反；经济建设是为人民享有美好生活服务的，而不是为了发展而发展。也就是说，由意识形态的对立到人类共同体共赢发展转变，由注重经济总量、经济指标到注重人民生活质量、人民的获得感，由注重满足物质利益到注重精神文化全面发展提升的转变。努力实现人民对美好生活的向往意味着中国特色社会主义建设重心的转变，新时代中国特色社会主义将越来越强调"生活化"的发展。

　　经过几代人的努力，尤其经过改革开放40年的发展，我国的经济社会生活发生了翻天覆地的变化，生产力、综合国力、人民生活水平实现了历史性跨越，人民享有越来越好的生活。在党的十九大上，习近平总书记指出：中国特色社会主义进入新时代，我国社会主要矛盾已经转化为人民日益增长的美好生活需要和不平衡不充分的发展之间的矛盾。我国社会主义主要矛盾的转化意味着美好生活正由理想逐步转变为现实，我们已经踏进了美好生活的门槛。我国社会主义主要矛盾的转化意味着美好生活将在伟大实践中丰富，人民美好生活将不断向纵深展开和跃升。这是享有美好生活的新时代、丰富美好生活的新时代。一方面，在新时代我们将从相对单一的农副产品向"更加全面"的美好生活拓展。另一方面，在新时代我们将从相对基本的保障向"更加高级"的美好生活跃升。新时代中国特色社会主义的人民美好生活是更加多样的、全面的、个性的和更高水平的美好生活，需要更加健康、个性化、优质的农副产品。在全国科技创新大会、两院院士大会、中国科协第九次全国代表大会上的讲话中习近平总书记指出："随着经济社会不断发展，我国13亿多人民过上美好生活的新期待日益上升，提高社会发展水平、改善人民生活、增强人民健康素质对科技创新提出了更高要求。"[1]李克强总理在政府工作报告中提到"工匠精神"时，提出："鼓励企业开展个性化定制、柔性化生产，培育精益求精的工匠精神，增品种、提品质、创品牌。"增品种、提品质、创品牌的要求是对工业化生产的要求，也是对农业生产提出的更高的要求。

爱岗敬业、全情投入、精益求精的工匠精神将有利于新型职业农民更好地符合新时代人民对美好生活的需要。新型职业农民扎根黄土地，践行职业道德，培养职业能力和职业品质，照顾好每寸土地、树立起农业品牌、生产出优质农产品，不仅满足人们的美好生活需要，而且促进城乡融合发展。这是改革发展成果更多更公平惠及全体人民，朝着实现全体人民共同富裕的目标稳步迈进的长期过程。这个过程要贯彻党的基本理论、基本路线和基本方略，涉及政治、经济、文化等方方面面内容，需要全体人民一件事情接着一件事情办，一年接着一年干。

第三，工匠精神是破解新型职业农民培育瓶颈的重要因素。现代农民应当享有特定权利与声望。[2]首先，随着近代现代化进程促进了工业化的快速发展，农业在现代产业结构中的比重逐步下降，

---

① 《习近平谈治国理政》第2卷，外文出版社，2017，第272页。

② Larson T J.The Rise of Professionalism: A Sociological Analysis ［M］. Berkeley: University of California Press, 1977:5.

与此同时，农民的地位也有边缘化的倾向。在我国，"经历了从新中国成立初期的'以农补工'到新世纪以来开始破解城乡二元体制的'以工补农'两个主要阶段；无论是'以农补工'还是'以工补农'，均是中国共产党在历史、经济、社会等各种因素综合制约下的理性选择，与世界其他同类国家经济社会演变有相同规律，也反映了新中国社会经济发展之要求"①。在社会主义现代化建设初期，面对一穷二白、千疮百孔的局面，需要采取"以农补工"到"以工补农"的发展策略，但是也造成了农村、农民和农业问题的发展比较缓慢，赋予农民的权利和地位与其他人群不同。其次，由于特定的文化传统和生活行为方式，也形成了前文述及的"乡巴佬"等的刻板印象。斯密在《国富论》中曾经讲道："人们天赋才能的差异，事实上并没有我们感觉的那么大。人们在壮年时在不同职业中所表现出来的极不相同的才能，在大多数场合，与其说是分工的原因，倒不如说是分工的结果。例如，性格极不相同的人，一个是哲学家，一个是街上的挑夫。他们之间的差异，看来是因为习惯、风俗与教育，而不是因为起因于天性。……在七八岁之前，彼此的天性极其相似……大约在这个年龄或者此后不久，他们从事极不相同的职业，于是他们的才能渐渐显现出来，往后逐渐增大。"②不管是农民的实际地位，还是对农民的刻板印象，都是新型职业农民培育的重要瓶颈。

从这个意义讲，新型职业农民培育是一个动态发展的过程，不

① 辛逸等：《从"以农补工"到"以工补农"——新中国城乡二元体制述论》，《中共党史研究》2009年第9期。

② ［英］亚当·斯密：《国富论》，郭大力等译，商务印书馆，2019，第13页。

仅需要实现城乡融合发展，而且需要逐步改变农民、农业、农村的形象。工匠精神是改变这种情况的一个重要推动因素。工匠精神有利于造就一大批农业生产的"状元"。一方面，做到"人无我有，人有我优"，推动农业产业化水平，促进城乡有差别但无等级的融合发展；另一方面，"三百六十行，行行出状元"，提高农民的社会地位，消除大众对农民身份的偏见。

第三节 新型职业农民工匠精神培育机理

工匠精神是人们在长期的生产过程中形成并体现于劳动过程的以精益求精为核心的职业能力、职业伦理和审美追求，体现在主体的潜意识系统、意识系统和行为系统等不同层面。随着工匠精神出现在党和政府的工作报告中，大力弘扬工匠精神的必要性和重要性已经成为社会共识。但是工匠精神不同于可量化的物质文明建设，也不是单纯强调客体性的知识体系构建，而是主客体互动的铸魂树人工程，是在合成中生成、生成中合成的螺旋上升过程。新时代工匠精神生成至少涉及两个方面：基本方面是，工匠精神与中国特色社会主义事业的关系，这是何以可能的问题。另一个直接相关的方面是，工匠精神生成的实现机制和主体动力，这是何以实现的问题。基于此，本节尝试从何以可能、何以实现的角度去考察新时代工匠精神生成的内在逻辑。

一、工匠精神生成的社会基础

工匠精神生成不应当到人们的头脑中去寻找，因为"物质生活的生产方式制约着整个社会生活、政治生活和精神生活的过程。不是人们的意识决定人们的存在，相反，是人们的社会存在决定人们的意识"①。工匠精神作为根植于经济基础之上的观念、价值和追求不应在观念的世界中寻找其生成的动因，而应当到时代的经济中、到生产方式和交换方式的变更中去寻找其生成的土壤。

第一，工匠精神是人类劳动的天然指向。人类社会形成以后，虽然自然基础仍作为人类活动的基础制约，但是只要有人存在，自然史和社会史就彼此相互制约。因为"动物仅仅利用外部自然界，简单地通过自身的存在在自然界中引起变化；而人则通过他所作出的改变来使自然界为自己的目的服务，来支配自然界。这便是人同其他动物的最终的本质的差别，而造成这一差别的又是劳动"②。通过人类的劳动，此时的自然已不是纯粹人类史之前的自然了，而是包含了人们的社会实践活动的人化自然。劳动是推动经济社会和人的发展的基础性力量。虽然劳动过程中劳动者的态度、价值观有积极和消极之分，劳动产品的质量和水平也有高下之别，但是工匠精神的核心是精益求精，本质是对真、善、美的追求，这是主体的美好向往和内在需要。从人的本性看，人能按照任何事物的尺度，按照美的尺度去进行生产，从现实出发不断追求和创造理想世界是人的内在追求，主体在根本上不仅不会排斥对工匠精神的追求，而且有强烈的追求愿望和期待；从人的需要看，人人都必须通过精心的劳动，创造生活资料、发展资料和享受资料，满足人的自然性需要、社会性需要和精神性需要。因此，工匠精神不是外在的移植或者强加，而是蕴含于人类劳动过程中的内在追求。

第二，工匠精神是现代市场经济的内在要求。我们可以将文明社会时代的社会结构方式划分为非市场经济型和市场经济型两大种

---

① 《马克思恩格斯选集》第2卷，人民出版社，2012，第2页。
② 《马克思恩格斯选集》第3卷，人民出版社，2012，第997-998页。

类。①非市场经济的社会是一个相对封闭权威的熟人社会，主要有自然经济和计划经济两大模式，这是以习俗或指令为基本逻辑的经济运行形态，传统工匠精神就是在这样的土壤中产生的。与之对应，市场经济条件下带来了工匠精神迭代升级的新基质。市场经济的社会是一个开放平等的陌生人社会，是以市场机制为基础来优化社会资源配置的经济运行形态。首先是分工。亚当·斯密在《国富论》开篇中就讲道：一个人一天造不出一根扣针来，但通过分工合作，则可以造很多根扣针出来。其次，为了交换而生产。如果只是为了自己，不需要太高的生产力和太大的生产规模，但是如果为了交易而进行生产，则效率越高规模越大越好。再次，遵循竞争性、效益性、等价交换性等原则。相比较于传统社会，这样的机制对生产者心无旁骛、敬业专注、追求卓越等要求大大加强。因为田园诗般的自给自足状态土崩瓦解，只有好的产品才能在竞争日趋激烈的市场中交换出去。"制造业者要是长期违背此规范而行，注定会被市场经济淘汰，就像劳动者不能或不愿适应这样的规范，就会变成失业者沦落街头。"市场经济秩序对于个体来说是既存的、必须接受的规范，若不跟进，就得退场。秉持工匠精神就是"吃小亏占大便宜"，有利于生产者成为通过市场"筛选"的优胜者。同时，市场经济条件下人类的经济行为必然伴随道德行为。市场经济条件下似乎"经济人"与"道德人"之间相互冲突，这也被称为"亚当·斯密问题"。②万俊人教授认为，善功=合宜+功利的公式可以被看作是对

---

① 王南湜：《从领域合一到领域分离》，山西教育出版社，1998，第57页。
② 亚当·斯密在《道德情操论》中把利他主义的情操追求当作人类道德行为的普遍动机，在《国富论》中则把个人利己主义的利益追求当作人类经济行为的基本动机。

"斯密问题"之原始方程式的解。行为之善在于其合宜适当，行为之功在于能够产生实际功效，就是说，"'经济人'也罢，'道德人'也罢，都只是人性之一面"，"它表明，人类的经济行为与其道德行为在终极目的的意义上难以截然分开"[①]。工匠精神是职业伦理要求，与市场经济的道德性是相契合的，劳动过程中彰显工匠精神的要求和境界是主体的道德信念和道德义务。因此，作为一种先进的经济模式，市场经济既为工匠精神生成提供功利动力，也为工匠精神生成提供德性支持。

　　第三，工匠精神是新时代中国特色社会主义的自然结果。从道德性看，我国的市场经济不是什么别的市场经济，是中国特色社会主义的市场经济。社会主义的崇高价值决定了中国特色社会主义市场经济始终蕴含强烈的道德性。当前，我们的市场经济已经不是建立初期的市场经济，是进入新时代的中国特色社会主义市场经济，工匠精神作为一种职业道德、职业精神在经济社会生活中更加彰显。从功利角度看，在我国社会主义市场经济发展的早期，人民日益增长的物质文化需要是社会发展的中心议题，需求侧追求产品的性价比，供给侧追求价格优势。在这样的背景下，不管是从供给侧，还是需求侧看追求品质和精益求精都是不划算和不理性的。新时代我国社会的主要矛盾已经转化为人民日益增长的美好生活需要同不平衡不充分的发展之间的矛盾。这意味着美好生活正由理想逐步转变为现实，在新时代我们将从物质文化相对单一的生活向"更加全面"的美好生活拓展，我们将从相对基本的保障向"更加高级"的美好生活跃升。"人们更愿意透过好产品感受它背后匠人的专

---

① 万俊人：《论市场经济的道德维度》，《中国社会科学》2000年第2期，第7–8页。

注敬畏之心；人们更信赖对产品有着充分知识和热爱的人的宣传；人们更偏好那些细水长流的商品和企业；人们更会选择那些坚守譬如'不作恶''改变世界'等正面价值观的企业。这种倾向传导到生产端，无疑会鼓励产品和服务的提供方以一种更加认真的态度去对待自己的事业。消费者和生产者之间形成一种正向激励。"①因此，新时代中国特色社会主义伟大征程需要大力弘扬工匠精神，更为重要的是，新时代中国特色社会主义伟大实践为工匠精神生成提供了坚实的土壤。

可见，工匠精神的追求是人类发展的本然，是市场经济的内在价值，是新时代中国特色社会主义发展的自然结果。目前来看，学界对此没有给予足够的重视，因此讨论工匠精神生成多从市场经济缺陷而提出工匠精神的必要性。这是从一种外在的、异质性的角度看待社会主义市场经济与工匠精神的关系。这个维度的讨论当然是必要的，有助于引起全社会重视工匠精神，推动工匠精神的培育。但是，这种外部性的思路是给社会及其成员先在地设定一套价值规范和行为要求，使工匠精神成为现实必须与之适应的理想，割裂和化约了社会主义市场经济与工匠精神之间内在互生的复杂关系，也就在一定程度上架空了工匠精神生成的土壤。

二、工匠精神生成的实现机制

前述指出了新时代工匠精神生成的内在驱动力，但是这是在理想化的意义上来说的，潜在的合理性和可能性并不能必然成为完全的现实，甚至在一些情况下还可能走向其反面。从功利角度看，工

---

① 张培培：《互联网时代工匠精神回归的内在逻辑》，《浙江社会科学》2017年第1期，第79页。

匠精神体现的是"吃小亏占大便宜"的长远考量，但是市场的短期冲动推动主体重视眼前的利益，再说"占小便宜吃大亏"的情况也不一定必然出现。这就消解了工匠精神的生成空间。从德性的角度看，部分人形成了与工匠精神相反的一种悖德——混事（世）伦理态度。"最近'混'得怎么样？"的日常用语就是生动的表达。这种伦理态度"得过且过，做一天和尚撞一天钟，甚至做和尚不撞钟，对职业劳动缺乏创业的热情，更谈不上顽强拼搏、开拓进取、优质服务、精益求精。缺乏严肃认真、恪尽职守的职业责任感"。"在一部分人中，对待工作不仅持一种混世的从业态度，甚至把这种态度衍化为一种混世的人生态度。"①因此，市场经济土壤支撑工匠精神生成是有限度的，埋藏于现代社会土壤的工匠精神的种子需要必要的激活机制促使其破土而出并健康成长。

第一，社会心态是工匠精神生成的感性变量。"社会心态是一定时期的社会环境和文化（包括亚文化）影响下形成并不断发生着变化的，社会中多数成员或占一定比例的成员表现出的普遍的、一致的心理特点和行为模式，并构成一种氛围，成为影响每个个体成员行为的模板。"②"万众一心""群情激昂"等词语大略表达了这种自发、初级和直接的状态。作为一种软环境，社会心态是如同空气一样的弥漫性因素，容易促使个体情感及行为在相互感染、相互暗示中融入群体的感情和行为，是工匠精神生成的社会心理支持系统，在现实生活当中表现为一种生活情绪和言论。社会上的职业选

---

① 肖群忠：《敬业精神与市场经济》，《甘肃社会科学》1995 年第 6 期，第 18—19 页。

② 王俊秀：《社会心态：转型社会的社会心理研究》，《社会学研究》2014 年第 1 期，第 106—107 页。

择、职业培训、婚姻择偶、子女教育，街头巷议、网络段子、微信推文，甚至人际关系、流行时尚等都从不同侧面表达和表现出关于工匠精神的社会心态。如果社会上轻视劳动，甚至歧视劳动者，形成"劳心者治人，劳力者治于人"的氛围，那么这样的氛围就不利于工匠精神的生成。反之，如果全社会尊重劳动，普遍尊崇精益求精的劳动者，劳动光荣成为社会共识，那么这样的氛围就有利于工匠精神的生成。

第二，制度规范是工匠精神生成的强化变量。"制度是一个社会的游戏规则，更确切地说，它们是为了决定人们的相互关系而人为设定的一些制约。"①制度规范具有普遍约束力，制度规范是各种引导人的活动和发展的因素中居于主导的因素。"人怎样行为，包括人的创造行为，受制度规范和制约；那么，影响人怎样行为的因素，可以合理地视为是影响发展的众多因素中占主导地位的因素。"②制度规范在工匠精神生成中的强化作用主要表现为：一，底线性。工匠精神是一个涵容度很广的概念，可以分为低、中、高等不同境界。正如道德实践中要保证"常德"、追求"圣德"一样，工匠精神也是如此。"高山仰止，景行行止"的高标准当然是始终不变的追求，但是理想与现实往往存在一定的距离。制度规范作为普遍的、基本的要求，为践行工匠精神提供了底线的保证。二，确定性。制度规范限制人的行为，反过来又为人们的行为提供确定的空间，为人们提供了不断再现的行为参照系。工匠精神得到制度规范的反复强化后便不再是一种描述或一种可能，会强化人们形成相对稳定的

---

① ［美］道格拉斯·诺思：《制度、制度变迁与经济绩效》，刘守英译，三联书店，1994，第3页。

② 鲁鹏：《制度与发展关系》，人民出版社，2002，第12-13页。

思想观念和行为模式。

第三，精神文化是工匠精神生成的理性变量。这里主要指相对物质文化的精神文化，是共同的理想信念、价值观念、道德风尚等相对稳定的总体，其灵魂是社会核心价值观。精神文化是在一段时间内弥散在整个社会中的社会共有精神。对此，费孝通先生指出："'文化'就是在'社会'这种群体形式下，把历史上众多个体的、有限的生命的经验积累起来，变成一种社会共有的精神、思想、知识财富，又以各种方式保存在今天一个个活着的个体人的生活、思想、态度、行为中成为一种超越个体的东西。"[1]精神文化对工匠精神生成的影响具有无形性、渗透性和深刻性的特点。无形性就是精神文化不是通过强制的方式，而是通过温情脉脉的方式，春风化雨、润物无声地产生影响；渗透性就是精神文化不是点到点，也不是点到面，而是网状地弥散到人们日常生活的方方面面；深刻性主要体现于精神文化还是作为超机体的力量和因素起"无意识"作用，文化的信仰就是社会成员的信仰，文化的不可能性就是社会成员的不可能性，这是把握和理解工匠精神的底色。

工匠精神生成机制至少包括社会心态、制度规范和精神文化等基本结构性变量。社会心态对社会成员工匠精神生成产生模糊的、潜在的和情绪性的影响；制度规范为社会成员工匠精神生成提供了相对稳定的、强制性的确定要求；精神文化虽然表面上同社会心态有相似性，但推动社会成员工匠精神形成理性化的判断和追求卓越的境界。社会心态是一种感性力量，精神文化是一种理性力量，两者共同构成推动工匠精神由潜向显转化的柔性力量，是工匠精神生

---

[1] 费孝通：《试谈扩展社会学的传统界限》，《北京大学学报》2003年第3期，第9页。

成的精神性资源。相对而言，制度规则是推动工匠精神生成的刚性力量，是看得见、摸得着的物质性资源。精神性资源和物质性资源之间并非存在着明显的界限，只是在具体的时空中表现的形态问题，两者紧密联系共同推动工匠精神生成。若两者和谐发展，则同向同行地推动工匠精神生成；若两者不和谐发展，则对工匠精神生成产生异行异向的消极影响。新时代中国特色社会主义工匠精神的生成要更加重视培育尊崇精益求精的社会心态，要更加重视工匠精神融入各级各类制度规范当中，要更加重视社会主义核心价值观的培育和践行。

三、工匠精神生成的主体动力

外因要通过内因起作用。实现机制是结构性因素，为工匠精神生成提供了稳定的、可靠的环境支持，工匠精神的生成还需激活主体能动性，通过外因和内因的同频共振，实现由"要我做"到"我要做"的自觉要求。实践中需要情感性认同、利益性认同和价值性认同的相互激发来提升主体能动性，从而促使主体将工匠精神具象地体现于劳动生活中。

第一，情感认同。情感认同是主体在从事某种职业过程中敬业、责任、自尊、乐业等的积极情感，是一种高度的情感感染。梁启超说："人类生活，固然离不了理智；但不能说理智包括尽人类生活的全部内容。此外还有极重要一部分——或者可以说是生活的原动力，就是情感。"①工匠精神的生成需要在理论上深刻理解和接受，假如一个人毫无所知，他将毫无所信。除了理性因素以外，工匠精神还需要在情感上强化，由可信达到确信，这是工匠精神生成

---

① 梁启超：《饮冰室合集·文集》之四十，中华书局，1989，第23页。

中的情感力量。情感认同主要源于"我"和"他"的互动，"我"和"他"之间主要有三种不同的坐标系：一是对先辈的记忆中形成的职业身份认同，二是同辈榜样的示范形成的职业方向感，三是职业共同体的影响。积极的职业情感是激发主体追求精益求精的工匠精神的原动力，不仅有利于个体的发展，有利于职业共同体的发展，也有利于社会生产的发展。但是，有研究显示，当前有相当部分高职生不是出于自身对职业的热爱和向往而就读，更多的是出于不得不的选择和就业前景的考虑而选择，其结果是消极职业情感蔓延，情感上抵触、甚至厌恶所从事的职业。①这种现象在一定程度上也是全社会劳动者职业情感的普遍问题。这是劳动的"异化"状态，把劳动仅仅当成是饭碗和谋生的工具，谈不上真情的融入和全情的投入。因此，需要进一步强化职业意识、职业情趣和情感素养的教育，培育良好的职业情感。

第二，利益认同。利益认同是获得特定竞争资源的能力和分配的公平性而产生的认同。马克思指出，人们奋斗所争取的一切，都同他们的利益有关。在现代社会，竞争成为市场经济不可或缺的因素，与此同时，主体的功利意识、效能意识也不断彰显。因此，工匠精神在主体身上扎根并发展壮大离不开利益的诱导。如果具有工匠精神的劳动者得不到公平公正的回报，最终可能导致的是劣币驱逐良币效应。富有工匠精神的劳动即使不能保证劳动者成为富翁，也要保证其在职业中能挣到足够的生活和发展费用，并且能保持一定的生活水平。利益认同的实现可以有制度性的利益机制、体制性的利益机制与政策性的利益机制等三种机制。制度性利益机制的核

---

① 魏志玲、聂伟：《工匠精神融入职业院校学生职业观的困境与突破》，《职教论坛》2019年第7期，第162页。

心是通过调整所有制关系与分配关系，让劳动力所有者同资本所有者共享企业的剩余收益；体制性利益机制的核心是完善市场机制，通过社会利益主体平等和自由互动整合个人利益、他人利益与共同利益；政策性利益机制的核心是以社会公正为核心理念，制定完善一系列公正合理的具体的政策措施，缩小不同利益群体差距过大的问题。①利益，尤其是物质利益终究是对主体原始欲望的激发，可能出现对所从事的职业持"端起碗吃肉、放下碗骂娘"的虚假认同，而且短期利益和长期利益、绝对利益和相对利益等不同实现程度也可能导致不同的职业认同。邓小平说得好："每个人都应该有他一定的物质利益，但是这……决不是提倡各人都向'钱'看。"②工匠精神终究是主体的精神性的追求，工匠精神的培育也不能仅仅局限于通过利益认同来实现。

第三，价值认同。如果仅停留在情感层面是飘忽的，停留于利益层面是短视的，不能保证发挥主体持续稳定的积极能动性，也不保证工匠精神境界从平凡走向崇高。价值认同根本上是因理而行、因敬而求，本质上是对工匠精神内含价值的坚守，不仅提供稳定的动力源，也有利于由"常德"向"圣德"提升。对此，马克思·韦伯关于新教伦理和职业活动的分析具有启发性。在新教教徒看来，努力工作是"天职"，既是颂扬上帝的行为，也是拯救自己的修行。因为这样的精神支撑，从事的职业不是被动的施加，而是高度的认同，劳动过程不再仅仅是为了谋生而不得不的忍受，而是满怀虔诚敬畏，其结果是工作更加耐心细致，产品更加精益求精。工匠精神

---

① 谭培文：《利益认同机制研究》，中国社会科学出版社，2014，第11-16页。

②《邓小平文选》第2卷，人民出版社，1994，第337页。

价值认同的关键是从价值再造走向价值创造，也就是，职业价值观在个体身上从呈预设性、外在性和复制性的"见闻之知"状态，升华为主客体融合共生的"体认之知"状态。通过价值智慧的培植，达到职业道德的遵从、职业理想的坚守，这是主体在平凡的工作中的一种倔强、一种坚持、一种情怀。当前，由于物质利益是市场经济运转的重要动力，其结果是职业道德为大众认同但不坚实，职业理想遭遇剧作家易卜生笔下描写的"娜拉出走以后"没有答案的难题，因此，要高度重视作为精神之钙的理想信念建设。

人是动物性、社会性和精神性的统一体，情感认同为践行工匠精神提供了原动力，利益认同为践行工匠精神提供了物质动力，价值认同为践行工匠精神提供了精神动力。这些动力不是单独实现的，而是交叉催化形成一个总的合力，成为推动主体践行工匠精神的内在动力。同时，其与社会心态、制度规范和价值文化之间互为环境，在结构、功能和运行方面相互匹配，形成工匠精神生成的"场效应"，促进工匠精神由可能向现实转化。

第三章

全面依法治国与

农民法治意识教育

依法治国是对新中国历史经验进行深刻总结的结果，依法治国也是发展社会主义市场经济的客观需要，是国家民主法治进步的重要标志，是国家长治久安的重要保障。党的十八届四中全会提出全面推进依法治国重大问题，这是党中央深刻总结历史、着眼未来的战略部署。这次中央全会的召开，标志着我们党对执政规律、社会主义建设规律、人类社会发展规律的认识和实践上升到一个新的水平，必将推动依法治国迈向新的更高境界。农民是全面依法治国的重要主体，农民法治意识是推进全面依法治国和建设法治国家的重要变量。"没有中国农村的法治化就没有整个中国的法治化。如果对此问题没有清醒的认识，不从法治建设一开始就予以足够的重视，那么我们就会犯历史性的重大错误，中国的法治建设就不可能成功。"①法治教育是精神文明建设的重要内容，本章试图梳理依法治国与法治意识的关系、农民法治意识教育的历程及经验和农民法治教育等内容。

---

① 卓泽渊：《法的价值论》，法律出版社，1999，第338-339页。

第一节　依法治国与法治意识

依法治国与法治意识是密切相连的两个概念，同时依法治国和法治意识也是农民法治教育的基础性概念。本节将简要梳理依法治国概念的发展变化过程以及我国依法治国基本方略提出的过程，在此基础上厘析法治意识的发展及其基本构成等问题。

一、依法治国

法治是一个经典的概念，也是重要的法律理想。法治首先是一个历史概念，沈宗灵教授认为，在我国和西方国家历史上关于法治和人治的争论主要指以下三次。第一次是我国春秋战国时期儒法两家对这一问题的不同观点。儒家主张人治（或德治、礼治），法家主张法治。在中国古代儒法两家的争论中，人治指的是主要依靠道德高尚的圣贤通过道德感化来治理国家，法治则是指主要依靠掌握国家权力的人通过强制性的法律来治理国家。第二次指古希腊思想家柏拉图和亚里士多德在这一问题上的不同观点。前者主张人治，后者主张法治。在古希腊柏拉图和亚里士多德之争中，人治和法治的含义比较复杂。人治不仅指主要依靠道德高尚的人以道德感化手段来治理国家，而且指对人们行为的指引主要应依靠根据不同情况而定的具体指引，也还指君主或少数寡头的统治。法治则不仅指主要依靠由不受人的感情支配的法律来治理国家，而且还指对人们行为的指引主要通过一般性的规则的指引，也指民主共和制。第三次指

17—18世纪资产阶级先进思想家为反对封建专制而提出的有关法治的观点。在17—18世纪反封建斗争中所讲的法治主要指民主共和制，人治则代表君主专制、等级特权等。①由此可见，法治就是强调通过法律来实现有效的国家治理和人的行为的引导，因为强调法律的至上性和优先性，所以主张民主共和的政治制度。法治与人治不同，但是法治与德治是辩证统一的。一方面，法治和德治是治国理政的两种不可或缺的方式。依法治国是基本方略，以德治国是重要方式。法治以国家强制力为后盾，法律面前一律平等；德治主要依靠内心信念、传统习俗和社会舆论来实现，对不同人群有不同的道德要求。另一方面，法安天下、德润人心，他们之间如车之两轮、鸟之双翼，相辅相成、相得益彰。道德对法治起滋养作用，没有道德的滋养，法治文化就缺乏源头活水；法治承载道德理念，正是因为有了法治，道德才有可靠的制度支撑。要把道德要求贯穿到法治建设当中，要运用法治手段解决道德领域突出的问题。

习近平总书记在不同语境下提出了两个论断，科学地揭示了形式法治与实质法治的统一，说明了良法善治的实践导向。第一个论断："法律是什么？最形象的说法就是准绳。用法律的准绳去衡量、规范、引导社会生活，这就是法治。"这一论断所指的是形式法治。第二个论断："人民群众对立法的期盼，已经不是有没有，而是好不好、管用不管用、能不能解决实际问题；不是什么法都能治国，不是什么法都能治好国；越是强调法治，越是要提高立法质量。""要抓住提高立法质量这个关键，深入推进科学立法、民主立法，完善立法体制和程序，努力使每一项立法都符合宪法精神、反映人民意愿、得到人民拥护。"这个论断抓住了社会主义法治的价值要义——

① 沈宗灵：《依法治国建设社会主义法治国家》，《中国法学》1999年第1期。

良法善治。①法治为国家治理提供了善治的创新机制。习近平总书记指出："法治和人治问题是人类政治文明史上的一个基本问题，也是各国在实现现代化过程中必须面对和解决的一个重大问题。综观世界近现代史，凡是顺利实现现代化的国家，没有一个不是较好解决了法治和人治问题的。相反，一些国家虽然也一度实现快速发展，但并没有顺利迈进现代化的门槛，而是陷入这样或那样的'陷阱'，出现经济社会发展停滞甚至倒退的局面。后一种情况很大程度上与法治不彰有关。"②也就是说，法治贯穿于善治的所有要素当中。没有基本的法律规范和制度机制，善治的每一个要素都有可能发生性质的改变，危害公共治理，甚至导致恶治和劣治，最终损害公共利益。法治是善治的前提，没有法治便无善治，也就没有国家治理的现代化。③

依法治国是社会经济可持续发展的重要保证，不断加强和完善社会主义法治建设是我国社会主义现代化建设经验的总结。20世纪50年代中后期，由于受"左"的思想影响和国际国内复杂形势的严重干扰，我国法治建设停滞不前甚至倒退，法治衰败导致人治抬头、家长制盛行，经济和社会生活失序，时常出现"瞎指挥""乱折腾"，频繁爆发侵犯人权、伤害干群的政治运动。④对此，《中国共产党中央委员会关于建国以来党的若干历史问题的决议》指出：种

① 张文显：《习近平法治思想研究（中）——习近平全面依法治国的核心观点》，《法制与社会发展》2016年第4期。

② 习近平：《习近平关于全面依法治国论述摘编》，中央文献出版社，2015，第12页。

③ 俞可平：《法治与善治》，《西南政法大学学报》2016年第1期。

④ 张文显：《新时代全面依法治国的思想、方略和实践》，《中国法学》2017年第6期。

种历史原因使得"我们没有能把党内民主和国家政治社会生活的民主加以制度化、法律化，或者虽然制定了法律，却没有应有的权威"，这"就使党和国家难以防止和制止'文化大革命'的发动和发展"①。习近平总书记指出："党在指导思想上发生'左'的错误，逐渐对法制不那么重视了，特别是'文化大革命'十年内乱使法制遭到严重破坏，付出了沉重代价，教训十分惨痛。"②"历史是最好的老师。经验和教训使我们党深刻认识到，法治是治国理政不可或缺的重要手段。法治兴则国家兴，法治衰则国家乱。什么时候重视法治、法治昌明，什么时候就国泰民安；什么时候忽视法治、法治松弛，什么时候就国乱民怨。"③

　　改革开放开启了我国法治现代化的进程。1978年12月，中国共产党十一届三中全会在北京召开。这次全会在作出把党和国家工作的重心由以阶级斗争为纲转向以经济建设为中心的决策的同时，向全党全国人民发出了"健全社会主义民主，加强社会主义法制"的号召，提出"为了保障人民民主，必须加强社会主义法制，使民主制度化、法律化，使这种制度和法律具有稳定性、连续性和极大的权威"，提出"有法可依、有法必依、执法必严、违法必究"的社会主义法制工作方针。1982年12月4日，五届人大五次会议通过了对宪法的修改，颁布了新宪法即现行宪法。1997年，党的十五大提出"依法治国，建设社会主义法治国家"，指出"依法治国，是党领导

① 《中国共产党第十一届中央委员会第三次全体会议公报》，1978年12月22日通过。
② 《习近平关于社会主义政治建设论述摘编》，中央文献出版社，2017，第83页。
③ 《习近平关于全面依法治国论述摘编》，中央文献出版社，2015，第8页。

人民治理国家的基本方略，是发展社会主义市场经济的客观需要，是社会文明进步的重要标志，是国家长治久安的重要保障"。1999年3月，"依法治国，建设社会主义法治国家"在八届人大一次会议上被写入宪法。2012年，党的十八大提出全面推进依法治国进程。十八届三中全会提出推进法治中国建设，十八届四中全会作出了《中共中央关于全面推进依法治国若干重大问题的决定》。党的十九大站在历史和未来的交汇处，旗帜鲜明地宣布全面依法治国是中国特色社会主义的本质要求和重要保障，全面依法治国是坚持和发展中国特色社会主义的基本方略，必须坚定不移走中国特色社会主义法治道路，必须坚持厉行法治，推进科学立法、严格执法、公正司法、全民守法。[1]新时代全面依法治国必须从立法、执法、司法和守法等方面协同推进，确立了科学立法、严格执法、公正司法和全面守法的新十六字方针。

二、法治意识

法治与法治意识是密切相连的。法治意识是法律运行的思想基础。法治需要有一套成熟完善的法律体系，但是只有法律体系并不能实现法治。法治是一种客观状态，同时法治也是一种主观状态和生活状态。"法律不只是一套规则，它是人们进行立法、裁判、执法和谈判的活动。它是分配权利与义务，并据以解决纷争、创造合作关系的活生生的程序。"[2]法治在一定程度上奠基于信念，法治的重要要求是全体人民依据法律办事，因为"法律所以能见成效，全靠

---

① 张文显：《新时代全面依法治国的思想、方略和实践》，《中国法学》2017年第6期。

② ［美］伯尔曼：《法律与宗教》，梁治平译，商务印书馆，2012，第14-15页。

民众的服从"①。同时，法治意识是法治实践的思想指南。卢梭说过："一切法律之中最重要的法律，既不是铭刻在大理石上，也不是刻在铜表上，而是铭刻在公民的内心里，它形成了国家的真正宪法，它每天都在获得新的力量，当其他法律衰老或消亡的时候，它可以复活那些法律或代替那些法律，它可以保持一个民族的精神。"②法治意识对于法治实践的内在驱动作用体现于立法、执法和守法的不同环节。

法治意识问题得到学者们的高度重视。伯尔曼《法律与宗教》《法律与革命》等著作之中就涉及法治意识的相关内容，比如"法律如果不被信仰，他将形同虚设"等这样的"金句"被广泛使用。在社会主义国家法治意识问题也同样受到重视，比如卡列娃等在《苏维埃国家和法的基础》一书中认为："法律意识是社会意识的一种形式，它是一定阶级的法律观点的总和，而在人民道义上和政治上一致的条件下则是全体人民法律观点的总和。"③在我国，法治意识的问题也主要是在"法律意识"的概念范畴内进行研究。1995年黄稻主编的《社会主义法治意识》拉开了中国学者研究"法治意识"的序幕。本书对社会主义法治意识相关问题进行了分析，提出："社会主义法治意识是社会主义民主意识与法律意识在宏观上（以国家活动领域为主）交融整合的特殊的社会意识。""社会主义法治意识，是指人们对社会主义法治及法治现象的认知、理想、心理、评价、

---

① ［古希腊］亚里士多德：《政治学》，吴寿彭译，商务印书馆，1983，第81页。

② ［法］卢梭：《社会契约论》，何兆武译，商务印书馆，1980，第20页。

③ ［俄］卡列娃等：《苏维埃国家和法的基础》，中国人民大学编译室译，法律出版社，1955，第135-136页。

观念的总和。它体现着法治意识主体（公民）对社会主义法治的认识与觉醒，体现着他们对社会主义民主政治的追求与评价，体现着他们对社会主义法律权威的承认与尊崇，体现着他们对社会法治本质、地位、作用及发展规律的探索与实践的科学态度及科学成果。"①从中国共产党第十五次全国代表大会确立"依法治国"基本方略以来，中国共产党相关文件中对法治意识及与之相关的概念使用，大体上经历了由法治观念、法律意识到法治精神，再由法治精神到法治理念、法治观念，最后统一到法治意识的过程。②党的十八届四中全会《中共中央关于全面推进依法治国若干重要问题的决定》中提出："推动全社会树立法治意识。把全面普法和守法作为依法治国的长期基础性工作，深入开展法治宣传教育，引导全民自觉守法、遇事找法、解决问题靠法。""把法治教育纳入国民教育体系，从青少年抓起，在中小学设立法治知识课程。"③

法治意识可以从不同角度分析，本文结合农民法治教育的研究需要，试图从性质和构成角度做简要说明。

从性质角度看，法治意识之于主体不仅是手段也是目的。对此，有学者通过法治意识和法律意识的比较做了说明：第一，在内容上，法律意识是公民关于法律的意识，是公民对作为一种规则的法律的内化与观念化，表现为公民对法律规定、内容、要求发自内心的认可与遵从，严格依照法律指引评价、约束自己的行为和评

---

① 黄稻、刘海亮：《社会主义法治意识》，人民出版社，1995，第330页。
② 夏丹波：《公民法治意识之生成》，中共中央党校博士学位论文，2015，第35页。
③《十八大以来重要文献选编》（中），中共中央文献出版社，2011，第172页。

价、要求他人的行为。而法治意识是公民关于法治的意识，是公民对法治作为一种治国方略、行为方式、社会治理状态的内心认可与确信，表现为公民充分认同法治的价值、完全肯定法治的功能、坚决遵守法治的原则与要求。具备法律意识意味着公民必须严格遵照法律的指引而行为，但具备法治意识则不但要求公民严格守法，而且还要在珍视和践行法律至上、程序正当、人权和权利保障、权力制约等原则的基础上完善法律、遵守法律。第二，在价值上，法律意识主要是个中性概念，法律有恶法与良法之分，而对恶法的认同与遵守和对良法的认同与遵守，可以说都是一种法律意识，前者是恶法意识，后者是良法意识。法治意识是一个具有价值指向的概念，因为法治必然意指良法善治，树立法治意识也就相应地要求公民具备守法意识、契约意识、理性意识、人本意识和程序意识等。在这个意义上，法律意识中的良法意识部分是属于法治意识范畴的，而恶法意识部分则是法治意识要坚决摒弃的内容。第三，在功能上，法律意识中的恶法意识不仅不能推动法治建设，反而会阻碍甚至破坏法治进程。而法治意识则是与依法治国相适应的，是公民在观念层面对法治的理解、接受与认同，是推动法治实践公民必需的文化养分。第四，在社会历史条件方面，任何社会、任何历史时代的公民都可能具备法律意识，而法治意识则必需伴随现代工商文明社会，与民主政治和市场经济相适应而逐渐生成。①

从法治意识构成来看，法治意识是一系列意识的综合体。从横向看，法治意识主要有：第一，规则意识。法治就是规则之治，要坚持法律至上，心中高悬法律的明镜，手中紧握法律的戒尺。第

---

① 夏丹波：《公民法治意识之生成》，中共中央党校博士学位论文，2015，第35页。

二，程序意识。在某种意义上，法治也是程序之治、程序法治，依法办事就是依照程序办事。第三，人权意识。尊重和保障人权是法治的精髓与真谛所在，也是法治现代性的根本体现。纵观法治的历史不难发现，近现代法治是为了适应人权和权利的需要而产生出来的，并随着人权和权利需要的扩展而演进。尊重和保障人权更是社会主义法治的根本价值和宗旨。在全面推进依法治国的历史进程中，要高度重视人权意识、人权思维的培育，使之根深叶茂。第四，公正意识。公平正义是法治的核心价值追求，也是法治思维的重要要素。习近平总书记不仅把公正作为法治的生命线，而且提出以权利公平、机会公平、规则公平为主要内容的社会公平体系。第五，理性精神。"法律是定分止争的实践理性"，"法治是以和平理性的方式解决社会矛盾的最佳途径"。当然，在社会主义法治理论体系中，"理性"并不仅仅意味着法治要合乎认知理性，更重要的是合乎道德理性、价值理性；法治不仅要合乎真理，还要合乎情理；不仅要合乎私理、个人理性，更要合乎公理、公共理性（法律中的正义、平等、自由、人权、道德价值等）。[1]从纵向看，法治意识有不同的层面，是认知、价值和行动的统一。首先，在知识层面要学习法律知识。对法律知识有所了解，这是形成法治意识的重要基础。对法律一无所知的人，很难有良好的法治意识。法律知识既包括法律法规的具体条文方面的知识，也包括法律的基本原理、原则与价值等方面的知识。其次，价值层面要信仰法律。主体不仅处于被动守法的状态，而且还要有自觉守法的意识，更为重要的是要对法律常怀敬畏之心、常思敬重之情，表现为对法律尊崇与恪守的意识。

---

① 张文显：《习近平法治思想研究（下）——习近平全面依法治国的核心观点》，《法制与社会发展》2016年第4期，第41—42页。

"法律要发挥作用，需要全社会信仰法律。"①法律的根基在于人民发自内心的拥护，法律的实施在于人民出自真诚的信仰。最后，法律意识还体现于法治实践中。意识从本身来讲与行动是不同的两个方面，但是法律实践是法治意识的客观标准。如果说一套、做一套并不能说真正具有了法治意识。不断提升法治意识的目的就是，使全体人民都成为社会主义法治的忠实崇尚者、自觉遵守者、坚定捍卫者，使尊法、信法、守法、用法、护法成为全体人民的共同意识。

---

① 习近平：《十八大以来重要文献选编》（上），中央文献出版社，2014，第721页。

第二节　农民法治意识教育的历程及经验

法治意识教育的内涵与外延有不同的理解，与之相关的概念有法治教育、法制教育、法学教育、法律教育、普法教育、法治宣传教育。[①]本章不想陷入概念的丛林，因为不同时期随着实践的发展表述可能有所不同，比如 1985 年中共中央宣传部、司法部制定的"一五"普法规划完整表述为《关于向全体公民基本普及法律常识的五年规划》，1990 年发布的"二五"普法规划完整表述为《关于在公民中开展法制宣传教育的第二个五年规划》，前者为"普及法律常识"，后者为"法制宣传教育"。2016 年发布的"七五"普法规划《关于在公民中开展法治宣传教育的第七个五年规划（2016—2020）》中进一步发展了之前的表述，将"法制宣传教育"改为"法治宣传教育"。简单起见，我们认为法治教育就是旨在全面推进依法治国，不断提升全体人民的法治意识和能力的活动。改革开放以来法治建设与法治教育是同向而行的。十一届三中全会深刻地总结了历史的经验和教训，特别是"文化大革命"时期的深刻教训，要发展社会主义民主、健全社会主义法制，因此加强法治教育被提上了日程。1986 年以来，实行每五年为一周期全国范围普法教育，我国已经先后进行了六次大规模的法制宣传教育，2016 年开始了

---

① 欧阳庆芳：《中国共产党法制教育研究》，武汉大学博士论文，2014，第21-35页。

"七五"普法教育。依据改革开放以来普法教育的历程和不同时期法治教育的主题，改革开放以来农民法治意识教育历程大略可以分为如下几个阶段：

一、法治意识教育的复苏：确立宪法权威

十一届三中全会上明确了法制建设的重要性，指出："社会主义现代化建设需要集中统一的领导，需要严格执行各种规章制度和劳动纪律。""宪法规定的公民权利，必须坚决保障，任何人不得侵犯。""为了保障人民民主，必须加强社会主义法制，使民主制度化、法律化，使这种制度和法律具有稳定性、连续性和极大的权威，做到有法可依，有法必依，执法必严，违法必究。"①随着法制建设十六字方针的提出，全国人大先后制定了包括《人民检察院组织法》《人民法院组织法》《全国人民代表大会和地方各级人民代表大会选举法》《刑事诉讼法》《刑法》等重要法律。之后，在全国范围内开始了"学习新法律、宣传新法律"的活动，比如《关于坚决保证刑法、刑事诉讼法切实实施的指示》明确指出："要运用各种宣传工具，采用生动活泼的方式，广泛、深入地对广大党员、干部和群众宣传法律，加强法制教育；对过去习惯使用的一切不符合'两法'规定的办法应坚决改正。"1982年12月4日，五届全国人大第五次会议通过了新的《宪法》，这是法制建设的一件大事。司法部于同年12月10日，发出《关于宣传新〈宪法〉的通知》，之后在新《宪法》颁布实施一周年和两周年之际又分别提出了深入宣传、集中宣传新《宪法》的要求。同时，改革开放也带来了一些新的问题，

---

① 《十一届三中全会以来重要文献选读》（上册），北京人民出版社，1987，第10—11页。

彭真曾说道："一个时期以来，走私贩私、贪污受贿、投机诈骗、倒卖外汇和盗窃、盗卖公共财物等经济犯罪，是相当严重的。……一些地方，偷盗人民群众的私人财产，比如在农村偷牛、偷驴、偷青等，在城市偷钱、偷各种日用品等，也相当突出。一家被偷，四邻不安。我们对于其中严重的经济犯罪，是一天也不应容忍的，必须严厉打击。"①因此，针对社会经济领域出现和存在的问题，开展了严厉打击犯罪、维护社会治安的法制宣传。法治教育不是针对特定个别主体，"在党政机关、军队、企业、学校和全体人民中，都必须加强纪律教育和法治教育。"②这个时期农村也同步开展了业余法制学校和业余学法小组等法治宣传教育活动，使人人懂得法律，使越来越多的人不仅不犯法，还努力把法律交给十亿人民。

二、法治意识教育的全面启动：法律知识普及

对于法治教育的重要性，邓小平明确指出："我们国家缺少执法和守法的传统，从党的十一届三中全会以后就开始抓法制，没有法制不行。法制观念与人们的文化素质有关。现在这么多青年人犯罪，无法无天，没有顾忌，一个原因是文化素质太低。所以，加强法制重要的是要进行教育，根本问题是教育人。法制教育要从娃娃开始，小学、中学都要进行这个教育，社会上也要进行这个教育。"③1984年，中宣部、司法部在北京、辽宁、江西等地进行了法制宣传教育试点。1985年11月，中共中央、国务院批转了中宣部和司法部《关于向全体公民基本普及法律常识的五年规划》，22日，

①《彭真文选》，人民出版社，1991，第426页。
②《邓小平文选》第2卷，人民出版社，1994，第360页。
③《邓小平文选》第3卷，人民出版社，1993，第163页。

第六届全国人民代表大会第十三次会议作出《关于在公民中基本普及法律常识的决议》。《决议》提出了用五年左右时间在公民中基本普及法律常识的规划，主要涉及《中华人民共和国宪法》《民族区域自治法》《刑法》《刑诉法》《民法通则》《民诉法》（试行）、《婚姻法》《继承法》《经济合同法》《兵役法》《治安管理处罚条例》等与经济社会发展和公民权利义务密切相关的内容。"一五"普法期间，各地农村重视普法工作，通过普法解决问题的典型不断涌现。这阶段，全国7亿多人参加了普法学习，4亿农民参加了学习并进行了考核考试。[①]"一五"普法规划完成后，"二五"普法规划调整了名称，把"基本普及法律常识"变为"法制宣传教育"，同时，1992年成立了全国普及法律常识办公室。这表明法治教育不仅是对某一些法律法规的宣传普及，而且涉及法律知识、法治意识等全方位内容；法治教育不是临时的要求，而是建立稳定的长效机制。

三、法治意识教育深入发展：依法治国基本方略

1996年到2000年是"三五"普法周期，该规划将普法教育定位为我国社会主义民主和法制建设的一项基础性工作，提出普法是全党和全国人民的共同任务。这期间，依法治国确定为我党领导人民治理国家的基本方略。1997年9月12日，江泽民在《高举邓小平理论伟大旗帜，把建设有中国特色社会主义事业全面推向二十一世纪》的十五大上的报告中明确提出："发展民主必须同健全法制紧密结合，实行依法治国。依法治国，就是广大人民群众在党的领导

[①]《中国法律年鉴》，中国法律年鉴出版社，1991，第109页。（转引自贾少涵：《改革开放以来农村普法教育研究》，河北大学法学博士学位论文，第17页。）

下，依照宪法和法律规定，通过各种途径和形式管理国家事务，管理经济文化事业，管理社会事务，保证国家各项工作都依法进行，逐步实现社会主义民主的制度化、法律化，使这种制度和法律不因领导人的改变而改变，不因领导人看法和注意力的改变而改变。"[1] 2002年11月8日，在中国共产党第十六次代表大会上，江泽民做了《全面建设小康社会，开创中国特色社会主义新局面》的报告，提出"到2010年形成中国特色社会主义法律体系"，"加强法制宣传教育，提高全民法律素质"[2]等要求。在2004年3月14日第十届全国人民代表大会第二次会议上通过了对宪法第三十三条新增条款的决定，"国家尊重和保障人权"被写进了宪法。依法治国是包括立法、执法、司法、守法等的庞大的系统工程。法律的生命力在于实施，法律得不到实施就是一纸空文，只有在全社会形成学法、知法、守法、用法的良好风气，才能为依法治国方略打下坚实的基础，因此，这个时期法治教育的议题不断拓展，要求也日益提高。改革开放以来的普法教育为依法治国的提出和落实奠定了良好的基础，同时依法治国基本方略的提出又对法治教育提出了新的更高的要求。

对农村地区和农民的普法教育是普法工作的重点和难点，农村普法教育的实施情况将直接影响我国"全民"普法的效果，农民法律素质的高低在很大程度上决定了我国法治国家的建立速度。在"三五"普法中，各地都出现了针对农村普法的新举措，比如"送法下乡"与扶贫、支教活动相结合，与农民的生产生活相结合，来破

---

① 《十五大以来重要文献选编》（上），人民出版社，2000，第30-31页。
② 《十六大以来重要文献选编》（上），人民出版社，2005，第26页。

解农村法治教育的难题。①在"四五"普法期间进一步采取了更有效的措施推进法治教育。2001年4月26日，中共中央、国务院转发的《中央宣传部、司法部关于在公民中开展法制宣传教育的第四个五年规划》确定："将我国现行宪法实施日即12月4日，作为每年一次的全国法制宣传日。"全国法制宣传日对增强全民的宪法观念和宪法意识，保证宪法的正确贯彻实施，推进依法治国，建设社会主义法治国家，具有非常重要的意义。2001年12月3日，李鹏《在全国法制宣传日座谈会上的讲话》中指出："要做到依法治国，很大一个任务是必须努力提高广大干部群众的法制观念和法律意识，做到知法、懂法、用法、守法。1985年以来，全国人大常委会已经先后四次作出关于开展全国普法教育的决议，现在已经完成了三个五年普法工作，取得了显著的成效。今年是"四五"普法第一年，各方面必须继续把这项工作抓紧抓好。普法教育，首先必须把宪法宣传和教育放在首位，必须在全民中进行广泛、深入的宪法宣传和宪法教育，增强全民的宪法观念，提高遵守宪法、维护宪法尊严和权威的自觉性。""经过将近二十年的宣传教育，广大群众的宪法观念和宪法意识已经有了很大的提高，但还需要继续努力。宣传宪法，可以采取多种方式，今天这个座谈会也是宣传宪法的一种形式……还要采取一些群众容易理解、接受和喜闻乐见的形式进行宣传。"②在"五五"普法规划中，农村普法是法治教育的重点。2007年，中央宣传部、司法部、民政部、农业部、全国普法办公室五部委印发了

---

① 刘莹：《改革开放以来中国普法教育之嬗变》，西南交通大学博士研究生学位论文，2013，第110页。

②《十五大以来重要文献选编》（下），中共中央文献出版社，2003，第2100-2101页。

《关于加强农民学法用法工作的意见》，明确"学法律、讲权利、讲义务、讲责任"为主题活动，提出在"五五"普法期间每个乡镇设立一个法制辅导站，每个行政村建立一个法律图书角，每个自然村建立一个法制宣传栏，每个农民家庭培养一名法律明白人。2006年，党中央、国务院下发《关于推进社会主义新农村建设的若干意见》明确指出加强农村法制建设，深入开展农村普法教育。

四、法治意识教育新时代：全面依法治国

2011年3月10日，全国人民代表大会常务委员会委员长吴邦国同志向十一届全国人民代表大会四次会议做人大常委会工作报告时宣布，以宪法为统帅，以宪法相关法、民法商法等多个法律部门的法律为主干，由法律、行政法规、地方性法规等多个层次法律规范构成的中国特色社会主义法律体系已经形成。党的十八大报告指出，法治是治国理政的基本方式，要加快建设社会主义法治国家，全面推进依法治国。党的十八届三中全会进一步提出，建设法治中国，必须坚持依法治国、依法执政、依法行政共同推进，坚持法治国家、法治政府、法治社会一体建设。2014年10月23日党的第十八届四中全会通过了《中共中央关于全面推进依法治国若干重要问题的决定》，提出："全面推进依法治国，总目标是建设中国特色社会主义法治体系，建设社会主义法治国家。这就是，在中国共产党领导下，坚持中国特色社会主义制度，贯彻中国特色社会主义法治理论，形成完备的法律规范体系、高效的法治实施体系、严密的法治监督体系、有力的法治保障体系，形成完善的党内法规体系，坚持依法治国、依法执政、依法行政共同推进，坚持法治国家、法治政府、法治社会一体建设，实现科学立法、严格执法、公正司法、

全民守法，促进国家治理体系和治理能力现代化。"①《决定》还将每年十二月四日定为国家宪法日，提出建立宪法宣誓制度，在全社会普遍开展宪法教育，弘扬宪法精神，增强宪法意识、树立宪法权威。

全面推进依法治国也为新时代法治教育提出新的要求。"六五"（2011—2015 年）普法规划中农民再次成为普法重点。在要求上强调扎实开展农民法制宣传教育，推进乡村公共活动场所法制宣传教育设施建设。重点加强农村这几类人的普法教育：农村"两委"干部，提高法制水平和依法办事能力；"法律明白人"，要求发挥其普法作用；农民工，重点强化遵纪守法、表达诉求的学习，将普法与法律服务相结合。为了进一步细化"六五"普法规划，2012 年 5 月，中宣部、司法部、民政部、农业部、全国普法办印发《关于进一步加强农民学法用法工作的意见》，对继续深入开展"法律进乡村"主题活动、明确与农民生产生活密切相关的具体法律法规、农村法制宣传员队伍建设、"民主法治示范村"创建活动等内容作出了具体的部署。十八届四中全会要求"坚持把全民普法和守法作为依法治国的长期基础性工作，深入开展法治宣传教育，引导全民自觉守法、遇事找法、解决问题靠法"②。全民普法教育定位于"依法治国的长期基础性工作"，充分表明全民普法教育在中国法治建设中的重要地位和作用。同时，《决定》首次使用"法治教育"的概念，改变了1980 年以来"法制教育"的提法。同时，"七五"普法规划

①《十八大以来重要文献选编》（中），中共中央文献出版社，2016，第157页。

②《十八大以来重要文献选编》（中），中共中央文献出版社，2016，第172页。

《关于在公民中开展法治宣传教育的第七个五年规划（2016—2020年）》将之前使用的"法制宣传教育"改为"法治宣传教育"。十八届五中全会要求"弘扬社会主义法治精神，增强全社会特别是公职人员尊法学法守法用法观念，在全社会形成良好法治氛围和法治习惯"。2015年2月，中共中央、国务院印发了《关于加大改革创新力度加快农业现代化建设的若干意见》，强调加强农村法治建设，深入开展农村法治宣传教育，增强农民学法尊法守法用法意识。2015年3月，农业部《关于贯彻党的十八届四中全会精神深入推进农业法治建设的意见》，也把加强农业普法教育宣传作为重要任务之一。2017年，党的十九大确立了乡村振兴战略，首次提出健全自治、法治、德治相结合的乡村治理体系，在《中共中央国务院关于实施乡村振兴战略的意见》中明确提出了建设法治乡村的要求。这些都意味着农村普法教育与其他方面一样进入了中国特色社会主义新时代。

第三节 全面依法治国条件下农民法治意识教育议题及路径

全面依法治国背景下的农民法治意识教育是农民思想政治教育的重要议题。习近平总书记指出："推进全民守法，必须着力增强全民法治观念。要坚持把全民普法和守法作为依法治国的长期基础性工作，采取有力措施加强法治宣传教育。要坚持法治教育从娃娃抓起，把法治教育纳入国民教育体系和精神文明创建内容，由易到难、循序渐进不断增强青少年的规则意识。要健全公民和组织守法信用记录，完善守法诚信褒奖机制和违法失信行为惩戒机制，形成守法光荣、违法可耻的社会氛围，使尊法守法成为全体人民的共同追求和自觉行动。"[①]本节将在前两节分析的基础上考察农民法治意识现状及其原因，同时提出新时代加强农民法治意识教育的基本维度。

一、农民法治意识现状及分析

（一）农民法治意识现状

如先所述，法治意识可以从法律知识、法律信仰和法律实践等角度考察。法治意识作为主体的内在心理、价值等观念性的存在，对法治意识状况做精确的测量和把握是困难的。以下将从法律知

---

① 习近平：《加快建设社会主义法治国家》，《求是》2015年第1期，第7页。

识、法律信仰和法律实践三个维度对农民法治意识状况做简要说明。

首先，法律知识状况。法律知识的获得主要有两个途径，一个是通过学校教育获得法律知识，更大范围的是普及性的法律知识教育，即学校以外的途径获得法律知识，主要通过电视、报纸、网络等途径有意识或者无意识地了解和学习相关法律知识。从学校教育来看，大中小学各个学段都有比较丰富的法律知识教育的内容。比如小学的《品德与生活》与《品德与社会》、初中的《道德与法治》、高中的《思想政治》、大学的《思想道德修养与法律基础》等课程都有法制教育的内容。改革开放以来，我国教育的普及度越来越高。1949年，全国总人口中文盲占80%，农村人口中文盲高达95%。2017年，九年义务教育巩固率达到93.8%，高中阶段毛入学率达到88.3%，80%以上的农民工随迁子女在流入地公办学校就学。[1]从以上数据可以反映出，随着我国教育事业不断发展，法律知识得到不断普及和丰富。当然，虽然农村子女入学率大幅提升，但碍于起步晚、条件差等因素，农民法律知识认识还比较肤浅，法律知识的全面性也需要进一步提高。

其次，法律的信仰状况。对法律的信仰的问题本身是一个内隐性的维度，为了了解法律的信仰问题，我们可以通过日常生活中面对冲突和矛盾的时候，主体是采取依靠法律方式还是其他方式来间接了解。20世纪90年代，基于中国农民减税斗争，有学者提出"依法抗争"的概念。依法抗争是抗争者能够运用国家的法律、政策和其他官方认可的价值来反对不遵守法律的政治经济精英，它在某种程度上是一种被批准的抗争，旨在利用官方价值和有影响的行动者

---

[1] http://www.moe.gov.cn/jyb_xwfb/s5148/201812/t20181218_363869.html.

来向政府施压借以促使政府执行有利于行动者的国家政策。①虽然
"依法"之"法"并不是指法学意义上的"法",更多是在政治学意
义上使用"法"的概念,其英文"rightful"一词本身也并无"法"
的含义,更多的是指"合理的或者源自权利"的内容,②但是表达
出农民对我国国家制度的认同,体现出农民充分运用中央政府制定
的法律和政策维护自己的权益。因此,从农民"依法抗争"的实践
和学者对这种实践基础上总结出的"依法抗争"概念都表明农民对
法律的信仰状况。农民在日常生活中越来越多地采取法律的方式来
维护自己的权益,但是也大量存在"私了""托关系"甚至"群体上
访"等极端形式来表达自己的利益诉求。

　　最后,法治实践的状况。公民参与法律实施的热情与程度,在
很大程度上,可以反映一个国家或地区法治水平和公民法治意识状
况。法律参与主要有立法参与、执法参与和司法参与等。就从立法
参与情况上看,《物权法》制定过程中向全国公开征求意见时共收到
11500封公众来信,大约每10万人当中才1封来信。即使曾经在公
开征求意见中收到191849封群众来信而创下公众参与记录的《中华
人民共和国劳动合同法》,每10万人中也只有约20封立法意见函。
很多地方立法的公民参与程度则更低。③这组数据是全体公民参与
立法的基本情况,从这组数据来看公民参与立法的比例比较低。虽

---

① Kevin O. Brien, "RightfulResistance," World Politics, Vol. 49, No. 1, 1996, pp.
31－55; Kevin J. O'Brien, Lianjiang Li, RightfulResistance in Rural China, New
York: Cambridge University Press, 2006, p.2.

② 王军洋、金太军:《"依法抗争"的效力与边界———兼议农民抗争研究
的走向》,《社会科学战线》2016年第1期。

③ 夏丹波:《公民法治意识之生成》,中共中央党校博士学位论文,2015,第
109页。

然这组数据没有按照群体统计出各个不同群众的实际参与率，但是农民由于地域、知识和条件的限制，我们可以大略推算农民立法实际参与率不会高于这组数据。

（二）农民法治意识现状分析

法治意识的生成既受到外在的客观因素的影响，也受到主体自身的主观因素的影响。中华文明是从悠久的农业文明中走过来的未中断过的文明，传统文化观念是影响农民法治意识生成的重要因素。通过对文化传统的对比，能进一步看到农民的法治意识的实然状况与法治意识的应然状态之间的距离，从而更清晰地找准新时代农民法治意识培育的着力点。

乡土社会是差序格局的社会，费孝通先生说："西洋的社会有些像我们在田里捆柴，几根稻草束成一把，几把束成一扎，几扎束成一捆，几捆束成一挑。每一根柴在整个挑里都属于一定的捆、扎、把。""我们的格局不是一捆一捆扎清楚的柴，而是好像把一块石头丢在水面上所发生的一圈圈推出去的波纹。每个人都是他社会影响所推出去的圈子的中心。被圈子的波纹所推及的就发生关系。每个人在某一时间某一地点所动用的圈子是不一定相同的。"①改革开放以来，我国农村已经发生了巨大变化，政治民主化、经济市场化、社会信息化和文化多样化日趋明显。相对静止的、封闭的乡土社会已经逐步走向流动的、开放的现代社会。但是，传统的文化具有惯性和滞后性，尤其人们的乡土意识和乡土情怀更是已经镌刻于生于斯长于斯的人们内心深处。曾经为吃饱饭而努力挣扎，吃饱饭后我们已经成为世界上第一大出境旅游消费国，穿着高档服饰的人们穿梭于高档写字楼之间。但是有多少人内在的价值观也已经现代化了

---

① 费孝通：《乡土中国》，北京出版社，2005，第30、32页。

呢？我们可以观察到现代中国人仍然拖着忽隐忽现的"辫子"。对此，在农村可能会更明显地体现出来。梁漱溟先生曾说，小农"从降生到老死的时候，脱离不了家庭生活，尤其脱离不了家庭的相互依赖。你可以没有职业，然而不可以没有家庭。你的衣食住行都供给于家庭当中。你病了，家庭便是医院，家人便是看护。你是家庭培育大的，你老了，只有家庭养你，你死了，只有家庭替你办丧事。家庭亦许倚赖你的成功，家庭亦欲帮助你成功。你须用尽力量去维持经营你的家庭。你须为它增加财富，你须为它提高地位。不但你的家庭这样仰望于你，社会众人亦是以你的家庭兴败为奖惩。最好是你能兴家；其次是你能管家；最叹息的是不幸而败家。家庭是这样整个包围了你，你万万不能摆脱"①。其实，我们可以看到农民要生个儿子，主要的考虑因素也许不是"防老"，更深层的因素是考虑"有后"！至于孩子将来能不能成才，会不会孝顺，这是其次的考虑因素。即使到晚年的时候儿孙不孝，也不会觉得凄凉，相反"无后"的话，即使孩子有出息而且孝顺，也觉得有遗憾。换句话说，乡土社会中形成的乡土观念仍然是当代人思考和行动的底层的、不容易轻易抹去的影响因素，而乡土社会的相关观念与法治意识是存在不一致的地方的。

一方面，规则的价值预设不同。乡土社会中形成发展的乡土观念中自我主义尤为突出。乡土社会"差序格局"中自己总是中心，形成了以"己"为中心的富有伸缩性的、由一根根私人联系所构成的网络。"这并不是个人主义，而是自我主义。""在个人主义下，一方面是平等观念，指在同一团体中各分子的地位相等，个人不能侵犯大家的权利；一方面是宪法观念，指团体不能抹煞个人，只能在

---

① 梁漱溟：《中国文化要义》，学林出版社，1987，第12—13页。

个人所愿意交出的一份权利上控制个人。""我们所有的是自我主义，一切价值是以'己'作为中心的主义。"①也就是说，乡土社会中规则不是一视同仁的，也不是完全平等一致的，实践中不能脱离于差序的人伦而存在。"一切普遍的标准并不发生作用，一定要问清了，对象是谁，和自己是什么关系之后，才能决定拿出什么标准来。"②法治意识则强调任何人在法律面前一律平等，任何人都没有超越法律的权利。面对情与法的冲突的时候，强调法律的至上性和优先性。从这个意义来说，法治意识与乡土意识有不一致的一面。

另一方面，规则的内容不同。"乡土社会秩序的维持，很多方面和现代社会秩序的维持是不相同的。"③乡土社会不是没有任何制度规范，但是乡土社会的主要规范不是由国家强制力保证的权力性规范，而是依靠人们内心信念、风俗习惯等来维系的非权力性规范。"乡土社会是'礼治'的社会。""礼并不是靠一个外在的权力来推行的，而是从教化中养成了个人的敬畏之感，使人服膺；人服礼是主动的。"④与法律意识相比，法治意识更强调主体对法律的敬畏、对法律的信仰。从主体的心态来看，乡土社会中对"礼"的敬畏、信仰就是法治意识希望具有的一种主体心态，这是农民法治意识培育的心理基础。但是敬畏、信仰的对象的不同，恰恰也成为农民法治意识培育的障碍，因为发自内心遵从并坚定践行的规则是不容易改变的。

再一方面，规则的实现方式不同。乡土社会中，各种纠纷的解

---

① 费孝通：《乡土中国》，北京出版社，2005，第36页。
② 费孝通：《乡土中国》，北京出版社，2005，第49页。
③ 费孝通：《乡土中国》，北京出版社，2005，第69页。
④ 费孝通：《乡土中国》，北京出版社，2005，第70、74页。

绝不是主要通过诉讼，而是无讼。调停者不是国家机关及其执行者，主要"是由年长者凭借自己的年岁从精神上予以领导，也由绅士们凭借自己对法律及历史的知识从精神上予以指导"。被调停者的村民们心里，打官司是一件极不光彩的事情，"体面的人们都以自己一生从未进过衙门或法庭而自豪"①。法治社会强调情与理冲突的时候，法律具有优先性和至上性，强调法治是社会关系调整的主要方式。

乡土社会孕育的乡土文化传统与现代法治精神是不同的，因此，农民法治意识实然状态与理想状态之间存在距离。第一，依据上的距离。法治意识强调依据法治价值和法治精神为导向，运用法律原则、法律规范和法律方法，以事实为依据来处理和解决问题。乡土社会中生长的乡土观念中"爱有差等"是很重要的依据和原则，同时小农意识具有政治上的皇权主义、人格上的依附性等非主体性特征。就是说："小农在调整自我时，往往不是从主我出发，而是从客我出发，即完全按照别人的评价、要求、期望以及社会的伦理道德法则、传统风俗习惯，来调整自我、消融主我，以实现主我与客我的和谐统一。因此，小农主体自身的和谐是以小农主我消融于客我为代价的。"②第二，方式上的距离。正如伯尔曼所言："法律与宗教共享的四种要素，仪式、传统、权威和普遍性。这四种要素赋予了法律价值以神圣性，并且因此强化了民众的法律情感。"③如前所述，法治意识是公民关于法治的意识，是公民对法治作为一

---

① 林语堂：《中国人》，学林出版社，2005，第208页。
② 袁银传：《中国农民传统价值观探析》，《哲学研究》2008年第4期。
③ ［美］伯尔曼：《法律与宗教》，梁治平译，三联书店出版社，1991，第39页。

种治国方略、行为方式、社会治理状态的内心认可与确信，表现为公民充分认同法治的价值、完全肯定法治的功能、坚决遵守法治的原则与要求，具体表现为具有规则意识、程序意识、人权意识、公正意识和理性意识。但农民发自内心认同和认可的规则是长期乡土社会中生长出来的道德传统和习俗习惯。而对法律的规定、内容、要求有发自内心的认可与遵从，但是相当大的程度是一种外在的强制，甚至对法律的相关要求也不是非常了解。第三，价值上的距离。法治意识是一个具有价值指向的概念，因为法治必然意指良法善治；法治意识也是一个具有时代特质的概念，法治与现代社会相伴而生。在这个意义上，法律意识中的良法意识部分是属于法治意识范畴的，而恶法意识部分则是法治意识要坚决摒弃的内容。传统文化具有跨越时空的恒久价值，但是传统文化是在传统农业社会中生成的文化传统，其中的一些因素具有历史的局限性。"中国农民传统的价值观是小农在自给自足的自然经济条件下形成并内化于主体头脑中的对客体对象的评价结构，其核心内容集中表现为非主体性价值自我和执着于"和"的价值目标，而这又是通过小农的自然崇拜、祖宗传统崇拜和个人权威崇拜具体表现出来的。"[1]显然，小农意识与现在法治价值并不甚吻合。第四，功能上的距离。法治意识与依法治国相适应的意识，是推动法治实践农民必需的文化养分。农民法治意识的实然状态在某些地方成为依法治国的阻碍性因素。对此，有学者认为："习惯于用情感化、伦理化与道德化来建立人与人之间的社会关系，对于伦理道德以外的通过法去处理和协调人际关系、社会关系的做法不屑一顾。"[2]法治思维是一种技术思维，不

---

① 袁银传：《中国农民传统价值观探析》，《哲学研究》2008年第4期。

② 范进学：《论法律信仰危机与中国法治化》，《法商研究》1997年第2期。

是生活的经验思维。法治是现代社会的重要特征。农民法治观教育要帮助农民不断发展新的思想文化观念，适应农业现代化、村民自治、社会主义市场经济、农村制度改革等变化，同时法治观教育也是农民不断发展与社会主义现代化相适应的现代价值观念的过程。换句话说，农民法治观教育既是思想政治教育，也是知识技能的教育。

二、农民法治意识教育的基本维度

第一，不断完善社会主义市场经济，为培育法治意识奠定社会经济基础。恩格斯说："一切社会变迁和政治变革的终极原因，不应当到人们的头脑中，到人们对永恒的真理和正义的日益增进的认识中去寻找，而应当到生产方式和交换方式的变更中去寻找；不应当到有关时代的哲学中去寻找，而应当到有关时代的经济中去寻找。"①同样道理，法治意识生成也要到生产方式和交换方式中去寻找其终极原因。农民传统价值观念是与自给自足的自然经济相适应的。新中国成立以前，中国是半殖民地半封建社会，面对着帝国主义、官僚资本主义和封建地主的剥削和压迫。这个时期虽然商品经济有一定发展，但是商品经济发展是畸形和依附性的。新中国成立后，我们在很短时间内完成了农业、手工业和资本主义工商业的社会主义改造，实现了近代以来最广泛的变革，但是社会主义计划经济是一种指令性的经济形态。改革开放是中国的第二次革命。党的十一届三中全会重新确立了解放思想、实事求是的思想路线，确定把全党工作的重心转移到社会主义现代化建设上来，实现了党的历史上具有深远意义的伟大变革。十二届三中全会通过的《中共中央

---

① 《马克思恩格斯文集》第3卷，人民出版社，2009，第547页。

关于经济体制改革的决定》提出了社会主义经济是"公有制基础上有计划的商品经济"的论断。在农村，家庭联产承包责任制的推行，乡镇企业的兴起，加速了农村经济市场化的进程。市场经济与非市场经济是不同的，"竞争制度是一架精巧的机械，通过一系列的价值和市场，发生无意识的协调作用。它也是一台传达讯息的机器，把千百万不同个人的知识和行动汇合在一起"①。随着社会主义市场经济的快速发展，人口迁徙和农村人口流动加大，农村基层政权建设和农民基层党组织不断完善，宗法血缘社会结构逐步发生改变。与此同时，"实现农民意识由自给自足观念向开拓进取观念、由等级隶属观念向自主观念、由命运前定观念向个人奋斗观念、由保守观念向进取观念、由均平观念向竞争观念、由恩赐观念向自为观念、由守旧观念向革新观念、由自私观念向服务观念的全方位的转变和跃迁"②。因此，新时代要进一步发展完善社会主义市场经济，超越重礼治轻法治、重人情面子轻法律规范的传统价值观念，需要进一步提升农民的主体性，使平等、自主等思想观念逐步成长，而特权、人情等思想观念的空间不断缩小。

第二，不断加强农村精神文明建设，为培育法治观念奠定文化基础。毛泽东指出："一定的文化（当作观念形态的文化）是一定社会的政治和经济的反映，又给予伟大影响和作用于一定社会的政治和经济；而经济是基础，政治则是经济的集中的表现。这是我们对于文化和政治、经济的关系及政治和经济的关系的基本观点。"③如

---

① ［美］萨缪尔森：《经济学》（上），高鸿业译，商务印书馆，1979，第61页。
② 袁银传：《论农民意识现代化转化的具体道路》，《毛泽东邓小平理论研究》2003年第3期。
③《毛泽东选集》第2卷，人民出版社，1991，第663-664页。

果说社会经济基础是法治意识的地基，那么法治意识与文化则具有最直接关联。法治意识是文化的一部分，同时文化作为涵养的力量又化育出与之相应的法治意识。有学者将之视为"无意识"的作用，认为："除了深藏于我们自身的机体组织内的行为决定因素处于意识层次之下外，还存在另一类同样是无意识的行为决定因素：超机体的文化传统内的力量和因素。"[1]毛泽东指出社会主义文化是民族的科学的大众的文化，指明了社会主义文化的发展方向。新时代"发展中国特色社会主义文化，就是以马克思主义为指导，坚守中华文化立场，立足当代中国现实，结合当今时代条件，发展面向现代化、面向世界、面向未来的，民族的科学的大众的社会主义文化，推动社会主义精神文明和物质文明协调发展"[2]。党的十八大以来，在中国共产党的领导下我国农村社会主义精神文明建设已经取得巨大成就。新的伟大征程中，必须坚持物质文明和精神文明一起抓，提升农民精神风貌，培育文明乡风、良好家风、淳朴民风，不断提高乡村文明程度。

第三，不断优化法治教育方式方法，内化法治精神。首先，抓住重点人群，发挥典型示范。在农民法治意识培养过程中，党员干部发挥着重要作用，是农民法治意识培养的中坚力量。习近平总书记指出："事实证明，领导干部对法治建设既可以起到关键推动作用，也可能起到致命破坏作用。"[3]"各级领导干部要带头依法办

---

① ［美］莱斯利·怀特：《文化科学》，曹锦清译，浙江人民出版社，1988，第152页。

②《习近平谈治国理政》第3卷，外文出版社，2020，第32页。

③《在省部级主要领导干部学习贯彻党的十八届四中全会精神全面推进依法治国专题研讨班上的讲话》，2015年2月2日。

事，带头遵守法律，对宪法和法律保持敬畏之心，牢固确立法律红线不能触碰、法律底线不能逾越的观念，不要去行使依法不该由自己行使的权力，也不要去干预依法自己不能干预的事情，更不能以言代法、以权压法、徇私枉法，做到法律面前不为私心所欲、不为人情所困、不为关系所累、不为利益所惑。不懂这个规矩，就不是合格的干部。"[①]其次，优化普法方式，内化法律精神。优化传统普法教育方式的同时，充分利用新媒体开展普法教育，特别是微信、微博、网络直播平台等传播媒体；完善普法教育保障体系，保证充足的普法教育经费，健全普法监督与检查机制，对普法教育成效进行追踪与调研。再次，健全农村社会法治体系，树立良好的法律形象。众所周知，我国的司法机构只设置到县，至多是在人口多、经济较发达的乡镇设县一级的派出法庭；同时，运行机制及政府执法存在不良行为，容易导致农民对法律的淡漠、疏远。2013年，在纪念毛泽东同志批示"枫桥经验"50周年大会前夕，习近平同志作出批示，强调要充分认识"枫桥经验"的重大意义，发扬优良作风，适应时代要求，创新群众工作方法，善于运用法治思维和法治方式解决涉及群众切身利益的矛盾和问题，把"枫桥经验"坚持好、发展好，把党的群众路线坚持好、贯彻好。[②]通过有效化解农村矛盾纠纷，维护农民群众的合法权益，健全农村社会法治体系，让老百姓尝到法律的"甜头"，从而不断提升自身的法治意识和法治素养。

[①]《在十八届中央政治局第四次集体学习时的讲话》，2013年2月23日。
[②]《把"枫桥经验"坚持好、发展好，把党的群众路线坚持好、贯彻好》，《人民日报》2013年10月12日。

第四章

全面深化改革与农民风险观教育

新时期的改革开放启动于党的十一届三中全会。实践是发展的，新情况新问题层出不穷，改革、发展中遇到的问题，只有靠进一步改革的办法解决。党的十八届三中全会审议通过的《中共中央关于全面深化改革若干重大问题的决定》，描绘了全面深化改革的新蓝图、新愿景和新目标。改革开放全面深化，这是中国特色社会主义道路兴旺发达的体现。但我们也要清醒地看到，中国发展之后，面临着发展的瓶颈和成长的烦恼，遇到的矛盾和困难世所罕见，面临的挑战和风险前所未有。这就需要我们在推进全面深化改革的过程中把各方面的风险考虑得全面一些，应对措施准备得周密一些，同时也需要全体人民增强忧患意识，既提升应对风险挑战的能力，也健全面对风险挑战的价值立场。全面深化改革过程中的机遇和挑战与农民已有的面对风险挑战的思维有新的变化，本章首先分析中国现代化进程中的风险挑战的特点及其风险防范的思想，在此基础上重点分析农民风险观教育的时代价值和风险观教育的主要议题等内容。

第一节　社会风险与马克思主义风险防范思想

风险与人类相伴相生，但在不同的历史时期的风险挑战具有不同历史时期的特点。现代社会的风险与传统社会的风险不同，现代社会的风险主要是人为风险。本节首先梳理分析现代社会风险的特点及其相关理论，接着阐释马克思主义的风险思想。

一、风险社会与我国社会风险

人类社会发展充满风险，《中庸》强调："凡事预则立，不预则废。言前定则不跲，事前定则不困，行前定则不疚，道前定则不穷。"对于风险，在人类文明的不同时期，人们采用了不同的表达方式来表达这种现象。比如中国古汉语中有形容风险的偶然性和不确定性的"劫数""险象""风云"之类的词语，有强调风险的"损失性"的"灾""难""祸""坎"之类的词语，有强调风险的机遇含义的"险象环生""否极泰来"之类的词语，有认识和把握风险的"逢凶化吉""遇难呈祥""因祸得福"等词语。①英文当中"risk"的具体源头众说纷纭，一种说法认为其产生于17世纪中期，而它的词源

---

① 刘岩：《风险概念的历史考察与内涵解析》，《长春理工大学学报》2007年第3期。

是法文"risque"，意指航船穿行于危崖之间。①风险一词表达的最基本含义就是"可能发生的危险"，这是人们在人与自然、人与社会互动过程中形成的朴素风险意识和风险观念的表达。

风险本质上是一个历史性产物，不同时期有不同的风险，不同风险也成为不同时期的制约因素。人类面对的风险大略可以分为自然风险为主的时期和人造风险为主的时期。原始社会是人类最初的文明形态。人类以更大步伐走上了既按照任何事物的尺度又把自己内在的尺度运用到对象上去而进行生产的道路，但是在人与自然的关系中不管是人类改造自然的能力，还是人类对自身及其自然的意识都是很低水平的。"对活的个体来说，生产的自然条件之一，就是他属于某一自然形成的社会，部落，等等。"②"自然界起初是作为一种完全异己的、有无限威力的和不可制服的力量与人们对立的，人们同自然界的关系完全像动物同自然界的关系一样，人们就像牲畜一样慑服于自然界，因而，这是对自然界的一种纯粹动物式的意识（自然宗教）……。这个开始，同这一阶段的社会生活本身一样，带有动物的性质；这是纯粹的畜群意识，这里，人和绵羊不同的地方只是在于：他的意识代替了他的本能，或者说他的本能是被意识到了的本能。"③这样的背景下，人类面对的风险主要是源于人慑服于自然界，因而人类面对洪涝、地震、饥荒、瘟疫等"天灾"，面对"活下去"彼此争夺生存资料的风险。随着生产力的不断发展，人类进入农业社会，农业文明上承原始文明，下开工业文明。以金属工具的广泛使用为标志，人类生产力水平发展到一个新的高

① 宋明哲：《现代风险管理》，中国纺织出版社，2003，第3页。
② 《马克思恩格斯全集》第30卷，人民出版社，1995，第484页。
③ 《马克思恩格斯选集》第1卷，人民出版社，2012，第161-162页。

度，采集和狩猎等谋生方式逐步转变为种植、养殖为主的社会生产活动。与此同时，随着社会分工发展，出现了社会分裂，社会大分工产生了主人和奴隶、剥削者和被剥削者、富人和穷人的差别。一部分人占有另一部分人劳动成果成为可能，人身依附成为社会秩序的主要特征。对此，马克思说："他们不能代表自己，一定要别人来代表他们。他们的代表一定要同时是他们的主宰，是高高站在他们上面的权威，是不受限制的政府权力，这种权力保护他们不受其他阶级侵犯，并从上面赐给他们雨水和阳光。所以，归根到底，小农的政治影响表现为行政权支配社会。"①在农业文明时代，从人与自然的关系角度看，自然力风险和生存风险仍然是重要的风险，从人与社会的关系角度看，阶层、阶级等矛盾而引发的社会风险越来越成为重要的风险。

人类在原始社会和农业社会面对的风险有所不同，但是总体上是以自然风险为主。从工业社会开始，人类面对的风险仍然不可避免地存在自然风险，但是人造风险日益增多，以至于有人认为人类坐在了火山口上。以工业革命为标志，人类生产力开始狂飙，正如马克思所指出的："资产阶级在它的不到一百年的阶级统治中所创造的生产力，比过去一切世代创造的全部生产力还要多，还要大。"②人类具有了强大的改造自然的能力，同时资本的贪婪本性促使其攫取最大化的剩余价值，这样人从对自然的依赖服从到强势占有。"在各个资本家都是为了直接的利润而从事生产和交换的地方，他们首先考虑的只能是最近的最直接的结果。……当西班牙的种植场主在古巴焚烧山坡上的森林，认为木灰作为能获得最高利润的咖啡树的

---

① 《马克思恩格斯选集》第1卷，人民出版社，2012，第763页。
② 《马克思恩格斯选集》第1卷，人民出版社，2012，第405页。

肥料足够用一个世代时，他们怎么会关心到以后热带的倾盆大雨竟冲毁毫无保护的沃土而只留下赤裸裸的岩石呢？"①因此，工业社会放大了原本存在的自然风险。这一系列的自然风险一旦发生，危害极大并且往往有全球化蔓延的可能。工业社会还"制造"了一系列原本不存在的风险，比如经济动荡、核威胁、生物安全、生产过剩的危机、全球性的战争威胁，如此等等。乌尔里希·贝克认为，当前，"现代性正从古典工业社会的轮廓中脱颖而出，正在形成一种崭新的形式——（工业的）'风险社会'"②。工业社会的风险展现出与以往社会不同的特点：第一，风险不是个别的零星现象，成为一种普遍性的存在。对此，用乌尔里希·贝克的话说："在第一现代性中最基本的关于可控制性、确定性或者安全性的想法土崩瓦解了。一种与社会发展的早期阶段有所区别的新的资本主义，新的经济，新的全球秩序，新的社会和新的个人生活正在形成。"③不同于以往，工业社会的风险形态纷繁万千、形式各异，几乎无法一一列举。第二，风险不是个别地区的现象，成为世界性的现象。随着全球化进程的加速，人类已经生活于"地球村"，人流、物流、信息流等愈来愈在世界范围内拓展与交换，其后果是使原来局部的区域性风险转化为世界的全球性风险。西方世界和非西方世界不仅共享资源、信息和人才，而且也共享现代社会风险。第三，风险不仅存在于物理世界，而且拓展到虚拟空间。随着人类社会进入后工业社

---

① 《马克思恩格斯选集》第3卷，人民出版社，2012，第1000-1001页。
② ［德］乌尔里希·贝克：《风险社会》，何博闻译，译林出版社，2004，第2页。
③ ［德］乌尔里希·贝克：《世界风险社会》，吴英姿、孙淑敏译，南京大学出版社，2004，第2-3页。

会，人类正在面对的新的技术革命、新型信息技术和大数据迅速发展、信息安全风险等问题成为人类面对的风险新样态。

乌尔里希·贝克说："在中国，它所具有的一个特征也导致了其与西方社会的一大区别，这就是'压缩的现代化'……这种现代化既加强了风险的生产，又没有给风险的制度化预期和管理留下时间。"[①]今天的中国是一个从漫长的农业文明中走出来的、高度参与全球流动的超大规模且快速发展的社会，传统、现代和后现代因素压缩于同一时空带，不仅带来了前所未有的叠加性风险，而且带来了风险的高度关联性。国际风险与国内风险、经济风险与政治风险、公共领域风险与社会风险、自然风险与人造风险等，彼此之间高度关联。有学者认为，新中国成立以来我国社会风险经历了三个典型的阶段：一是1949—1985年间，以经济短缺和结构失序为主要来源的社会风险。在此特定的情境下，国家治理和实现社会整合上面临着两重风险，即来自经济领域物质资源短缺的风险，以及来自社会生活领域失序的风险。二是1986—2011年间，以竞争和分化为主要来源的社会风险。此时的社会风险呈现出一些典型的新特征，比如，风险日益个体化，风险分配在不同阶层之间出现了高度分化，底层社会的抗风险能力不断弱化；而由于工业化、市场化和全球化发展，又引发了前所未有的自然生态危机、流行性疫病风险、恐怖主义风险等，社会风险更加复合化。三是2012年以来，以解构和重构为主要来源的社会风险。以互联网、大数据、AI技术、航天科技、新型材料等为代表的新技术，逐渐成为影响中国社会生活的新兴变量。这时所隐含的社会风险不仅具有高度弥散性、高度不确

[①] ［德］乌尔里希·贝克、邓正来、沈国麟：《风险社会与中国——与德国社会学家乌尔里希·贝克的对话》，《社会学研究》2010年第5期，第221页。

定性、复合叠加性（新旧风险同时出现）和分配的高度不确定性，而且人们并不容易理解其生成和发生影响的机理。①对我国社会风险的阶段划分是为了理解方便而进行的抽象概括，实际上不同阶段之间并没有清晰的解析，不同阶段之间往往是相互交织的，而且随着我国社会主义现代化不断推进，我国社会风险也会呈现出新的样态。

二、马克思主义风险防范的思想

现代社会是一个高风险社会。面对现代性的社会风险，许多学者对此进行研究并从不同维度描绘了现代社会风险。对此，杨雪冬教授认为有三种理解方式：第一种是现实主义者，以劳（Lau）提出的"新风险"理论为代表，认为风险社会的出现是由于出现了新的、影响更大的风险，如极权主义增长，种族歧视，贫富分化，民族性缺失等，以及某些局部的或突发的事件能导致或引发潜在的社会灾难，比如核危机、金融危机等。第二种理解是文化意义上，认为风险社会的出现体现了人类对风险认识的加深。比如凡·Z. 普里特威茨（Von Prittwitz）的"灾难悖论"理论以及拉什等人提出的"风险文化"理论。第三种理解是制度主义的，以贝克、吉登斯等人为代表，他们是"风险社会"理论的首倡者和构建者。比较而言，他们对于风险的分析更为全面深刻，尽管依然带有拉什所批评的用一种制度结构替代另一种制度结构来应对当代失去结构意义的风险的缺陷。②西方风险社会理论有其局限性，但也是我们理解现代社

---

① 梁波：《中国社会风险变迁与民生建设的回应》，《探索与争鸣》2019年第6期。

② 杨雪冬：《风险社会理论述评》，《国家行政学院》2005年第1期。

会的重要的理论资源，有助于我们清醒地认识我们当前所处的历史阶段、面临的挑战并作出合理的反应。

问题不在于解释世界，而在于改造世界，马克思主义始终关注时代的声音。马克思主义理论蕴含着丰富的风险思想。"虽然马克思并没有直接提出'风险社会'，但现代性的风险特性对马克思而言，不是边缘的存在者，不是碎片化散播的话语，而是贯穿于马克思新世界观变革的思想之中。"①马克思、恩格斯的风险思想的明显特征是从对资本主义危机的理论阐释中拓展到其他领域。在中国革命、建设和改革进程中，中国化的马克思主义进一步丰富发展了马克思主义的风险思想。比如"邓小平同志反复强调：'我们要把工作的基点放在出现的较大风险上，准备好对策。这样，即使出现了大的风险，天也不会塌下来。'这样的论述，毛泽东同志、邓小平同志、江泽民同志、胡锦涛同志讲得很多、也很深刻，是治党治国很重要的政治经验和政治智慧。"②我们党历来重视风险问题，尤其党的十八大以来，习近平同志关于风险防范的重要讲话、重要指示精神和党中央的决策部署提出一系列关于防范化解重大风险的新论断和新举措，这是习近平新时代中国特色社会主义思想的重要组成部分。

第一，新时代中国特色社会主义面临的矛盾风险前所未有。随着世界多极化、经济全球化、社会信息化和文化多样化深入发展，新时代中国面对的社会风险具有普遍性，也具有特殊性。经过长期努力，中国特色社会主义进入了新时代。发展起来的中国有更强的能力应对风险挑战，但是与此同时，"我国正处于跨越'中等收入陷阱'并向高收入国家迈进的历史阶段，矛盾和风险比从低收入国家

---

① 魏传光：《风险社会中人的发展研究》，中国社会科学出版社，2015，第3页。
②《习近平谈治国理政》第2卷，外文出版社，2017，第223页。

迈向中等收入国家时更多更复杂"①。一方面，新时代中国特色社会主义面对的"风险挑战不容忽视，而且都是更深层次的风险挑战"②。另一方面，不仅我们面对的风险挑战性质上是深层次的，而且我们面对的风险挑战具有叠加性。对此，习近平总书记指出："改革开放越往纵深发展，发展中的问题和发展后的问题、一般矛盾和深层次矛盾、有待完成的任务和新提出的任务越交织叠加、错综复杂。"③再一方面，改革发展稳定任务之重前所未有，矛盾风险挑战之多前所未有。因为我国面对的风险前所未有，再加上风险的叠加性、关联性，就容易形成风险的堰塞湖效应。堰塞湖效应就是由于山谷被堰塞物质堵塞集聚形成的湖泊，但是由于堰塞物承受不了强大的压力而容易破坏，从而导致流水倾泻而出造成极大危害。正因为如此，习近平总书记指出："面对波谲云诡的国际形势、复杂敏感的周边环境、艰巨繁重的改革发展稳定任务，我们必须始终保持高度警惕，既要高度警惕'黑天鹅'事件，也要防范'灰犀牛'事件。"④

　　第二，新时代中国特色社会主义面临多种重大风险。习近平总书记指出："我们面临的重大风险，既包括国内的经济、政治、意识形态、社会风险以及来自自然界的风险，也包括国际经济、政治、军事风险等。"⑤就是说，我们至少面对"六大风险"。其一，经济风险。主要有三个方面：总体上面对经济下行风险；从国内国际上

① 习近平：《提高防控能力着力防范化解重大风险　保持经济持续健康发展社会大局稳定》，《人民日报》2019年1月22日。

②《习近平谈治国理政》第2卷，外文出版社，2017，第212页。

③《习近平关于全面深化改革论述摘编》，中央文献出版社，2014，第4页。

④《习近平谈治国理政》第3卷，外文出版社，2020，第219-220页。

⑤《十八大以来重要文献选编》（中），中央文献出版社，2016，第833页。

看面对国际金融风险，从具体领域看主要有粮食风险、能源风险、金融风险等。其二，政治风险。主要涉及坚定政治方向和道路自信的问题，"四大考验"和"四大危险"考验着党的领导地位，因为形式主义、官僚主义、享乐主义和奢靡之风的滋长严重脱离群众的问题，建独立王国、搞小山头、拉小圈子等不遵守政治纪律和政治规矩的问题。其三，意识形态风险。主要涉及"颜色革命"的风险、社会价值多元化的风险和互联网这个最大变量的风险。其四，社会风险。主要涉及社会稳定的风险、社会安全的风险等方面。其五，生态和生物安全风险。"我国是世界上自然灾害最为严重的国家之一，灾害种类多，分布地域广，发生频率高，造成损失重，这是一个基本国情。"[①]同时，重大传染病和生物安全风险是事关国家安全和发展、事关社会大局稳定的重大风险挑战。其六，军事风险。主要面对对外维护国家主权、安全和发展利益，对内维护政治安全和社会稳定的双重压力。

第三，应对新时代中国特色社会主义重大风险要有科学的思维方法。其一，战略思维。所谓战略思维就是站到全局的高度观大势、谋全局，正确把握事物发展总体趋势和方向。习近平总书记指出："在新的长征路上，我们要立足世情国情党情，统筹国内国际两个大局，统筹党和国家事业发展全局，协调推进各项事业发展，抓住战略重点，实现关键突破，赢得战略主动，防范系统性风险，避免颠覆性危机，维护好发展全局。"[②]"不让小风险演化为大风险，不让个别风险演化为综合风险，不让局部风险演化为区域性或系统

---

① 《落实责任完善体系整合资源统筹力量 全面提高国家综合防灾减灾救灾能力》，《人民日报》2016 年 07 月 29 日。

② 《习近平谈治国理政》第 2 卷，外文出版社，2017，第 54 页。

性风险，不让经济风险演化为社会政治风险，不让国际风险演化为国内风险。"①其二，历史思维。所谓历史思维就是从过去、现在和未来中正确评判事物的优劣、把握事物的特点和发展趋势。"我国发展仍然处于可以大有作为的重要战略机遇期。我们最大的机遇就是自身不断发展壮大，同时也要重视各种风险和挑战，善于化危为机、转危为安。"②2014年12月，习近平同志在中央经济工作会议上指出："从经济风险积累和化解看，过去，经济高速发展掩盖了一些矛盾和风险。现在，伴随着经济增速下调，各类隐性风险逐步显性化。"③其三，辩证思维。所谓辩证事物就是不能片面地、静止地、孤立地看问题，要全面地、发展地、联系地看问题。中共十八届五中全会讲话中习近平总书记指出："各种风险往往不是孤立出现的，很可能是相互交织并形成一个风险综合体。"④"当前，世界大变局加速深刻演变，全球动荡源和风险点增多，我国外部环境复杂严峻。我们要统筹国内国际两个大局、发展安全两件大事，既聚焦重点、又统揽全局，有效防范各类风险连锁联动。"⑤其四，创新思维。所谓创新思维就是突破常规，以新颖的、独到的、有社会意义的思维方法解决问题。防止出现"新办法不会用，老办法不管用，硬办法不敢用，软办法不顶用"⑥的问题。其五，底线思维。所谓底线思维就是思考处理问题的时候考虑到最不利的结果并做好充分

---

① 《十八大以来重要文献选编》（中），中央文献出版社，2016，第834页。
② 《习近平谈治国理政》第2卷，外文出版社，2017，第442页。
③ 《十八大以来重要文献选编》（中），中央文献出版社，2016，第244页。
④ 《十八大以来重要文献选编》（中），中央文献出版社，2016，第834页。
⑤ 《习近平谈治国理政》第3卷，外文出版社，2020，第222页。
⑥ 《习近平谈治国理政》，外文出版社，2018，第403页。

的谋划的思维方式。习近平总书记指出："我们必须保持清醒头脑、强化底线思维，有效防范、管理、处理国家安全风险，有力应对、处置、化解社会安定挑战。"①"分析国际国内形势，既要看到成绩和机遇，更要看到短板和不足、困难和挑战，看到形势发展变化给我们带来的风险，从最坏处着眼，做最充分的准备，朝好的方向努力，争取最好的结果。"②

第四，新时代中国特色社会主义风险防范的战略建构。其一，加强党的领导，夯实群众基础。东西南北中，党是管理一切的，"应对和战胜前进道路上的各种风险和挑战，关键在党"③。在中国革命、建设和改革的过程中，中国共产党始终将忧患意识作为重要原则，在应对国内外各种风险和考验的历史进程中始终成为全国人民的主心骨。这就要求全体党员干部面对风险要心中有数、对症下药、综合施策，出手及时有力，力争把风险化解在源头，成为"防风险的实干家"④。密切联系群众，从群众中来，到群众中去，是党的一贯传统，也是风险防范的重要法宝。习近平总书记在庆祝中国共产党成立95周年大会上总结道："党与人民风雨同舟、生死与共，始终保持血肉联系，是党战胜一切困难和风险的根本保证，正所谓'得众则得国，失众则失国'。"⑤其二，推进社会主义现代化建设。经济基础决定上层建筑，防范重大风险离不开物质基础的保

---

① 《习近平谈治国理政》，外文出版社，2014，第202页。
② 《习近平谈治国理政》第2卷，外文出版社，2017，第60页。
③ 《坚持从严治党 落实管党治党责任 把作风建设要求融入党的制度建设》，《人民日报》2014年07月01日。
④ 《习近平谈治国理政》第2卷，外文出版社，2017，第385页。
⑤ 《习近平谈治国理政》第2卷，外文出版社，2017，第40页。

障，同时，经济社会全面、协调和可持续的发展本身也有利于消除潜在的社会风险。习近平总书记强调："面对未来，要破解发展面临的各种难题，化解来自各方面的风险和挑战，更好发挥中国特色社会主义制度优势，推动经济社会持续健康发展，除了深化改革开放，别无他途。"①其三，不断推进国家治理体系和治理能力现代化。防范重大风险挑战既要政治过硬，也要本领高强。高强的本领既体现于党员干部的素质能力，也体现于国家治理体系不断转化治理能力。在抵御风险挑战问题上，"要加强对各种风险源的调查研判，提高动态监测、实时预警能力，推进风险防控工作科学化、精细化"②。不断提高综合治理、依法治理和系统治理水平，更好地识辨和管控风险。

①《习近平谈治国理政》第 1 卷，外文出版社，2018，第 86 页。
②《十八大以来重要文献选编》（中），中央文献出版社，2016，第 834 页。

第二节　农民风险观教育的时代价值

　　农民的生产特点决定了自然风险仍然是重要风险，但是随着社会主义现代化建设的发展，非自然风险日益突出。改革开放以来农村社会结构的变化，使农民原来应对风险挑战的机制也发生了变化，因此培育符合新时代特点的风险意识和风险应对策略成为重要议题。本节主要从新时代社会发展的特点、农民应对风险的特点和农民生活方式变迁的特点等维度阐释农民风险观教育的时代价值。

一、风险观教育是农民适应新时代社会发展的客观要求

　　现代社会面临着现代性的风险，农村也进入现代风险社会。传统农业社会是一个相对静止的熟人社会。"他们的生产方式不是使他们互相交往，而是使他们互相隔离……他们进行生产的地盘，即小块土地，不容许在耕作时进行分工，应用科学，因而也就没有多种多样的发展，没有各种不同的才能，没有丰富的社会关系……而各个小农彼此间只存在地域的联系，他们利益的同一性并不使他们彼此间形成共同关系，形成全国性的联系，形成政治组织。"①时过境迁，现在的农村与城市的空间格局发生了很大变化，农业生产方式发生了很大变化，农民的交往方式和生活空间也发生了很大变化。城乡之间的隔阂不断被打破，一方面随着城市的迅速发展和扩展，

---

① 《马克思恩格斯选集》第1卷，人民出版社，2012，第762页。

许多农村逐步成为城市的一部分，另一方面随着农村基层设施的不断迭代升级，随着乡村振兴战略的推进，农村的现代化水平不断提高。一个是城市的开放社会，一个是相对封闭的农村内部社会的这两个"世界"被逐步打破，城乡融合已经成为未来发展的必然。与之对应，农业生产不再是传统的面朝黄土背朝天的靠天吃饭，农业生产现代化水平不断提高；农业生产不再是自给自足，而可能是为了面向市场；农业生产不是每一个人的必然选择，农民企业家、农民作家、农民工等许多人可能已经脱离了农业生产。全球化、市场化境遇下的农民不得不从旧有的传统中逐步走出来，主动地或者被动地选择开放社会。总之，今天的农民不仅面对几千年来一直存在的风险挑战，而且面对现代化进程中出现的新的风险挑战。

农民面对的风险是多种多样的，主要有自然风险、经济风险、政治风险、社会风险、生活风险。自然风险是指自然灾害造成的风险，仍然是农民面对的重要风险。经济风险是农民经济生活中面临的产品质量、劳动力短缺、市场竞争、金融等风险。政治风险是指政治体制改革、官僚主义等原因使农民面对的风险。社会风险是指社会体制机制改革、社会发展失调和社会管理缺位而形成的风险。生活风险是基本生存风险、教育与发展风险、社会交往风险和心理失衡风险等风险。农民对各类风险并不陌生。比如自然灾害造成的风险自古有之，而且长期以来也积累了丰富的防范风险的经验和做法。相比较而言，经济风险则不像自然风险那样源远流长，面对风云变幻的市场，虽然有准备，但很多时候"搏一把"成为应对市场变化的"法宝"。同样，快速发展的社会如同转弯加速的汽车，政治风险、社会风险、生活风险也有所增加。

农业农村农民问题是关系国计民生的根本性问题，农民面对的风险是我国面对风险的重要组成部分。风险是处于"可能发生"的未完成状态，风险也是处于"危机但蕴含转机"的辩证状态。新时代船到中流浪更急，实现中华民族伟大复兴不可能一帆风顺，统筹发展和安全，增强忧患意识，做到居安思危，是我们党治国理政的一个重大原则。

二、风险观教育是农民应对风险脆弱性的必然要求

斯科特曾说，把生存作为目的的农民在风险面前是脆弱的，就像"一个人长久地站在齐脖深的河水中，只要涌来一阵细浪，就会陷入灭顶之灾"①。就是说，相比其他群体，农民面对风险体现出比较明显的脆弱性的特点。脆弱性概念起源于对自然灾害问题的研究，后来逐步广泛运用于自然科学、社会科学等各个学科和领域。有学者将脆弱性的概念归纳了五个维度（见表4—1）。我们相信这五个维度并没有涵纳所有关于脆弱性的概念界定，收集、归纳所有的概念界定不是我们的目的，我们希望达到的目的是通过不同维度的概念界定来理解脆弱性的内涵。从不同学者的分析中，我们可以看到脆弱性往往与风险相联系，脆弱性受到社会、经济、制度等外部条件和系统的内部条件的影响，脆弱性的强弱可以通过敏感性、适应性和恢复力等指标衡量。从脆弱性的影响因素看，相比于其他产业，当前农业生产面对更大的外界环境不确定；相比于其他群体，当前农民面对更大的信息不对称，更弱的风险认知能力。从脆弱性的衡量指针看，农民对生产生活环境的变化很敏感，比如一个家庭出现重大的病故，就可能出现一辈子的辛勤努力归零。相对缺

---

① ［美］詹姆斯·C. 斯科特：《农民的道义经济学：东南亚的反叛与生存》，程立显、刘建译，译林出版社，2001，第1页。

乏适应力容易造成损害，更为重要的是，这种损害不容易恢复到良好状态。

表4—1　脆弱性概念①

种类	典型界定	侧重点
脆弱性是暴露于不利影响或遭受损害的可能性	（1）脆弱性是指个体或群体暴露于灾害及其不利影响的可能性；（2）脆弱性是指由于强烈的外部扰动事件和暴露组分的易损性，导致生命、财产及环境发生损害的可能性。	与自然灾害研究中"风险"的概念相似，着重于对灾害产生的潜在影响进行分析。
脆弱性是遭受不利影响损害或威胁的程度	（1）脆弱性是系统或系统的一部分在灾害事件发生时所产生的不利影响的程度；（2）脆弱性是指系统、子系统、系统组分由于暴露于灾害（扰动或压力）而可能遭受损害的程度。	常见于自然灾害和气候变化研究中，强调系统面对不利扰动（灾害事件）的结果。
脆弱性是承受不利影响的能力	（1）脆弱性是社会个体或社会群体应对灾害事件的能力，这种能力基于他们在自然环境和社会环境中所处的形势；（2）脆弱性是指社会个体或社会群体预测、处理、抵抗不利影响（气候变化），并从不利影响中恢复的能力。	突出了社会、经济、制度、权力等人文因素对脆弱性的影响作用，侧重对脆弱性产生的人文驱动因素进行分析。

---

① 李鹤等：《脆弱性的概念及其评价方法》，《地理科学进展》2008年第2期。

种类	典型界定	侧重点
脆弱性是一个概念的集合	（1）脆弱性应包含三层含义：①它表明系统、群体或个体存在内在的不稳定性；②该系统、群体或个体对外界的干扰和变化（自然的或人为的）比较敏感；③在外来干扰和外部环境变化的胁迫下，该系统、群体或个体易遭受某种程度的损失或损害，并且难以复原。（2）脆弱性是指暴露单元由于暴露于扰动和压力而容易受到损害的程度以及暴露单元处理、应付、适应这些扰动和压力的能力。（3）脆弱性是系统由于暴露于环境和社会变化带来的压力及扰动，并且缺乏适应能力而导致的容易受到损害的一种状态。	包含了"风险""敏感性""适应性""恢复力"等一系列相关概念，既考虑了系统内部条件对系统脆弱性的影响，也包含系统与外界环境的相互作用特征。

风险如同一堆易燃物一样会因自然、人为的作为或者不作为等原因燃爆，从而发生重大风险事故。重大风险事故的发生本质上是风险诱发因素由量变到质变的发展并对经济社会正常秩序产生严重威胁，因而需要在非常态下积极应对的事件。风险治理是涉及方方面面的系统工程，除涉及具体专业知识技能外，还依赖于一套有效的管理机制。制度会形成一种相对稳定的模式，确保重大风险治理有序有效，但是制度归根到底需要由人去执行。面对突如其来的风险，如果管理者对危机不能作出快速准确的判断，或者作出决策后又不知所措，就不能很好地处理好风险挑战，甚至造成不必要的损害。同时，风险治理离不开社会全体成员的共同努力。重大风险的

爆发是突发事件，没有相应的应对准备很容易造成社会恐慌。相反，社会全体成员如果能正确看待需要应对的风险挑战，有利于动员团结全体人民，凝聚起共渡难关的磅礴力量。习近平同志指出："既要有防范风险的先手，也要有应对和化解风险挑战的高招；既要打好防范和抵御风险的有准备之战，也要打好化险为夷、转危为机的战略主动战。"①不管是防范风险先手的能力，还是化解风险的高招都不是一日之功。因此需要普及风险意识教育，提升每个人的危机意识与责任意识，打好防范抵御风险的有准备之战和战略主动战。

三、风险观教育是农民生产生活变迁的要求

从农民的生产生活来看，农民是从事农业生产的劳动者。《说文解字》说："农者，耕也、种也。"《汉书·食货志》说："学以居位曰士，辟土殖谷曰农，作巧成器曰工，通财鬻货曰商。"西方也有这样的认识，美国的埃弗里特·M.罗杰斯认为："农民是农产品的生产者和传统定向的乡下人，他们一般都比较谦卑，大多是自给自足的（虽然并非完全需要），就是说他们生产的粮食和其他东西，大部分都是自己消费的。因此，农民是自给自足的农业生产者。"②随着时代的发展，农民的生产生活也不断发展变化，传统农民为了"温饱"，现代农民为了"致富"。温饱就是努力实现基本的生活保障，自给自足的自然经济是主要的生产生活方式，小富即安大略是比较典型的心态；致富要努力实现的是占有更多的财富，拥抱市场经济成为主要的生产生活方式，大富大贵成为许多人的向往和追求。滕

①《习近平谈治国理政》第3卷，外文出版社，2020，第220页。

②［美］埃弗里特·M.罗杰斯等：《乡村社会变迁》，王晓毅、王地宁译，浙江人民出版社，1988，第321页。

尼斯认为："农民一般受习惯支配，不相信新的方法，而且他一般也只拥有维系他的经营所必须的资本。无论如何，富裕的和有智慧的农民，都会努力争取完善他的财富，然后扩大他的财富，使之更有收益。"①换句话说，农民生产生活从生存到致富的转换受到市场经济的推动，根本上受到自身内在追求的影响。

从农民的价值观念来看，致富的选择也带来文化传统的变迁或者说消逝。费孝通先生曾经在《消遣经济》中举了一个车夫的例子："以前从车站到大西门跑一次只得到了2毛钱，一天一个拉车的来回跑三四次不能养家糊口，现在工资是涨了，跑一次可以有1块半，可是拉车的却并不一定要来回跑三四次，跑一次就算了。他实际的收入可不是依然如故么？工资提高，既不一定提高工人的收入，生活程度自然也是不一定提高了。为什么他不多跑几次，多挣几块钱，上电影院去度个黄昏呢？依我看来，在这里作怪的是我们几千年消遣经济中养成的基本态度，若明白了这个态度，传统经济中许多特色就很容易了解了。"②这种从土里长出来的文化传统遵循的不是"经济利益最大化"的经济理性原则，而是避祸求安、小富即安的心态。这种状态有过光荣的历史，但是从土里长出来的文化自然也会受到土的束缚。商业价值的出现和张扬带来了异质性和流动性，对于这一点，从农民工观念的代际变迁上比较典型地体现出来。有学者指出：第一代农民工是纯粹的农民，进城务工只是地理上的移动，回乡是不假思索的。新生代是一只脚在农村、一只脚在城市的农民工，他们的角色和地位被重新形塑；他们既有传统的因

① ［德］斐迪南·滕尼斯：《新时代的精神》，林荣远译，北京大学出版社，2006，第32页。
② 费孝通：《费孝通文集》第2卷，群言出版社，1999，第476页。

素，也有现代的因素，因此回农村，可按农村的规则行事，进城也可以适应城市生活，如果赚钱成功，他们就脱离原来的共同体，在就业的城市或家乡的镇、县城生活。换言之，回乡与否可以选择。农民工二代尽管在生活方式上与新生代农民工相似（有文化、在城市接受教育、娱乐方式上大体一致），但他们接受社会化的环境不同，和共同体关系断裂了，传统无法再续，农村回不去了，其移动的方向天然就是城市，脱离原来的共同体则是被迫的。这样，他们最大程度摆脱了人情关系的纠缠，按照利益来审视自己的行为，理性主义产生了。①当前，两亿左右的农民工走出家门，正是拥抱充满风险的生活。

　　不管是农民的生产生活方式，还是农民的价值观念都发生了变化，保守逐步变得不是主流，传统也在逐步疏离。走出农村狭小的天地，拥抱更加广阔的"地球村"，在市场经济的大潮中搏击风浪，享受现代世界带来的种种便利，成为越来越多人的选择。因此，风险意识培育也成为越来越重要的议题。

---

① 张领等：《农民工的代际变化与共同体变迁：后发外生型社会变迁的阐释》，《浙江学刊》2015年第5期。

第三节　农民风险观教育的主要议题及原则

风险观教育涉及方方面面的内容，本节主要基于思想政治教育视野分析风险观教育的主要议题。同时风险观教育是作为弥散性的内容存在于教育活动中的，因此本节也分析了风险观教育的实现路径。

一、思想政治教育视野下风险观教育的主要议题

社会风险涉及各个领域，例如自然灾害、公共卫生、经济社会发展等，每个领域的风险治理都涉及具体的专业知识，但任何风险都涉及人的生产生活及其管理体制机制。比如：新型冠状病毒疫情防控一定会取得最终胜利，但是它带来一系列人与自然、人的生活方式和社会治理等非医学本身的反思。这些问题涉及全体社会成员如何正确认识风险及其发展变化，涉及对国家制度和国家治理体系的认同，涉及以怎样的人生观去面对社会发生的变化等问题。从这个意义看，风险观教育是思想政治教育的重要任务。思想政治教育视野下风险观教育主要是努力让人们确立起正确看待种种风险的世界观和方法论，辩证看待党和国家在应对重大风险中的制度优势，培养主体面对危机的思想道德、法律和心理等良好素质。

（一）正确看待风险的教育

这是运用马克思主义的立场、观点和方法正确看待风险本身的教育。一是运用马克思主义风险观正确认识风险的产生、发展和变化。从物质的客观性理解风险的客观存在，从必然性与偶然性、内因与外因、主观与客观等角度辩证分析风险产生的根源，从人类实践与自然界的关系、个体与社会、国家与国家之间的关系去理解风险之于人类生存和发展的关系，如此等等。运用马克思主义基本原理正确认识各类风险不仅是党员干部应对风险挑战的必修课，也是社会全体人员面对风险挑战的必修课。二是以科学的思维方法看待风险。风险观教育不仅传递风险的知识，传播防范抵御风险的思维方法，也从纷繁复杂的矛盾中把握风险治理的规律。风险教育要学习增强高瞻远瞩、统揽全局，又把握局部的战略思维；要学习增强把握战略谋划、坚持两点论与重点论的统一的辩证思维；要学习增强"最好的教科书""最好的老师""最好的清醒剂"的历史思维；要学习增强预判风险、规避风险、化解风险，由被动转为主动的底线思维；要学习增强以问题为导向、创新思维方法、创新实践路径的创新思维；要增强学习尊重法律、参与和守护良法善治的法治思维。

（二）风险治理的制度自信教育

这是坚信中国特色社会主义制度在应对风险挑战中有显著优势的教育。中国制度是中国之治的制度密码，其丰富的实践成果是党领导人民创造了世所罕见的经济快速发展和社会长期稳定的"两大奇迹"。风险治理的制度自信教育不是盲目地灌输思想，而是理解我国制度体系的来源与架构在风险治理中如何发挥巨大的保障作用和推动作用。一是党和国家风险治理的成功经验。在长期的革命、建设和改革发展过程中，党形成应对风险挑战的丰富理论和实践。"历史是最好的教科书。学习党史、国史，是坚持和发展中国特色社会主义、把党和国家各项事业继续推向前进的必修课。"①历史记忆将党在风险治理中的人物、事件和情节依据时间序列展开，让人们从历史大势中提升风险治理的制度自信。因此，历史的教科书不仅是"必修课"，而且必须"修好"。二是中国特色社会主义制度的显著优势。"中国特色社会主义制度是党和人民在长期实践探索中形成的科学制度体系，我国国家治理一切工作和活动都依照中国特色社会主义制度展开，我国国家治理体系和治理能力是中国特色社会主义制度及其执行能力的集中体现。"②中国特色社会主义坚持以人民为中心，坚持人民主体地位，坚持立党为公、执政为民，任何时候都践行全心全意为人民服务的根本宗旨。此次新冠肺炎疫情暴发之初，习近平同志便要求各级党委和政府必须"把人民群众生命安全和身体健康放在第一位"。在此次疫情中，火神山与雷神山两座医院从1月25日接到命令、次日完成施工图纸，2月6日开始验收并逐步移交，前后仅用了十余天。中国速度令世界震惊，社会主义制度的优越性显而易见。世界卫生组织总干事谭德赛惊讶地说："我一生中从未见过这种动员。"③只有社会主义制度才能完成如此最快集中力量实施部署，最大减少重大风险挑战带来的损失。三是制度优势与治理体系和治理能力现代化的关系。要从发展的主题和主线、主流和

① 习近平：《在中共中央政治局第七次集体学习上的讲话》，《人民日报》2013年6月27日。
②《中共中央关于坚持和完善中国特色社会主义制度、推进国家治理体系和治理能力现代化若干重大问题的决定》，《人民日报》2019年11月6日。
③ 世卫组织总干事谭德塞在发布会上积极评价中国防控疫情方面采取的措施[EB/OL]，央视新闻客户端。http://app.cctv.com/special/cportal/detail/arti/index.html?id=ArtiZRwR7VhGYLJzSyXJVRjx200217&fromapp=cctvnews&version=727.

本质来看中国特色社会主义制度优势，正确看待国家治理体系和治理能力不断完善过程中出现的失误和挫折。不能让具体细节掩盖制度优势，更不能让别有用心的人借机颠倒黑白，要教育全体人民全面地、联系地和发展地看待制度优势。

（三）面对风险的人生观教育

这是生存于现代风险社会中主体的价值观念教育。一是应对风险的心理准备及调适。在《黑天鹅》一书中，作者提到人们处在安宁和平的环境下很不情愿去想象那些苦难和危险的日子，人们会刻意逃避黑天鹅的存在。这种对风险的逃避行为并不能阻止风险的爆发，只会越来越淡化对其的认识，弱化抵御风险的能力。同时，随着我们"从历史规定的、在统治和支持的传统语境意义上的社会形式与义务中脱离"[①]，逐步从"单位人"到"社会人"转变，个体获得前所未有的"自由"，但也需要独自面对各种风险。由此当发生重大风险时加剧了个体的不安全感、不确定感和不可靠感，甚至恐惧感。从此次新冠肺炎疫情，我们看到许多人不适应这种危机状况，从而作出不合理甚至违法行为。因此，要有面对突发危机时的冷静和正确看待危机、解决危机的心理状态，才不会在关键时刻手足无措，被混杂的声音引入歧途。二是责任意识教育。增强全体人民社会责任意识在任何时候都是国家稳定发展的重要基础。风险治理中社会责任的重要性更加突出。因为社会风险如同笼罩的雾霾，不会因为贫富、性别、年龄等就差别对待，同时，社会风险牵一发而动全身，需要全体人民携手共同面对风险挑战。面对"失控的世界"，责任意识是对自己的行为负责、对他人负责、对社会负责的重

---

① ［德］乌尔里希·贝克：《风险社会》，何博闻译，译林出版社，2004，第155页。

要前提。同时，随着"人造风险"代替"自然风险"成为现代社会的主导风险，人类的责任也需要扩展到人与自然命运共同体的宽度，不仅要承担人类自身的责任，还需要对自然界承担起全新的责任。三是提升道德判断能力。道德判断是个体基于其已接受的道德规范标准，对自己或其他人的行为进行评判的过程。风险社会中存在的各种冲突使每一个个体都面对不确定性和不稳定性。加以互联网的迅猛发展进一步推波助澜，人们面临更加复杂的情况。比如此次疫情暴发以来，"造谣"与"辟谣"成了热词，空穴来风的消息与扭曲事实的新闻肆意在网络上传播。这样的情境下，个体道德判断能力可能会受到影响，道德相对主义或者道德冷漠更可能凸显。这些都亟须个体不断提升道德判断力去判断、选择和反思。

二、风险观教育融入农村思想政治教育的原则

（一）抓好经常性思想政治工作，加强风险观教育。一方面，风险观教育要融入农村思想政治工作。风险观教育不是新开一门独立的课程，而是和理想信念教育、爱国主义教育、生命观教育等一样，作为渗透性的因素融入现行的农村思想政治工作。另一方面，风险观教育要发挥农业生产培训课程的协同效应。现代社会的"人造风险"主要源于科技，往往出现于公共卫生、经济等具体某个领域。环境科学、生命科学、医学、经济学等专业知识技能是风险治理的重要依托。与此同时，生产培训课程也是进行风险观教育的重要渠道和重要载体，因为正如教育家赫尔巴特强调的既没有"无教学的教育"，也没有"无教育的教学"。教书育人是教育最基本的信念，只是"20世纪，高等教育自发地把如何使学生变得'聪明'当

作了主要目的"①。因此，职业技术培育中融入风险观教育的内容，不是弱化专业知识和能力教育的标准，是让所有农业教育活动中贯穿风险观教育的内容。

（二）将风险观教育全面贯穿于日常生活。风险观教育不仅要融入农村思想政治工作和职业技能培训当中，而且要实现全程、全员和全方位渗透，要充分发挥实践、文化、网络、心理、管理、服务等日常思想政治教育渠道在风险观教育的作用。面对未知的风险，我们要坚持风险教育的常态化、应急性和跟进性的有机统一。首先，在常态时期加强常态化的教育。通过文化交流、心理健康、企业管理等将风险观教育渗透于各个日常生活领域中，既起到警示、抑制风险于萌芽中的作用，又防患于未然，一旦发生风险有充分的思想准备。其次，在危机阶段加强应急性的教育。风险本身的灾害性给全体社会成员造成极大影响，风险应对中的工作失误、失职等问题也会被放大，同时，危机应对中还面临国际环境的影响。因此，需要根据平时积累妥善快速应对风险，同时要通过不同教育形式稳定社会情绪，弘扬优秀团体、组织和个人的先进事迹，强化对舆论场所的价值引领，构筑起战胜困难的强大精神动力。最后，战胜风险挑战后加强跟进式的教育。战胜风险挑战后，我们要善于总结经验，对风险的发生、发展和结果进行反思评价，同时，充分利用战胜风险挑战的契机激发全体人民的"四个自信"，提升全体社会成员的精神境界。比如：新冠疫情暴发以来涌现出成千上万名医护人员自愿请缨从全国各地赶到重灾区武汉、全国各地以及全球华人向武汉运送物资、滴滴车主免费接送医护人员上下班等先进感人事迹。要充分利用这些珍贵的重要资源，提炼挖掘战"疫"精神，讲

① ［美］德怀特·艾伦：《高等教育的新基石》，《求是学刊》2005年第3期。

好战"疫"的总体战、阻击战和人民战争，激发起为实现中华民族伟大复兴不断努力的磅礴力量。

（三）不断优化环境，提升风险观教育实效性。马克思主义环境论认为人与环境是统一的，"人创造环境，同样，环境也创造人"[1]。在人的思想道德形成过程中环境是重要的外部条件，当环境与教育"同性同向"时起强化作用，当环境与教育"异性异向"时起消解作用。[2]风险是动态变化的，风险治理也是动态发展的，因此风险观教育的环境也具有动态性。相对于常态环境，危机应对阶段是一个非常态环境，随着成功战胜风险挑战，非常态环境逐步转化为常态环境。风险观教育要重视制度环境、人文环境等教育环境的优化，尤其要重视优化媒介环境。一方面，新兴媒体方兴未艾，文字、图像、声音、动作等媒介形式对长时间沉浸于网络的人们具有反复强化、综合强化和累积强化的影响；另一方面，自媒体高度发达的今天，网络的普及使得个体与社会媒体等都有发表自己观点的平台和机会，互联网成为舆论工作主阵地、舆论交锋最前沿。面对影响力强大、鱼龙混杂的媒介环境，要高度重视媒介环境的优化。对敌对的颠倒黑白的舆论，要进行秋风扫落叶式的批判；对各种误解要摆事实讲道理，澄清误会；对困惑要指点迷津，使人们看清主流和大势。同时，还应具体问题具体分析，最大化克服验证消息真实性的繁杂程序和冗长时间的弊端，做到既防止真实消息延迟造成更大损失，又避免假新闻先入为主动摇人心。总之，在风险观教育的全过程要努力做到不仅讲"好故事"，更要"讲好"故事，营造好的媒介环境。

---

① 《马克思恩格斯选集》第1卷，人民出版社，2012，第172-173页。
② 李辉：《现代思想政治教育环境研究》，广东人民出版社，2005，第98-100页。

第五章

全面从严治党与农民党员

理想信念教育

农村要发展，农民要致富，关键靠支部。《中共中央关于加强农村思想政治工作的通知》指出了农村精神文明建设的关键对象，"党员和干部学好了，才能够形成一个有战斗力的宣传队伍，去教育群众。"《通知》也指出了农村精神文明建设的核心内容："要教育农民逐步树立共产主义的远大理想和信念，不断培养共产主义道德风尚和发扬共产主义劳动态度。另一方面，要使他们认识到，党的现行各项政策，是共产主义的低级阶段即社会主义历史时期的政策，就是共产主义在今天的实践。"①全面从严治党是新时代的重要战略部署，农民尤其是农民党员的理想信念教育是精神文明建设的核心内容。本章将梳理党的理想信念建设的历史经验，新时代党的理想信念的实践理路和如何提升新时代农民理想信念教育的实效性等问题。

---

① 《十二大以来重要文献选编》（上），中央文献出版社，2011，第237、234页。

第一节　中国共产党理想信念建设的
历史经验

习近平总书记在党的十九大报告中指出，新时代党的建设总要求要"以坚定理想信念宗旨为根基"。①从某种意义上说，中国共产党的奋斗史，就是一部共产党人确立、巩固、强化、践行理想信念的历史。因此，对党的理想信念建设历程作出适当的学理研究与经验总结，无疑有利于锻造有理想、有信念的马克思主义政党，推进新时代党的建设的伟大工程。

一、党的理想信念建设的基本逻辑

中国共产党党是由最先进和最有觉悟分子组成的有理想、有信念的马克思主义政党，这是党理想信念建设的逻辑起点。坚定的理想信念是党的精神标识，是实现党内团结的纽带，也是保持党的先进性的根基。一方面，坚定的理想信念是共产党独特的精神标示。《中国共产党章程》开宗明义指出党的最高理想和最终目标是实现共产主义。毛泽东指出："我们都是来自五湖四海，为了一个共同的革命目标，走到一起来了。"②中国共产党决不抛弃社会主义和共产主义的精神命脉。如果抛弃了社会主义和共产主义的理想，中国共产

①《习近平谈治国理政》第3卷，外文出版社，2020，第48页。
②《毛泽东选集》第3卷，人民出版社，1991，第1005页。

党就不再是马克思主义执政党；如果离开了社会主义和共产主义的追求，共产党员就不再是合格的党的成员。另一方面，坚定的理想信念是共产党人团结的精神纽带。党内的团结并不是无机的团结，而是"马克思列宁主义基础之上的团结"①。因为有坚定的理想信念，共产党人不是松散的人群聚合，而是能够团结得像一个人一样。共同的理想信念纽带，使共产党人有最强的组织性。再一方面，坚定的理想信念是共产党人先进性的根基。因为有坚定的理想信念，共产党人有明确的身份意识，有全心全意地为人民服务的道德素养，能以党的事业为价值依归，并志愿为民族和人民贡献一切。理想信念是共产党人精神上的"钙"，"理想信念高于天"，这是习近平总书记时刻强调的谆谆教诲。

理想信念建设是实践之"原"和理论之"源"的统一，是党的理想信念建设的现实逻辑和理论逻辑。理想信念是世界观信仰，不是天国的、虚幻的迷信，而是人间的、现实的智信。作为人间的、现实的智信，理想信念建设需要依托于现实。伟大的社会实践是理想信念发展的实践之"原"，成熟而不断发展的理论体系是理想信念发展的理论之"源"。就是说，党的理想信念建设面对着实践发展和理论认同的双重任务。一方面，从实践发展角度看，伟大的实践需要理想信念作为指南，理想信念也需要事实力量、史实力量的验证。理想信念建设离不开良好的信仰生态，需要经济、政治、文化因素的环境支持，需要境内与境外、虚拟与现实等生态因子。另一方面，从理论发展角度看，理想信念是核层面、幔层面和壳层面的动态统一。核层面一般指"唯物主义的世界图景，共产主义的远大

---

① 《毛泽东传》第6册，中央文献出版社，2011，第2548页。

理想，为人民服务的根本宗旨，自由而全面的人生追求"。①这是党的信仰建设的理论内核，具有稳定性。幔层面是由核层面引申出的政治信念、道德信念、人生信念等信念体系，这个层面从不同方面体现理论内核，内容相对稳定但会因时空的改变而变化。壳层面从不同方面表征核层面和幔层面，这个层面易变且易被感知。因此，理想信念建设需要理想信念价值系统的与时俱进，需要理论经典、语言符号等观念形态阐述，需要制度、仪式、象征物品等实体形态表征。

理想信念建设的过程是主体客体化和客体主体化的过程，是党的理想信念建设的主体逻辑。理想信念建设不同于可量化的物质文明建设，也不是单纯强调客体性的知识体系构建，而是复杂的主客体统一的灵魂建设，是主体客体化和客体主体化的"双螺旋"过程。这不是两个完全不同的层面，也不是前后相继的两个阶段，而是一枚硬币的两面，是合成中生成、生成中合成的辩证。只有价值知识体系向观念行动系统转化并被努力践行时，理想信念建设才能算成功。从这个意义上讲，党的理想信念建设是"在什么背景以什么方式让什么人信什么"的系统工程，信仰主体和信仰对象的互动融合是理想信念建设的关键，理想信念教育是相互融合的"助产婆"。

二、党的理想信念建设的历史经验

（一）始终重视理想信念精神内涵的中国化和时代化

党在成立初期就努力实现马克思主义理想信仰与中国实践相结

---

① 刘建军：《论马克思主义信仰的基本内容和主要结构》，《思想理论教育》2013年第2期，第25页。

合。首先，逐步形成了中国特色的理想信念价值体系。从建党开始党就确立了以共产主义理想为核心的信仰体系，在不同的历史阶段党始终注意确定不同的具体目标和重点任务，到党的七大确立了毛泽东思想为党的指导思想。"毛泽东思想是中国共产党人第一次真正把马克思主义信仰转化为适应中华民族的情感结构的具有鲜明民族特色的信仰体系，具有巨大的革命价值。"[1]其次，逐步实现了理想信念表达系统的中国化。在苏联共产党人的帮助和参与下，建党初期依照简便易行的原则多用苏维埃旗帜、马克思列宁画像，党的一大通过的《中国共产党纲领》也仅15条700余字，到党的七大，通过的党章是民主革命时期最完备、最成熟的党章。同时入党程序、党旗、党徽等信仰仪式和象征物也不断规范完善。

新中国建立，党取得全国政权意味着要把社会主义、共产主义推向全国并找到适合中国特点的实现道路。邓小平在《今后的主要任务是搞建设》中指出："我们前一个阶段做的事情是干革命。从去年农业、手工业和资本主义工商业的社会主义改造基本完成时起，革命的任务也就基本上完成了。今后的任务是什么呢？革命的任务还有一部分，但是不多了。今后的主要任务是搞建设。"[2]面对革命信念向建设信念的转换，在新中国成立初期我们确立了社会主义建设理想并提出合理的步骤和方案，同时发展了图案、纪念碑、建筑物、旗帜、口号等信仰话语体系。但是面临国内和国际的复杂局面，党的信仰建设尤其在"文化大革命"期间也存在一些问题。首先，社会理想的空想性。为了实现美好的理想，提出建立社会主义

---

[1] 冯天策：《当代中国主流信仰的情感变迁及价值研究》，安徽大学出版社，2011，第211页。

[2]《邓小平文选》第1卷，人民出版社，1994，第261页。

公有制、通过平均分配达到共同富裕等设想，并运用激进的步骤来强行贯彻。"这种带有空想色彩的以平均主义为特征的社会主义构想，是根本行不通的，不能不受到党内许多同志不同程度的抵制"。①其次，个人崇拜。遵义会议后，我们独立自主地选择了自己的领袖，然而到"文化大革命"期间形成了极不正常的个人崇拜问题，同时党的民主集中制原则遭到严重破坏。应当看到，包括毛泽东本人和老一辈无产阶级革命家是抵制这种做法的，正因为如此，一定程度上降低了破坏性。

改革开放以来，党的理想信念建设总结了"性急的错误"②的经验教训，实现了最高纲领和共同纲领的统一。1986年，邓小平强调："根据我长期从事政治和军事活动的经验，我认为，最重要的是人的团结，要团结就要有共同的理想和坚定的信念。""我们共产党人的最高理想是实现共产主义，在不同历史阶段又有代表那个阶段最广大人民利益的奋斗纲领。"③"建设有中国特色的社会主义，把我国建设成为高度文明、高度民主的社会主义现代化国家，这就是现阶段我国各族人民的共同理想。"④实践中，我们坚持按社会主义和共产主义的价值原则细致地工作，通过改革开放将对共产主义的美好向往不断转化为日常生活的实际体验。面对中西、古今思潮的挑战，党没有重蹈苏联的错误，理想信念建设在理论和实践上有重大发展。

---

① 胡绳：《中国共产党的七十年》，中共党史出版社，1991，第432-433页。
②《邓小平文选》第3卷，人民出版社，1993，第140页。
③《邓小平文选》第3卷，人民出版社，1993，第190页。
④《十一届三中全会以来党的历次全国代表大会中央全会重要文件选编》（上），中央文献出版社，1997，第421页。

（二）始终重视理想信念建设生态的优化

建党初期党就重视构建良性的理想信念建设生态。首先，内部生态关系上，重视组织建设，努力构建优良的作风。"衣履极为整洁，饭食必有鱼肉"①，"贪污腐化，损公利己，阳奉阴违，官僚主义，消极怠工"②，以及违反党章、破坏党纪、不遵守党的决议等情弊，党高度重视，坚决反对。党的二大制定的第一个党章就明确规定，对违反纪律的党员"必须开除之"③。其次，外部生态关系上，重视经济、文化建设是对理想信念建设的支撑。党在大革命、土地革命、抗日战争和解放战争时期始终围绕"为人民"而工作，着力解决土地、培育健康生活方式等民生问题。

新中国成立后，"因为胜利，党内的骄傲情绪，以功臣自居的情绪，停顿起来不求进步的情绪，贪图享乐不愿再过艰苦生活的情绪，可能生长。因为胜利，人民感谢我们，资产阶级也会出来捧场。"④党面对新任务、新环境和新问题，在内部生态方面，整风整党、反腐肃贪。1949年，中央决定成立中央纪律检查委员会和地方各级党的纪律检查委员会。1950年，开始在全党范围进行大规模的整风运动，着重解决了组织状况和作风方面等问题。同时开展"三反"运动，比较有效地抵制了旧社会的恶习和资产阶级的腐蚀。在外部生态方面，重视发挥各民主党派的监督作用，重视在报纸刊物上展开批评和自我批评，重视文化建设与文化改造。

以党的十一届三中全会为标志，我国社会主义建设进入改革开

①《建党以来重要文献选编》第7册，中央文献出版社，2011，第693页。
②《建党以来重要文献选编》第17册，中央文献出版社，2011，第329页。
③《建党以来重要文献选编》第1册，中央文献出版社，2011，第168页。
④《毛泽东选集》第4卷，人民出版社，1991，第1438页。

放的新的发展时期，党的理想信念建设也进入健康轨道。一方面，反思"个人崇拜"的问题，确立领袖与信仰的健康生态。理想信念是一种世界观信仰，主要是对理论和世界观的信仰，同时也内涵对伟大理想人格的追求，蕴含对伟大领袖和英雄人物的信赖和崇敬。但是，领袖的权威和个人崇拜是不同的，个人崇拜不是健康的信仰。邓小平指出："历史是人民创造的，但是这丝毫不排斥人民对于杰出的个人的尊敬；而尊敬，当然不是迷信，不是把他当作神。"[1]邓小平带头冲破长期以来"左"的思想禁锢，打破了长期盛行的个人迷信和教条主义的精神枷锁。另一方面，特别强调了制度对信仰的保障作用。邓小平亲自主持了《关于建国以来党的若干历史问题的决议》的起草工作，纠正毛泽东晚年错误和个人崇拜的同时，维护毛泽东的历史地位。同时指出：党内个人专断和个人崇拜现象的主要原因是，"我们没有能把党内民主和国家政治社会生活的民主加以制度化，法律化，或者虽然制定了法律，却没有应有的权威。"[2]改革开放以来逐步恢复和发展了集体领导制度和离退休制度，完善了党的组织制度、工作制度、生活制度和监督制度。制度保证了理想信念建设的实效性。

（三）始终重视理想信念教育的常态化和生活化

加强信仰教育，强化党性教育与党性学习，是党始终重视的问题。1924年党提出了要在党内创办学校，加强党员教育的问题。1929年古田会议强调思想建党的独特建党原则，提出了通过党报、政治简报、训练班、有组织地读书、个别谈话、小组会、支部大

[1]《邓小平文选》第2卷，人民出版社，1994，第173页。
[2]《十一届三中全会以来党的历次全国代表大会中央全会重要文件选编》（上），中央文献出版社，1997，第189页。

会、党员大会等18种党内教育方法，"初步回答了在党员以农民为主要成分的情况下，如何从加强党的思想建设着手，保持党的无产阶级先锋队性质的问题"①。新中国成立后，党的活动由秘密状态走向公开，党内教育活动常态化，基层党支部开始建立起"三会一课"制度。同时，突出榜样示范，雷锋精神、焦裕禄精神、铁人精神等先进典型，近代中国重要历史人物、事件、节日以及党的自身重大事件、革命先烈的纪念活动，都成为党的理想信念教育的重要方式。

改革开放以来，社会走向民主化、市场化、多元化、信息化，古今中外的信仰文化潮起潮落、优劣并在。邓小平指出："中国在粉碎'四人帮'以后出现一种思潮，叫资产阶级自由化，崇拜西方资本主义国家的'民主''自由'，否定社会主义。"②中国搞社会主义，是谁也动摇不了的，邓小平看得很清楚。他多次强调："我们干的是社会主义事业，最终目的是实现共产主义。这一点，我希望宣传方面任何时候都不要忽略。"③新时期理想信念教育既重视统一学习，也重视个别提升；既重视高层引领，也重视民间互动；既重视显性教育，也重视隐性陶冶。通过批判与斗争，通过宣传教育，通过文化建设，党不断将消极情感转变为积极情感，将怀疑转变为信仰。

---

① 中共中央党史研究室：《中国共产党历史》第1卷，中共党史出版社，2011，第294页。

②《邓小平文选》第3卷，人民出版社，1993，第123页。

③《邓小平文选》第3卷，人民出版社，1993，第110页。

三、党的理想信念建设的新时代启示

党在理想信念建设过程中不断把危机变成转机，不断坚定理论自信、制度自信、道路自信和文化自信，锻造了有理想、有信念的马克思主义政党。党的理想信念建设不是完成时，而是进行时。经过长期努力，中国特色社会主义进入了新时代，这是我国发展新的历史方位。在新时代"要把坚定理想信念作为党的思想建设的首要任务，教育引导全党牢记党的宗旨，挺起共产党人的精神脊梁，解决好世界观、人生观、价值观这个'总开关'问题，自觉做共产主义远大理想和中国特色社会主义共同理想的坚定信仰者和忠实实践者"①。在新时代中国共产党人仍需要坚守本色、不忘初心、继续前进。

第一，高度重视理想信念建设的辩证性。首先，党的理想信念建设是理想和信念的统一。党的理想信念建设过程中曾经出现希望共产主义一蹴而就或者渺茫不可及的误区。究其原因很大程度上是将内涵极其丰富的共产主义理想信念体系简单地归结为共产主义理想，进而把共产主义理想问题归结为共产主义理想的实现问题。"共产主义者的行为追求，不只是一种理想的追求，即追求未来理想社会的过程，也是一种理念的追求或信念的追求，即遵循和实践共产主义的基本理念或信念的过程。共产主义信仰中包含着一系列的基本理念或基本信念，比如主张全心全意为人民服务，人的自由而全面的发展，社会的真正公正和平等，人与人之间以及人与自然之间

①《习近平谈治国理政》第3卷，外文出版社，2020，第49页。

的和谐，等等。"①其次，党的理想信念建设是终极性和阶段性的统一。共产主义理想的实现需要经过若干中间站的过程，通过不同的阶段性理想最终达到终极理想。在新民主主义革命时期中国共产党人将世界性的理想信念实现了民族化，在社会主义革命和建设时期、改革开放新时期又实现了由革命信念向建设信念转换。这样，共产主义理想转化为全体党员能理解与触及的阶段性理想，成为贯穿于日常生活和学习工作中的行为准则与实践方式。习近平总书记指出："每一代人有每一代人的长征路，每一代人都要走好自己的长征路。今天，我们这一代人的长征，就是要实现'两个一百年'奋斗目标、实现中华民族伟大复兴的中国梦。"②再次，党的理想信念是思想与话语的统一。思想是话语的底色，话语是思想的外衣。理想信念要以富有中国民族特色的语言形式和信仰仪式进行表达，打破信仰与生活对接的"玻璃罩"。习近平总书记以"浅出"的话语阐释了"深入"的内容。他形象地指出："理想信念就是共产党人精神上的'钙'，没有理想信念，理想信念不坚定，精神上就会'缺钙'，就会得'软骨病'。"③继"精神之钙"后，"总开关""纽扣""赶考""不忘初心，继续前进"等表述同样形象生动。这些表述给人以真的体味、善的启迪、美的享受。

　　第二，认真审视理想信念建设的整体性。理想信念建设不能单兵作战，必须与其他支持要素相互衔接、相互补充、环环相扣。纵观党的理想信念建设历程，信仰生态优化促进理想信念建设，信仰

---

① 刘建军：《辩证地把握共产主义理想及其追求》，《思想理论教育导刊》2006年第10期，第12页。
②《习近平谈治国理政》第2卷，外文出版社，2017，第48—49页。
③《习近平谈治国理政》，外文出版社，2018，第15页。

生态恶化阻碍理想信念建设。一要正确处理理想信念与经济政治的关系。信仰要切中现实，要和我国的具体情况结合；信仰需要现实的验证，业务工作是信仰建设的重要支撑。从"打土豪分田地"，到"以经济建设为中心"，中国新民主主义革命的胜利与毛泽东思想的真诚信仰是相互支持的，中国特色社会主义建设的伟大实践与中国特色社会主义理论体系的信仰是相互支撑的。在实现"两个一百年"和推进"四个全面"战略征程中，我们要紧紧围绕经济社会生态、政治生态、文化生态等问题，强调为人民服务的宗旨不能变，聚焦民心民意，改善民生，不断优化理想信念建设的社会生态。二要正确处理理想信念的组织形态和个体形态的生态关系。在矛盾复杂和斗争激烈的环境下，要重视理想信念建设与组织建设、作风建设、制度建设之间的互动，处理好理想信念建设与领袖权威的健康关系。在新时代，党进行伟大斗争、建设伟大工程、推进伟大事业、实现伟大梦想，更加需要一个坚强的领导核心和中央领导集体，要坚决维护以习近平同志为核心的党中央权威和集中统一领导。

第三，创新完善理想信念教育的工作格局。在理想信念建设过程中，党始终重视理想信念融入日常生活当中，体现在日常生计、日常交往和日常观念当中，从而成为一种难以被轻易格式化的日常文化。在实现中华民族伟大复兴的过程中，决不能让理想信念成为仅供官方珍藏的熠熠生辉的"玻璃罩"，而是要融入全体党员生活，才能激活马克思主义的生命力，产生磅礴的建设力量。对此，党的理想信念教育要全员育人、全面育人、全程育人，要因事而化、因时而化、因势而化，始终倡导理论联系实际的学风，触摸主体的精神世界；要始终注重以理服人、以学养人、以情感人、以实育人；

要始终重视显性教育和隐性陶冶相结合。同时，理想信念是在同各种思潮的斗争和比较中壮大起来的，要坚持慢半拍的防御反击和提前半拍的主动引领相结合，要坚持秋风扫落叶式的批判错误与和风细雨式的释疑解惑相结合。

第二节 农民党员理想信念教育的
逻辑理路

中国共产党是世界上最大的政党，中国共产党领导着世界上最有前途的国家。新时代坚定不移全面从严治党，不断提高党的执政能力和领导水平，确保永葆马克思主义政党本色，要"以理想信念宗旨为根基"，"要把坚定理想信念作为党的思想建设的首要任务"①。习近平总书记关于新时代共产党人理想信念问题的重要论述，是新时代共产党人理想信念建设的根本指南。通过对习近平总书记关于理想信念问题重要论述的梳理，我们发现，新时代共产党人理想信念建设形成了一个完整的系统。精神前提为共产党人坚定理想信念提供了根本缘由，精神内涵和精神形象分别从信仰客体和信仰主体方面刻画了共产党人理想信念的完整形象。新时代党员理想信念教育在人员上面向全体党员，并对全体党员提出"做合格党员"的要求。从这个意义上讲，农民党员理想信念教育与其他群体党员理想信念教育的逻辑理路是基本一致的。基于此，本节我们在梳理理想信念教育的逻辑理路过程中将不对群体做区分。

一、党员理想信念的精神前提

第一，马克思主义揭示人类社会发展规律，奠定了共产党人坚

---

① 《习近平谈治国理政》第3卷，外文出版社，2020，第48-49页。

定理想信念的理论基础。习近平总书记指出："马克思科学揭示了人类社会最终走向共产主义的必然趋势"，"马克思主义奠定了共产党人坚定理想信念的理论基础"。①马克思主义是科学的、朴实的真理，因为"共产党人的理论原理，决不是以这个或那个世界改革家所发明或发现的思想、原则为根据的"，而是"我们眼前的历史运动的真实关系的一般表述"②。因为马克思主义揭示了自然界、人类社会、人类思维发展的普遍规律，揭示了"资产阶级的灭亡和无产阶级的胜利是同样不可避免的"发展趋势，共产主义获得了完备的理论论证和实践检验。中国共产党始终坚持马克思主义的科学真理和崇高追求，与时俱进发展21世纪的马克思主义、当代中国马克思主义。习近平新时代中国特色社会主义思想是马克思主义中国化最新成果，为解决人类问题贡献着中国智慧和中国方案，使马克思主义放射出更加灿烂的真理光芒。总之，马克思主义是科学，为共产党人认识世界、改造世界和创造美好生活提供了强大的思想武器，给共产党人坚定理想信念提供了科学依据。因为遵循的是规律，坚守的是真理，共产党人的理想信念不是因为"信仰所以相信"，而是因为"相信所以信仰"；不是"心诚则灵"的精神慰藉，而是人类解放的现实运动。作为可信与确信统一的信仰，共产党人的理想信念不是因服从而丧失自我的"迷信"，而是激发人的主体性和创造性的"智信"。

第二，马克思主义始终坚守人民立场，奠定了共产党人坚定理想信念的价值基础。比伟大发现的更伟大之处，在于马克思主义始

---

① 习近平：《在纪念马克思诞辰200周年大会上的讲话》，人民出版社，2018，第16页。

②《马克思恩格斯选集》第1卷，人民出版社，2012，第413-414页。

终关注大多数人的利益，始终关怀广大人民的疾苦，始终为广大人民的解放而斗争。马克思、恩格斯指出："无产阶级的运动是绝大多数人的，为绝大多数人谋利益的独立的运动。"①中国共产党始终坚持"人民是历史的创造者、群众是真正的英雄"的历史观，坚持"把人民对美好生活的向往作为奋斗目标"的价值观，坚持"党性和人民性从来都是一致的、统一的"的党群观，坚持"依靠人民创造历史伟业"的工作方法论。习近平总书记始终强调人民立场是中国共产党的根本政治立场，要永远保持对人民的赤子之心。2012年习近平总书记在与中外记者见面时深情地指出："人民是历史的创造者，群众是真正的英雄。人民群众是我们力量的源泉。我们深深知道，每个人的力量是有限的，但只要我们万众一心、众志成城，就没有克服不了的困难；每个人的工作时间是有限的，但全心全意为人民服务是无限的。"②习近平总书记在党的十九大报告中开篇就强调中国共产党人的初心和使命，就是为中国人民谋幸福、为中华民族谋复兴，这是激励共产党人不断前进的根本动力。就是说，共产党人的信仰对象是"人"不是"神"，"是为'人'服务，不是为'神'服务，是为'人'献身，不是为'神'献身"③，而且服务和献身的"人"不拘泥于某个人或者某部分人，是代表社会前进方向的人民。因此，共产党人理想信念是站在人类价值制高点的信仰，不仅具有强大的使命感和道义感召力，激励着一代一代共产党人为伟大的事业前赴后继，而且使人产生一种崇高的神圣感，在献身于

---

① 《马克思恩格斯选集》第1卷，人民出版社，2012，第411页。
② 《习近平谈治国理政》第1卷，外文出版社，2018，第5页。
③ 刘建军：《从信仰的视角看为人民服务》，《思想教育理论导刊》2004年第12期。

人类社会进步与解放中走向崇高获得不朽。

当前，实际工作中有的领域存在马克思主义被边缘化、空泛化、标签化的问题；日常生活中有的人对共产主义心存怀疑，不信马列信鬼神或者向往西方社会制度和价值观念。种种言行的背后是对共产党人理想信念的虚无。习近平总书记指出："认识真理，掌握真理，信仰真理，捍卫真理，是坚定理想信念的精神前提。中国共产党人的理想信念，建立在马克思主义科学真理的基础之上，建立在马克思主义揭示的人类社会发展规律的基础之上，建立在为最广大人民谋利益的崇高价值的基础之上。"[1]无疑是对这些错误观点的釜底抽薪，科学回答了共产党人要始终坚定崇高理想信念的前提问题。

二、党员理想信念的精神内涵

第一，对马克思主义的信仰、对社会主义和共产主义的信念、对党和人民的忠诚，是共产党人理想信念的根本内核。习近平总书记指出："我们共产党人的本，就是对马克思主义的信仰，对中国特色社会主义和共产主义的信念，对党和人民的忠诚。我们要固的本，就是坚定这份信仰、坚定这份信念、坚定这份忠诚。"[2]马克思主义是中国共产党和社会主义事业的指导思想，是共产党人理想信念的灵魂；中国特色社会主义是最高纲领和基本纲领的统一，是创造人民美好生活的必由之路；党性和人民性从来都是一致的，对党和人民的忠诚是理想信念的题中之义。总之，对马克思主义的信仰，对共产主义和社会主义的信念，对党和人民的忠诚是共产党人的政治灵魂，是共产党人经受考验的精神支柱，是区别于其他党派

---

① 《习近平谈治国理政》第 2 卷，外文出版社，2017，第 50 页。
② 《习近平谈治国理政》第 2 卷，外文出版社，2017，第 326 页。

人员的重要标志。

第二，坚定"四个自信"、树牢"四个意识"是共产党人理想信念的当代要义。在新时代的伟大征程中，我们要进一步坚定"四个自信"、树牢"四个意识"。"四个自信"是道路自信、理论自信、制度自信和文化自信的统一。坚定"四个自信"就坚定了要举什么旗、走什么路，明确了中国特色社会主义的方向和遵循。"四个意识"是政治意识、大局意识、核心意识和看齐意识的统一。"四个意识"体现了根本的政治方向、政治立场、政治品格，是对党和人民忠诚的生动体现。坚定"四个自信"、树牢"四个意识"体现了对共产主义的信仰，对中国特色社会主义伟大事业的信念，对中国共产党的信任，对创造人民美好生活的信心，对探索更好社会制度提供中国方案的决心。

第三，全心全意为人民服务和弘扬党的优良作风是共产党人理想信念的重要体现。全心全意为人民服务和弘扬党的优良作风，这是很简单的道理，但是在当前实践中有个别共产党人却忘记了为什么出发，出发干什么。把为人民服务、优良作风当成抽象的口号，甚至公开说出"你是替党讲话，还是替老百姓讲话""你是站在党一边，还是站在群众一边"这样的歪理。习近平总书记指出："在新的长征路上，全党必须牢记，为什么人、靠什么人的问题，是检验一个政党、一个政权性质的试金石。"①同时，"对我们共产党人来讲，能不能解决好作风问题，是衡量对马克思主义信仰、对社会主义和共产主义信念、对党和人民忠诚的一把十分重要的尺子。"②理想信念是未来性和现实性的统一，共产党人的理想信念不只是对未

① 《习近平谈治国理政》第2卷，外文出版社，2017，第52页。
② 《习近平谈治国理政》第2卷，外文出版社，2017，第165页。

来理想的追求，更包含对基本信念的践行。全心全意为人民服务和党的优良作风就是追求远大理想和共同理想过程中的基本信念。

一直以来，我们都在强调共产党人理想信念的根本内核，因为这是共产党人理想信念恒定不变的灵魂。但是，对马克思主义信仰、对共产主义和社会主义信念、对党和人民的忠诚是相对抽象的。习近平总书记从根本内核、当代要义和重要体现等方面系统完整地刻画了共产党人理想信念精神内涵的多维图景，实现了虚实统一，告别了理想信念的模糊化和悬空化，打破了理想信念与生活对接的"玻璃罩"，使之可敬可亲可行。

三、党员理想信念的精神形象

第一，虔诚而执着、至信而深厚是信仰确证的体现。习近平总书记指出：要"真正做到对马克思主义虔诚而执着、至信而深厚。"[①]"虔诚而执着"意味着对马克思主义的信仰，对共产主义和社会主义的信念，对党和人民的忠诚心怀敬仰并义无反顾地践行；"至信而深厚"意味着认知上准确把握、情感上高度认同、意志上的义无反顾。信仰确信是共产党人精神皈依的内心确证，信仰誓言是共产党人内心确证的庄严承诺。习近平总书记指出："'砍头不要紧，只要主义真'，'敌人只能砍下我们的头颅，决不能动摇我们的信仰'，这些视死如归、大义凛然的誓言生动表达了共产党人对远大理想的坚贞。"[②]在不同时期和不同场合，习近平总书记本人始终亮出共产党人的铮铮誓言。不论在陕西、河北、福建、浙江和上海，还是在中央工作，习近平始终植根人民、服务人民，用朴素的语言

---

① 《习近平谈治国理政》第2卷，外文出版社，2017，第142页。
② 《习近平谈治国理政》第2卷，外文出版社，2017，第35页。

表达着他对人民的挚爱，以坚定的行动诠释着"我将无我，不负人民"的初心和使命。《知之深，爱之切》《摆脱贫困》《之江新语》等文集，以及一直以来他夙夜在公、一路风尘问民情、解民忧，都生动体现了一名优秀共产党人的人民情怀。

第二，坚持高标准、守底线是信仰见诸行动的体现。"理想信念不是拿来说、拿来唱的，更不是用来装点门面的，只有见诸行动才有说服力。"①要知行合一、言行一致，要坚持高标准和守底线相结合。首先，明确高标准，区分"姓马"还是"信马"。具体来看，"衡量一名共产党员、一名领导干部是否具有共产主义远大理想，是有客观标准的，那就要看他能否坚持全心全意为人民服务的根本宗旨，能否吃苦在前、享受在后，能否勤奋工作、廉洁奉公，能否为理想而奋不顾身去拼搏、去奋斗、去献出自己的全部精力乃至生命。一切迷惘迟疑的观点，一切及时行乐的思想，一切贪图私利的行为，一切无所作为的作风，都是与此格格不入的。"②"四个能否"把共产党人的理想信念同现实工作很好结合起来，是衡量信仰忠诚度、信仰境界的客观标准。其次，划清底线，区分"姓马"还是"非马"。习近平总书记指出："讲规矩是对党员、干部党性的重要考验，是对党员、干部对党忠诚度的重要检验。"③党的规矩是党的各级组织和全体共产党人必须遵守的行为规范和准则，主要包括党章、党的纪律、国家法律和党在长期实践中形成的优良传统和工作惯例。"讲规矩"将共产党人的理想信念同纪律规矩很好结合起来，是衡量信仰与否的客观标准。离开了"四个能否"的信仰不是"信马"，而是

---

① 习近平：《在党的十九届一中全会上的讲话》，《求是》2018年第1期。
②《习近平谈治国理政》第1卷，外文出版社，2018，第23–34页。
③《习近平谈治国理政》第2卷，外文出版社，2017，第154页。

"姓马"；破坏了"规矩"的信仰甚至不是"姓马"，而是"非马"。

第三，明大德严公德守私德是信仰人格的体现。习近平总书记指出："共产党人拥有人格力量，才能无愧于自己的称号，才能赢得人民赞誉。"①共产党人就要用共产党人的标准严格要求自己，明大德严公德守私德，做一个脱离低级趣味的人、高尚的人。2013年习近平总书记在纪念毛泽东同志诞辰120周年座谈会上的讲话指出，毛泽东同志不管是"倒海翻江卷巨澜"，还是"雄关漫道真如铁"，始终都矢志不移、执着追求，是马克思主义信仰者的榜样。2014年习近平总书记在纪念邓小平同志诞辰110周年座谈会上的讲话指出，我们要学习邓小平同志矢志不渝为社会主义、共产主义而奋斗的执着精神。2018年习近平总书记在纪念周恩来同志诞辰120周年座谈会上的讲话指出，周恩来同志半个多世纪奋斗的人生历程是中国共产党不忘初心、牢记使命历史的一个生动缩影，是不忘初心、坚守信仰的杰出楷模。同时，崇高信仰、坚定信念不是高不可攀的，如国家勋章和国家荣誉获得者，是千千万万为党和人民事业作出贡献的杰出代表，他们在平凡的工作岗位中为党和人民事业奋斗，是时代的楷模，是有崇高信仰的榜样，是让人看得见、感受得到的理想信念标杆。

理想信念归根到底是信仰者心中的理想信念。信仰确证是共产党人理想信念的内化，信仰行动是共产党人理想信念的外化，信仰人格是共产党人理想信念的固化。党的十八大以来特别强调信仰确证、信仰行动、信仰人格三位一体，把做人做事的底线划出来，把合格共产党人的标尺立起来，把优秀共产党人的先锋形象树起来，生动刻画了共产党人坚定理想信念的精神形象。

---

① 《习近平谈治国理政》第2卷，外文出版社，2017，第12页。

第三节　农民党员理想信念教育的实践理路

信仰与理想信念其词源和发展是不同的。"理想信念"是一个中国式概念，具有突出的中国特色，但是在"理想信念"作为一个综合性概念时其所要表达的内容与范围大体与"信仰"一词相同。"理想信念教育"就是"信仰教育"，当然也可以说是一种特殊的信仰教育，即我国进行的社会主义与共产主义的信仰教育，而不包括别的什么信仰的教育。[①]因此，本节梳理农民理想信念的变迁过程中会将信仰与理想信念两个词交叉使用。同时，农民理想信念教育和风险观教育、法治观教育、工匠精神教育一样，都是从内容维度划分，而不是具体的教育形态。理想信念教育、风险观教育、法治观教育和工匠精神教育都融入于农村思想政治工作大局当中。因此本节将着重分析农民理想信念教育的发展变迁和思维转换问题。

一、农民理想信念教育的主要矛盾

人猿相揖别以来，人类就以其区别于一般动物的积极能动性成为万物之灵。在前文明时代，与人改造世界同步，人也逐步生成了共同的内在精神家园，表现为自然信仰、图腾信仰和祖先信仰等。

---

① 刘建军：《关于理想信念教育的几点理论思考》，《教学与研究》2004年第11期。

自然信仰指部族对日、月、星、辰等的崇拜，图腾信仰是对氏族徽号的崇拜，祖先信仰是有血缘关系的某一特定群体对先人的崇拜。这个时代"个人完全听命于团体或部落。团体或部落被看作一支受到神灵世界所有无形神力福佑的队伍。个人完全隶属于这支富有生命力的队伍"①。因此，可以认为这些随着人类自觉而产生的自发性的信仰中个体的信仰和族群的信仰普遍同一。在文明时代，随着生产力的发展，个体和社会不再完全同一，但是在集权封闭的时代，这对矛盾并不突出。由于那种社会环境下群体具有至上性，个体只能"照单全收"，否则就可能成为社会的"异端"而被消灭。因此，社会的封闭权威性不可能让各种信仰"百花齐放"，即使有也仅是同一棵大树上的不同"枝芽"而已。比如欧洲中世纪的基督教、中国封建社会的儒家思想等都成为当时统摄全社会的独尊地位的信仰。近代以来，随着社会的发展及外国列强的入侵，我国占支配地位的信仰中心逐步解体。但是，在革命与战争年代，个人利益退居十分次要的地位，国家民族情感超越于个人情感；物质利益也被超越了，精神价值处于核心的位置。在社会主义建设初期，集体主义等合理准则一定程度上受到扭曲，而到"文化大革命"期间则走向了极端。因此，直到改革开放以前，"基本上还是处于个体消融于社会，类的力量占据统治地位的时代"②，因而使任何一种表征自我认识的信仰都最终转化为外在的权威。

改革开放以来，随着党的工作重心的转换，以市场为导向的经

---

① ［美］斯塔夫里阿诺斯：《全球通史》，董书慧译，北京大学出版社，2005，第15页。

② 黄慧珍：《信仰与觉醒——生存论视域下的信仰学研究》，人民出版社，2007，第187页。

济体制改革的深化以及社会文化领域中文化市场的逐步开放，国家不再完全取代社会，"社会成为一个相对独立的提供资源和机会的源泉"①，这使得社会成为一个与国家相并列的提供资源和机会的"第二空间"。在这样的背景下个人信仰与社会信仰之间也出现了新的变化。一方面，个人信仰已经或正在彰显，已经走出了全民一个信仰的景观。改革开放以来社会走向激烈的变化，社会与个体之间的关系也产生了根本的变化，"我"从"时代""事业"等宏大词语中剥离出来，不同的个体寻找、拥有了自己的信仰。个人信仰的"私人性"必然导致不同的人形成各不相同的信仰，从而形成多元多样的"众声喧哗"的信仰景观。个人主义、享乐主义、实用主义、拜金主义、民间信仰、各种宗教等都找到了信仰的追随者，这种状况类同于詹姆士一个比喻所呈现的："在一个房间里，你可能发现一个在写一本无神论的书；在另一个房间里，有人跪着祈祷，希望得到信心和力量；在第三个房间里，一位化学家在研究某一物体的特性；在第四个房间里，有人在思索唯心主义的形而上学的体系；在第五个房间里，有人在证明形而上学的不可能性。"②由于个人信仰的"众神冲突"，甚至出现了信仰选择困惑、信仰过剩的危机。另一方面，社会主导信仰受到冷落。独善其身的个人信仰浮出水面，自给自足的信仰方式，很大程度上隔断了主体对社会信仰的认同。实践中也就出现：虽然马克思主义信仰作为主导的社会信仰得到党和国家的高度重视，但它的主流地位在一定范围内经受着侵蚀，甚至出现"姓马"不"信马"的现象。事实上，这种现象甚至在党员干

---

① 孙立平等：《改革以来中国社会结构的变迁》，《中国社会科学》1994年第1期。

② ［美］宾克莱：《理想的冲突——西方社会变化着的价值观念》，马元德译，商务印书馆，1983，第23页。

部中也屡屡出现，一些党员、干部"走近马克思"，但不"走进马克思"。同时在一定范围内还出现了民主社会主义、新自由主义、历史虚无主义以及儒教国家化等试图走改旗易帜的邪路。除此之外，宗教信仰也在一些地方盛行，传统的家族信仰也有了生长的空间。由此，个人信仰需要依托于特定社会信仰，社会信仰也需要渗透于个人信仰中，这样的互动通道被阻断，个人信仰与社会信仰的同构性关系被隔离。

如果将话语转换到农民理想信念教育问题上的话，我们可以认为如何实现个人意识和社会意识的有机统一，成为理想信念教育的基础性难题，也是农民理想信念教育的主要矛盾。对于农民的理想信念的时代变迁，有学者曾说："20世纪五六十年代，农民被政治所'忽悠'，甚至为了一个抽象的'国家''理想'，宁肯饿死也不怀疑那些乌托邦的东西。现在，情况不同了。那样容易满足、那样善良、那样顺从的'农民'，还能期待他们依然如故吗？"农民在不同时代的变化，不是说农民都成为了"刁民"，而是说农民成长了。今天的农民越来越关心政治，"他们正在学会在一个现代社会中如何寻找、表达和捍卫自己的利益，如何更开放地参与到利益分配的过程之中"[①]。虽然20世纪五六十年代农民的思想政治素质是"被忽悠"的结果这一说法似乎过于武断，但是也表达出了改革开放以来农民理想信念中个人理想与社会理想之间存在偏移与断裂的事实。错位是个人理想与社会信仰之间地位的偏移，断裂是个人理想与社会理想之间关系的隔离。这种状态下个人理想与社会理想之间既不是简单的个人理想支配型，也不是社会理想支配型，更不是有机统一型，其实质是社会理想与个人理想关系的当代变异。个人理想与

---

① 赵树凯：《农民的政治》，商务印书馆，2018，第4-5页。

社会理想关系的这种变化对农民党员理想信念教育提出了挑战，同时这样的种种变化也为理想信念教育提供了丰实的土壤。

二、农民党员理想信念教育的思维转换

个人理想与社会理想的关系如若仍然回到权威封闭时期的支配型社会信仰，不符合经济基础与上层建筑的互动关系，背离社会发展的要求；而且可能过于压制主体能动性，造成个性萎缩、社会沉闷乃至僵化。因此，个人理想与社会理想的关系不能也不可能回到社会信仰支配的关系中，应该向有机统一关系演进，实现社会理想与个人理想的有机统一。其价值指向是有统一信念又有个人皈依的生动活泼的和谐景观，既避免社会理想与大众生活有隔阂，似仅供橱柜中把玩的熠熠生辉的玻璃球；也避免将个人理想贴上贬义的标签，抹杀色彩斑斓的多态个人理想。

这种情况是可能的。首先，这是时代精神的客观要求。我国社会主义现代化建设给信仰发展带来挑战的同时，也提供了新的发展机遇。因为"随着现代化过程的深入，社会与国家对个人的管理越来越倾向于以'个人认同'的方式展开：个人越是被个体化，在一个地方、社群、家庭等与个人的联结被不断弱化的国家—社会里，他就越需要一种心理—精神—文化等层面上的认同，因而，他就越是依赖于社会与国家"[①]。当代强烈的现实主义、个人主义、工具理性张扬的过程中，也产生了共同理想信仰追求的新需求和新契机。其次，与传统文化契合。"家族和乡土观念是古代中国乡村社会意识的重要内容，这种极具封闭性的社会意识深深渗透在乡村社会生活中，构成了乡村政治文化的深层基础，广泛和持久地影响着乡

---

① 陈赟：《现时代的精神生活》，新星出版社，2008，第22页。

村社会。"①虽然家族和乡土观念有些因素需要批判发展，但相关的精神与中华民族注重整体、"公义胜私欲"的传统相契合，更与"集体主义"的社会主义价值原则相契合，体现了社会利益与个人利益辩证统一，社会利益高于个人利益，但又重视和保障个人的利益。再次，马克思主义信仰契合主体的精神需求。"对于个体而言，社会主导意识形态是在一定共同体的实践基础上概括和总结出来的，是间接经验。由此，就出现了个体的精神需求和共同体的理论成果之间的关系。具体而言，主导社会意识形态的传播与教育过程如何满足受众的内在需要和适应其接受心理成为一个不能回避的思维前提。根据实践论的观点，受教育者在社会实践中可以产生对社会发展的理论需求，只要理论本身能够体现时代性，理论和理论需要就能够契合。"②马克思主义信仰，是崇高的、科学的、先进的世界观信仰，体现时代性，契合主体需求。有学者认为："传统的超越性，就信仰意义而言，乃是基于有神论（并且是一神论）并把人的价值异化为神的价值的超验性，马克思设想的信仰，则是基于无神论及共产主义、以人类解放亦即社会化的人类意识的生成为旨归的历史超越性。这一历史超越性，应当有理由成为超越现时代精神生活物化境况的精神信仰的内在规定性"。③因此，整体倾向的有机统一吻合现时代的发展要求，更与社会主义社会关系相契合，还由马克思

---

① 徐勇：《非均衡的中国政治：城市与乡村比较》，中国广播电视出版社，1992，第98页。

② 李辉：《论思想政治教育的基础性理论难题》，《思想教育研究》2013年第11期。

③ 邹诗鹏：《现时代精神生活的物化处境及其批判》，《中国社会科学》2007年第5期。

主义信仰本性决定，不仅必要而且可能，是走向新平衡的方向。

　　如何将可能化为现实呢？归根结底是大众马克思主义信仰认同的问题。有学者指出："儒家思想能够在宋明时期得以普及的主要原因，就是将教化的思想内容植根于普通百姓的'生活世界'或'日常生活世界'之中，以至于'化民成俗'，从而取得了大众化的实际效果。"①马克思主义信仰认同问题的关键是如何让社会主导信仰走进大众的生活，实现主导信仰生活化和大众生活信仰化。主导信仰生活化和大众生活信仰化达到的目的是使社会主导信仰融入多态个人信仰，广泛存在于日常生活领域，成为民众生活内在结构的重要一环，成为民众生活的自然流露，成为生活的一部分。主导信仰生活化和大众生活信仰化不是消灭个体的自觉，不是要消灭多态个人信仰，而是主导社会信仰和多态个人信仰"不同而和"，主导社会信仰和多态个人信仰有自己的位置，个体在共同体中努力实现个人生活的完满，同时生发、认同并践行主导社会信仰。

　　这需要转换视角，重视客位思维的同时更强调主位思维。文化主位和文化客位是人类学等研究中的不同视角。文化客位强调基于研究者本人的视角，从自己的理论假设中对研究对象进行验证；文化主位研究强调被研究者的视角，探索被研究者的行为和想法并对其进行描述和主体的解释。这种不同的研究视角，对提升大众马克思主义信仰认同具有方法论的启示。在大众马克思主义信仰认同中呼吁、强调树立共产主义理想、坚定马克思主义信仰等是客位思维，无疑是必要的。同时，我们也要看到可以把马牵到水边，但不能强迫它喝水。随着"沉重的现代性"向"轻快的现代性"发展，

---

① 冯刚：《高校马克思主义大众化研究报告（2009）》，光明日报出版社，2009，第200页。

社会结构网格化、扁平化，国家由政治控制走向治理能力提升，个人主体性、独立性、创造性不断彰显，这就要求强调树立共产主义信念、确立马克思主义信仰等客位思维的同时，重视从主位角度出发。主位视角的预设是基于一种优势视角，肯定并相信人是追求进步、向往崇高的。因此，可以赋权给个体，让主体在追求自我的幸福中同时承担起更为广阔的国家和社会的使命，从"为己"的理想信仰中体味生命幸福的同时，生发出"为他"的情怀与责任，在"为他"的理想信仰中成就人生的厚度。

为此，如下方面值得重视：第一，精准思维。当前大众思想分化，精神需求多样，要把握大众的需求心理和接受习惯，强调精准思维。习近平总书记特别强调："要从细节处着手，养成习惯。如果对工作、对事业仅仅满足于一般化、满足于过得去，大呼隆抓，眉毛胡子一把抓，那么问题就会被掩盖。"①大众马克思主义信仰认同中需要把握农民和农民党员的个性化特质，需要触摸不同主体内心的焦虑，在此基础上，一朵云才能更好地推动另一朵云，一个灵魂才能更好地唤醒另一个灵魂。第二，弹性思维。一是要以弹性思维来理解马克思主义信仰的内容和结构。马克思主义信仰是核层面、幔层面和壳层面的统一。核层面一般指"唯物主义的世界图景，共产主义的远大理想，为人民服务的根本宗旨，自由而全面的人生追求"②，但核层面表达为幔层面和壳层面，幔层面和壳层面具有多

①《习近平在指导兰考县委常委班子专题民主生活会时强调：作风建设要经常深入抓持久抓，不断巩固扩大教育实践活动成果》，《人民日报》2014年5月10日。

②刘建军：《论马克思主义信仰的基本内容和主要结构》，《思想理论教育》2013年第2期。

样性和变动性，在不同时期马克思主义信仰是不断发展的。二是要以弹性思维来理解马克思主义信仰认同的评价标准。党员干部、知识分子、大学生、普通大众等不同群体境界不同，要求也不同。因此，不能抽象地确定一个认同标准，不同主体允许有不同层次的要求，有一个合理的区间。第三，底线思维。底线就是红线、警戒线和带电的高压线。多态个人信仰要坚守一个必不可少的"底线"，共产主义远大理想、社会主义共同理想不能动摇，中国特色社会主义的道路自信、理论自信、制度自信、文化自信不能弱化，社会主义道德核心和原则不能腐化。具体而言，党员干部要严守政治规矩，不能不信马列信鬼神；全体公民要严守法律法规，不能以信仰自由为借口突破法律底线。

三、农民党员理想信念教育的策略

第一，管好全体党员，抓住"关键少数"。首先，管好全体党员。习近平总书记指出："全党同志要强化党的意识，牢记自己的第一身份是共产党员，第一职责是为党工作，做到忠诚于组织，任何时候都与党同心同德。全党同志要强化组织意识，时刻想到自己是党的人，是组织的一员，时刻不忘自己应尽的义务和责任，相信组织、依靠组织、服从组织。"①党始终坚持党要管党、从严治党，严格党员日常教育和管理的同时，强化共产党人的身份意识和组织归属，使广大党员平常时候看得出来、关键时刻站得出来、危急关头豁得出来，充分发挥先锋模范作用。其次，抓住"关键少数"。习近平总书记指出："我一直认为，抓理想信念，最关键的是要抓好高级干部。""从一定意义上讲，信仰危机折射的是信任危机，根子在上

①《习近平谈治国理政》，外文出版社，2018，第395-396页。

面。"①领导干部是马克思主义信仰的倡导者、示范者和践行者，影响到普通共产党员对马克思主义的认知、心理上的认同、信仰上的追随。习近平总书记在学习贯彻党的十九大精神研讨班开班式上的重要讲话中明确指出，中央委员会成员和省部级主要领导干部必须做到信念过硬，带头做共产主义远大理想和中国特色社会主义共同理想的坚定信仰者和忠实实践者。

第二，教育与自我教育结合。一方面，加强党内教育。重视经常性的党内教育活动，比如党的群众路线教育实践活动、"三严三实"专题教育、"两学一做"学习教育、"不忘初心、牢记使命"主题教育等。重视规范组织活动，比如"三会一课"、民主生活会、专题组织生活会等。细节上重视通过各种党内经济、文化、日常生活等活动潜移默化地影响全体党员。另一方面，重视自我教育。坚定的理想信念，必须建立在对马克思主义的深刻理解之上，建立在对历史规律的深刻把握之上，才能做到真学真懂真信真用。习近平总书记指出："领导干部特别是高级干部要把系统掌握马克思主义基本理论作为看家本领，老老实实、原原本本学习马克思列宁主义……通过坚持不懈学习，学会运用马克思主义立场、观点、方法观察和解决问题，坚定理想信念。"②同时，"中国传统文化博大精深，学习和掌握其中的各种思想精华，对树立正确的世界观、人生观、价值观很有益处。"③总之，教育与自我教育结合，实现了以理服人和以学养人的辩证，形成以学养智、以学养德、以学养心的教育合力。

第三，推进国内和国际信仰生态的全面优化。信仰社会生态优

①《习近平谈治国理政》第2卷，外文出版社，2017，第402页。
②《习近平谈治国理政》，外文出版社，2018，第153–154页。
③《习近平谈治国理政》，外文出版社，2018，第405页。

良促进信仰建设，信仰社会生态恶化阻碍信仰建设。党的十八大以来非常重视优化国内信仰生态。首先，经济社会生态。在实现"两个一百年"和推进"四个全面"战略征程中，紧紧围绕民心民意改善民生，强调为人民服务的宗旨不能变。这充分彰显了一切依靠人民、一切服务人民、一切为了人民的执政理念和追求，是坚定理想信念的重要事实力量。其次，政治生态。政治生态是党风、政风、社会风气的综合反映。通过抓作风、反腐败、全面推进依法治国等努力营造正气弘扬、歪风邪气没有市场的政治生态。最后，文化生态。在互联网时代，面对西方思想入侵的中外之争，面对复古思潮的古今之争，党的十八大以来对社会主义文化强国建设做了系统的部署，召开了全国宣传思想工作会议、文艺工作座谈会、新闻舆论工作座谈会、网络安全和信息化工作座谈会、哲学社会科学工作座谈会等，文化生态不断优化。同时，十八大以来也重视国际信仰生态的优化。十八大以来中国道路有新发展，中国力量有新彰显，中国话语有新表达，中国贡献有新体现。比如2017年联合国安理会首次载入了"构建人类命运共同体"理念，辨明了世界发展方向，体现了中国担当，形成了世界共振。中国风格、中国气派、中国特色的中国话语不断取得了国际社会的共识，"西话主导、西强我弱"的国际霸权格局不断被打破。这极大地增强了共产党人的制度自信、道路自信、理论自信和文化自信，极大地增强了共产党人的信仰定力。

第六章

农村精神文明建设的亲和力及

提升策略

精神文明建设作为一个复杂的系统，不仅要研究建设什么的问题，而且要研究如何建设的内容。提升亲和力是增强精神文明建设实效性的关键，也是达成"立德树人"这一培养目标的根本要求。精神文明建设亲和力有利于教育对象对精神文明建设实践活动产生和谐感、亲近感、趋同感，是农村精神文明建设的重要议题。本章在讨论精神文明建设亲和力的内核和价值的基础上，从日常话语、日常交往和日常生计三个维度做了具体的分析。

第一节 精神文明建设亲和力内涵及其价值

提升精神文明建设亲和力在精神文明建设中的作用日益凸显。系统地分析精神文明建设亲和力的核心要素，构建具有精神文明建设特征的亲和力概念模型，对发展精神文明建设理论，对更好地培育和提升精神文明建设亲和力是极为重要的。作为一种教育实践活动，精神文明建设亲和力就是精神文明建设实践活动对教育对象所具有的亲近、吸引、融合的倾向或特征。精神文明建设亲和力要把作为精神文明建设要素中的非实体性要素、渗透性要素贯穿于教育过程始终。就其要素结构而言，精神文明建设亲和力是围绕人（教育者和受教育者）这一核心要素展开的系列要素的整体；当然，作为一种复杂的教育实践活动，精神文明建设亲和力也是有层次之分的，即表现为内在亲和力和外在亲和力两个层次，是内在亲和力和外在亲和力的辩证统一。本节试图从总体层面对精神文明建设亲和力的内涵和价值做简要论述。①

---

① 本节内容参见练庆伟：《思想政治教育亲和力研究》，福建师范大学硕士论文，2007年。

一、精神文明建设亲和力的内涵

（一）精神文明建设亲和力的定义及特征

"亲和力"一词源于化学和生物学术语。13世纪，炼金家阿尔伯特·马格纳（Magnus）提出了亲和力（affinity）的概念，认为亲和力是物质相互吸引的力量，是一种爱力，是姻亲关系。与化学上对亲和力的理解类似，生物学上的亲和力也是指一种物质与一种物质可逆结合的水平和能力，例如抗原和抗体、酶和底物或辅酶、激素和受体、RNA 和其互补的 DNA 等结合的现象都是以这种亲和力为基础。

随着学科的高度分化和综合发展，"亲和力"一词逐渐引入到社会科学，尤其在心理学、教育学上被广泛使用。《现代汉语词典》中对"亲和力"的解释是：两种物质结合成化合物时相互作用的力（商务出版社，1992版）。在心理学上则将之定义为："人与人相处时所表现出来的亲近行为的动力水平和能力。""亲和力"一词在教育工作中得到较多的使用，我们的视角也主要投射于教育工作中的理解。学者们对其有不同的诠释，概括起来主要有以下3个方面：第一，亲和力是真爱。这是从情感方面来理解亲和力的，但在具体的诠释中不同学者又有不同的切入点：一种观点认为，亲和力本质上是一种真爱的情感。只有发自肺腑地爱孩子，才能真正地亲近孩子、关心孩子，才能激发孩子追求美好的生活，愉快地学习。另一有代表性观点的立论角度则相对宏观，认为，"亲和"是一种思想文化、道德文化，是一种人文精神。同时，这种观点还认为它与儒家的仁爱思想有千丝万缕的联系。因为"仁，人也"。《说文》解释为"仁，亲也，从人从二"。合起来理解，"仁"指的是人与人之间的联系，是发自内心的对别人的爱。第二，亲和力是亲近与结合的力量。对此，主要有两种代表性的论述：一种观点认为，亲和力是人与人交往时相亲近的心理倾向力，是亲近与结合的力量，是一种心理需求能力，是使人参与团体活动，彼此接纳、彼此影响、相互包容、相互吸引的内在动力。就亲和力和吸引力、感召力三者而言，亲和力处于认知、情感、信仰、意志、行为发展的最低层次，吸引力处于中间层次，感召力处于最高层次；当然，三者也是相辅相成的，亲和力是吸引力、感召力产生的前提；吸引力、感召力又能促进亲和力的提高。另一种观点则认为，亲和力是指思想政治工作者与工作对象之间的黏合力。这种黏合力的强弱取决于思想政治工作者是否尊重人和关心人。只有在工作实践中增强了思想政治工作的三力，即亲和力、沟通力、说服力，才是真正做到以人为本。第三，亲和力是涵容度。这种观点认为亲和力反映的是工作主体与受体之间的紧密感、亲切感、信任感、互动性和接受度。当某一工作主体的意见、观点等能够在自然而然中被受众所接受，这就意味着工作主体与受体之间已经有了亲和力。当然，也有的观点认为，亲和力即是"对距离的想法"，其最基本的功能就是与其他物体占有或者共享同一个空间的能力。从上述学者的不同理解我们可以看出，目前在教育工作中所用的亲和力广泛地借鉴心理学上的界定，基本上都可归结为"亲和力是指在人与人相处时所表现的亲近行为的动力水平和能力"。

在思想政治教育领域，学者们对亲和力的界定主要有三种观点：第一种观点认为，德育亲和力是指德育工作者以自己特有的素质，通过优化德育环境，创新德育观念和德育内容，改进德育方法和德育评价机制，在德育过程中所产生的一种亲近与结合的力量，一种心理需求能力，一种感染、凝聚、吸引、感召的力量。第二种观点认为，思想政治工作中的亲和力，既是指通过思想政治工作者的各种努力使思想政治工作不断彰显出来的独特的吸引力和凝聚力，又是指思想政治工作者所必须具备的重要品格。作为吸引力和凝聚力，亲和力是真理的力量、知识的力量、人格的力量和艺术的力量的和谐统一，是思想政治工作者在工作过程中引导力、转化力、纠错力、团结力、吸引力的综合展现。第三种观点认为，思想政治工作的亲和力，是指思想政治工作主客体之间的信任感和凝聚力，增强新时期思想政治工作的亲和力，是由思想政治工作的"人本"特点和新时期的新情况决定的。从目前的研究来看，尽管人们都认为亲和力很重要，但对这一问题的探讨多从单一角度分析，且各执己见。

综上所述，作为一种实践活动，精神文明建设亲和力就是精神文明建设实践活动对教育对象所具有的亲近、吸引、融合的倾向或特征，以及教育对象对精神文明建设实践活动产生的和谐感、亲近感、趋同感。主要有如下特征：

第一，精神文明建设亲和力是精神文明建设要素中的非实体性要素、渗透性要素。如果将精神文明建设主体、客体和环境作为精神文明建设诸要素中的实体性要素，那么，精神文明建设亲和力就是诸要素中的非实体性要素。前者构成了精神文明建设的"硬件"，后者则是"软件"，两者相互支持，相互调动，构成一个整体。作为渗透性要素，精神文明建设亲和力主要体现在对人的情感的作用上。精神文明建设实践的所有活动都是面向教育对象，引导教育对象的；而人是有情感的，"没有'人的感情'，就从来没有也不可能有人对于真理的追求①"。也就是说，具备亲和力的教育实践活动不仅容易得到教育对象的认可和理解，而且还有助于教育对象抵制或缓解不良环境的冲击和影响。反之，受教育者就会产生"抗药性"，就难以收到应有的教育效果。所以，精神文明建设亲和力作为一种亲近、吸引、融合的能力，也就体现为对教育对象的情感的感染力，这成为精神文明建设亲和力的本质特征。

第二，精神文明建设亲和力是精神文明建设实践的整体合力。在很多时候，谈到精神文明建设亲和力就理解为精神文明建设工作者亲和力。无疑，教育工作者亲和力是精神文明建设亲和力中最本质、最重要的组成部分，但是精神文明建设亲和力是"以唯物辩证法关于全面的观点、联系的观点和发展的观点为指导，运用系统论的方法，把各个方面或各种方法的精神文明建设有机联系起来，使之成为具有最佳教育作用的教育整体"②的实践活动。精神文明建设亲和力结构中各要素之间不仅具有紧密的关联，任何一个要素发挥作用都离不开其他要素的配合；而且它们之间还是一种矢量叠加关系（即各要素间具有方向性），亲和力水平取决于这些不同方向的力的协调结果。

第三，精神文明建设亲和力不是静态的，而是动态的。哲学强调事物是发展变化的，精神文明建设亲和力也不是静止的而是动态的。一方面，精神文明建设亲和力结构各要素是互补的动态结合，正是这种动态性使其成为了一种生长力，而具有了"自举"的功能；另一方面，精神文明建设亲和力不是一个起点也不是一个终点，是会随着精神文明建设生态的变化而不断更新的，否则，已形

① 《列宁全集》第25卷，人民出版社，2017，第117页。
② 郑永廷：《思想政治教育方法论》，高等教育出版社，2001，第175页。

成的亲和力优势就会被替代。

（二）精神文明建设亲和力的结构

结构是系统中诸要素之间相互联系的组织形式，具有整体性和可变性。从系统论的观点来看，要理解一个整体或系统不仅需要了解其各个部分，还要了解它们之间的关系。因此，对精神文明建设亲和力结构的研究就要把精神文明建设亲和力作为若干相互作用和相互依赖的要素组成的有机整体来研究。

第一，精神文明建设亲和力的要素分析

在精神文明建设的实践过程中，教育者在整个精神文明建设活动中处于主导地位，是活动的组织者与实施者，教育对象最先感知和体味的就是教育者的为人、处事、学识、教养等，这在某种程度上决定其对教育者所教内容的态度，因而精神文明建设亲和力最直接表现为教育者亲和力。与此同时，教育对象的亲和力也成为精神文明建设亲和力不可或缺的要素之一。因为"在思想政治教育活动中，教育对象是双重身份的统一体。对于教育者的施教活动而言，教育对象表现出客体身份的一面……在接受、实践思想政治教育内容的过程中，教育对象则以主体的身份出现，他自觉能动地以主体视角体察教育者的实际活动及其所表达的意义，以自己的认知图式诠释、选择、内化教育者所传递的思想政治教育内容，并通过自己的实际活动来实践思想政治教育内容所具有的行为指令意义"①。所以，教育对象不仅是精神文明建设亲和力的重要影响要素之一，而且也是精神文明建设亲和力的重要展示平台。但是，正如前文所述，学者们以往的研究大多只着眼于教育者的亲和力，而对教育对象的亲和力则没有将其独立出来进行思考。

---

① 沈壮海：《思想政治教育有效性研究》，武汉大学出版社，2002，第79页。

毫无疑问，教育者和教育对象的亲和力是精神文明建设亲和力研究中必然包含的内容。因为，这两个要素是"人"的要素，是能够表达情感、具体展示教育实践与教育对象之间相互亲近、相互吸引的状态的要素。但是，如果我们对精神文明建设亲和力的认识仅限于此的话，那么，还是不深入、不全面的。从静态上看，精神文明建设的实践活动由以下要素构成，即教育者、教育对象、教育目的、教育内容、教育载体、教育方法、教育情境等；因而，精神文明建设的亲和力要素还应包括"物"的要素，即还应体现为教育目的、教育内容、教育载体、教育方法、教育情境等方面的亲和力。教育目的、教育内容的亲和力如上所述体现"真理性的知识"，必然发挥着亲和力的作用。而教育载体、教育方法和教育情境等要素虽然不能直接进行情感表达，但它们却实实在在发挥着吸引或排斥、推动或停滞、促进或阻碍等"力"的作用。如：文明的校园环境、积极向上的学术氛围等良好的教育情境与教育的内容、教育者的人格魅力相结合，产生"强化"了的亲和力。而不良的教育情境下，不管内容的真理性再强、教育者的人格魅力再大，其作用力也会相互排斥，使精神文明建设黏合力削弱。以往我们在精神文明建设亲和力的定位上重视"人"的要素，忽视"物"的要素；或者说是没有将"物"的要素提升到亲和力的必备要素上去认识，导致在实际的精神文明建设活动中忽视教育的客观条件，这种倾向应当得到扭转。

综上，精神文明建设亲和力是由教育者、教育对象、教育目的、教育内容、教育载体、教育方法和教育情境等亲和力要素构成的。必须说明的是，我们只是为了研究的方便对其进行分解，实际上，精神文明建设亲和力的诸要素并不是分散无机的，它们是一个统一的整体。精神文明建设的亲和力正是各要素交互作用的结果，是其合力的最终体现。

第二，精神文明建设亲和力结构分析

精神文明建设系统的性质，不仅取决于它由什么样的要素所组成，更重要的，取决于系统各要素之间相互联系、相互作用的关系及方式。因此，我们对精神文明建设亲和力进行系统分析时，不但要分析其要素，更要重视其系统结构的分析。

精神文明建设亲和力构成分析。从精神文明建设亲和力内在诸要素之间相互联系、相互作用的方式和秩序来看，各要素之间存在着密切的相互联系、相互作用的关系。无论是作为"人"的要素的教育者和教育对象，还是作为"物"的要素的教育目的、教育内容、教育载体、教育方法和教育情境，每个亲和力要素都不可能独立存在并发挥作用，只有在同其他要素的相互联系中才能体现出其价值。通过前文对精神文明建设亲和力要素的分析，可以看出：每一个要素都是在同相关的要素相联系中得到体现和规定的。一般来说，教育目的和教育内容的亲和力是基础，教育方法和教育情境的亲和力是条件，教育者和教育对象的亲和力是直接体现者。另外，精神文明建设主要由政治教育、道德教育、思想教育、心理教育等几方面组成的，同时在具体运行过程中所突出的重点又有所不同，因而上述各亲和力要素可能形成不同的组合方式，形成不同的结构。

精神文明建设亲和力层次分析。精神文明建设亲和力是有层次之分的，即表现为内在亲和力和外在亲和力两个层次，是内在亲和力和外在亲和力的辩证统一。精神文明建设的内在亲和力就是真理的力量，这是精神文明建设亲和力发生作用的基础和前提。求真，是每一个理性的社会人人生发展的内在需要，从这个意义上说，真理的力量与人的需要是内在的、吻合的、亲和的。精神文明建设内容的真理性对于人们来说，它具有内在的感召力，这种感召力作为本质力量，指导着人们人生实践活动的提升和丰富。而且，也正是这种本质力量决定了精神文明建设亲和力不是迎合力，不是黏合力，而是具有方向性的引导力。精神文明建设的外在亲和力就是将真理诸要素统一起来的结构及表达方式，具体体现为人格的魅力、载体的相宜、教育的艺术及过程的和谐等。外在亲和力对于精神文明建设来说也是必不可少的，是真理传导的必要方式。因为真理作为理性认识的成果，其表现形态往往是抽象的、严肃的，外在亲和力的作用就在于帮助人们撩开真理的面纱，微笑地引领人们步入真理的殿堂。精神文明建设亲和力这两个层次又是相互关联的。其中，内在亲和力决定了外在亲和力，而外在亲和力则展示和表达了内在亲和力。

通过以上分析，我们可以看出精神文明建设亲和力不仅仅是人们以往所认识的那样，亲和力仅具有工具性价值，而是内在亲和力和外在亲和力的统一。精神文明建设亲和力更具有内在的、独立的真理价值，正是其内在亲和力决定着精神文明建设亲和力的学科特性。

第三，精神文明建设亲和力的生成过程

事物不仅是普遍联系的，而且是发展变化的。对事物的认识"不能只是孤立地研究部分和过程，还必须解决使它们统一起来的组织和秩序中发现的决定性的问题——来自各部分的动态相互作用，并使孤立研究与整体研究的各部分的行为有所不同"[①]。作为人类

---

① ［美］贝塔兰菲：《一般系统论》，秋同等译，社会科学文献出版社，1987，第26页。

教育实践活动，精神文明建设也不是平面静态的，实际的精神文明建设活动是鲜活的、动态的。这就意味着，精神文明建设亲和力也不是固有的、一成不变的，精神文明建设亲和力是多种要素交互作用的生成和发展过程。

在空间上，精神文明建设亲和力是一种"整体合力"，是与教育者、教育对象、教育内容、教育方法和教育情境等要素联系到一起的，同时与精神文明建设环境也是密不可分的。精神文明建设亲和力的生成是多种要素交互作用结果，包括：教育者传递的思想道德价值与受教育者的价值观念的分化与整合，教育者所传递的内容与环境影响的消解与强化，真理的力量与教育者的人格力量的吻合与错位，教育的过程及机制与内容的"协同"与否，等等。在时间上，作为一种过程，精神文明建设亲和力又是"动态力"，是随着时间的推移、环境的变化和对象价值的更替而随之发生变化的。作为这个过程的结果和终点，精神文明建设亲和力最终体现为对受教育者的引导力、转化力，即结果的有效性。总之，精神文明建设亲和力的生成正是各要素在空间上的动态结合、在时间上的持续性发展的"三维"结构中实现的。精神文明建设亲和力的"三维"综合展现可用下图表示：

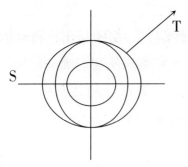

图6-1　精神文明建设亲和力过程分析

空间维度（Space），表明精神文明建设亲和力是以内在亲和力为核心由不同层次、不同方面，但又是相联系的、互动的要素构成；精神文明建设亲和力正是它们"协同"作用产生出的"合力"。

时间维度（Time），表明精神文明建设亲和力又是动态的，各要素交错配置、首尾衔接，成为连续性的教育序列，在时间上达到完美契合；从而亲和力像"滚雪球"一样，随着教育实践的展开而丰富，其作用力也是由表及里逐步发展的过程。

综上所述，当我们深入到精神文明建设过程内部，解析精神文明建设过程的内在发展状态时，我们可以发现精神文明建设亲和力是以教育者和教育对象为主体并分别以对方及其他相关精神文明建设亲和力要素为客体的动态发展着的系统。这一动态系统整体功能的实现过程也就是精神文明建设亲和力的生成过程，是精神文明建设亲和力诸要素的效能由潜在状态向现实状态转化的过程。

二、精神文明建设亲和力的价值

第一，精神文明建设亲和力是精神文明建设有效性的基石。精神文明建设与一般的知识教育不同，它是人类价值认识的结果；而价值认识也不像科学知识一样是由认识的客体决定的，它主要依赖主体自身的能动性，进而实现主体性和客体性统一的终极目标。因此，如果以人为中心项的话，精神文明建设实践活动是人的思想道德素质提高的外部作用。然而，外部的作用并不一定都能引起主体的充分反应，主体的充分反应是需要一定的条件的。恩格斯在《路德维希·费尔巴哈和德国古典哲学的终结》一文中指出，行动的一切动力都一定要通过他的大脑，一定要转变为他的愿望的动机，才能使他行动起来。西方学者托尔曼（E.C.Tolman）也认为，刺激是自变量，反应是因变量，在刺激与反应中间还有认识、期望、目的等作为中间变量，虽然它们不能被直接观察到，但它们是行为的实际决定因子。因此，他提出必须把S—R理解为S—O—R关系（其中

S表示信息刺激，R表示接受反应，O代表有机体内部正在进行的东西）。[1]从恩格斯与西方学者阐述的外部刺激促使主体产生实际行动的"运动图式"中，我们可以看到主体产生良好反应正是以主体的内心活动（即"中间变量"）作为重要条件的，而且还是"决定因子"。在精神文明建设实践中，我们面临的"吃力不讨好"的尴尬也从某种程度上印证了这一点。所以，作为一种外部力量，精神文明建设的实践活动要产生良好的效果也必须注意充分发挥"中间变量"的效能，才能使教育对象接受特定价值观念并内化。也就是说，我们的精神文明建设实践必须具有吸引力和融合力，从而使教育对象在情感度量时具有亲近感，我们的教育实效性才能彰显；相反，如果我们的精神文明建设实践活动不具有吸引力、亲近感并与教育对象处于不和谐状态，建设成效就十分有限。

综上所述，精神文明建设作为人的思想道德形成过程中的外部因素，其作用的发挥并不是简单的"靶子模式"即"刺激—反应"结构。精神文明建设实践产生的是"复合效应"，其中精神文明建设"亲和力"的有或无、强或弱，均成为精神文明建设成功与否的"决定因子"。当精神文明建设实践与教育对象相宜，具有亲和力，则教育活动呈正效应；反之，则产生负效应。这就是说，亲和力是精神文明建设有效性的前提和基础。

第二，转型期社会生态变迁呼唤精神文明建设的亲和力。目前，我们正处在一个从传统社会向现代社会全面转型的时期。我们的社会在经济、政治、文化及价值观上都已经或者正在发生深刻的变迁。同时，各种新兴因素也不断呈现：传统的"熟人关系"进一步被"生人关系"打破；网络虚拟环境、传媒环境、竞争环境的影

---

① 莫雷：《20世纪心理学名著》，广东高等教育出版社，2002，第622页。

响进一步彰显；大众文化也进一步影响着我们的生活……如此种种的变迁成为我们所面临的环境，也构成了全新的德育生态。德育生态的变迁对教育的影响是多样的：一方面，多元的精神文明建设生态形成价值和行为标准的多元。在这样的变迁中，价值和行为标准需要重新确立，正如英国社会学家安东尼·吉登斯所说："转换的每一个片段都倾向于变成一种认同危机，并且个体常常会通过反思来认识这种危机。"①也就是说，在价值范式解体与重构的精神文明建设生态中，个体价值确立需要精神文明建设提供正确的"参照系"。另一方面，全新的精神文明建设生态使其作用不断"强化"。作为影响人思想道德形成与发展的外部因素，环境通过"反复强化、综合强化和累积强化"②，使其在现代社会对人的思想和心理的作用不断得到"强化"。为了避免环境作用强化对精神文明建设所形成"耗散力"，我们可以努力适应多元环境的要求，从而达到"同性同向强化"的效果。但是，由于精神文明建设是有目的、有计划的实践活动，它与环境作用的自发性和无目的性是相冲突的，因此，如果我们的教育一味地"适应"这样多元的环境则可能迷失方向，同样会产生消解作用。

转型期教育生态的变迁对精神文明建设提出了严峻的挑战，因为精神文明建设时空的相对固定使精神文明建设在强化综合作用方式方面不能与现实环境结合，在内容的传递上也无法与环境中的信息积累相匹配，单调可能引起教育对象对反复强化的反感。因此，面对价值标准的多元与作用强化的现实，只有精神文明建设具有亲

---

① ［英］安东尼·吉登斯：《现代性与自我认同》，赵旭东、方文译，三联书店，1998，第174页。

② 李辉：《现代思想政治教育环境研究》，广东人民出版社，2005，第5页。

和力，才能使正确的"引导力"在与环境"牵引力"的博弈中胜出，使教育对象在选择、权衡中确立正确的"参照系"，实现正确的引导；否则，在与各种价值的碰撞中就有可能落于下风，从而影响其导向作用。

第三，主体意识及务实精神的张扬呼唤精神文明建设的亲和力。改革开放以来，尤其加入WTO以来，中国社会产生了广泛而深远的变革，不仅仅是经济的变化，更重要的是人与人关系的变化，个人、社会与国家关系的变化，"伦理型"向"契约型"转变的变化。这种变革对农村农民思想领域也形成了巨大冲击，从根本上改变了他们的心理特征、思维习惯。首先是自我意识的张扬。作为跨世纪的当代农村农民，社会主义市场经济建设以极其明快的方式使他们认识到自我的存在，认识到自我的自由、权利、利益、尊严和责任。这种自我意识的张扬强调了人是历史的主体，强调了自我的主动性、积极性、实践性和建设性，这些构成了发挥人潜能的内在基础，但是，与此同时他们也不再轻信权威，他们对灌输越来越缺乏热情。其次是开放务实精神的彰显。当今，市场经济所遵循的平等交换等法则正逐渐转变为人们的思想和行动的内在标准，重务实、轻空言，重平等、轻权威的理念已成为当代人的强烈共识，注重在社会的发展中实现自我成为主流意识。

而纵观我们多年来的精神文明建设，存在将精神文明建设主体当成教育实践的主宰，在信息的收集、剪裁和舆论导向的把握上拥有绝对权威的现象。所以，面对主体意识和务实精神的不断彰显，精神文明建设与社会发展的不适应性被放大，其滞后性进一步凸显。作为必然结果，精神文明建设的效果进一步弱化，例如：表面的顺从和认同掩盖了教育对象内心的困惑和矛盾，直率的逆反心理和行为导致教育的冲突和不和谐状态。这种弱化倾向是多方面的，后果也是严重的。因此，精神文明建设相对滞后的、弱化的僵局应当被具有亲和性、吸引性、融合性的"教育和谐"所打破。精神文明建设只有充分张扬亲和力，让人们彼此相互信任、相互亲近，才能真正调动主体的能动性，实现精神文明建设各要素之间协调的"和谐教育"，从而产生和增强精神文明建设的导向性作用。

综上分析，亲和力是精神文明建设有效进行的前提和基础，是精神文明建设有效性的重要基石。精神文明建设的主、客观条件决定了精神文明建设亲和力在精神文明建设中的作用尤其重要，是改善当前精神文明建设很好的"切入点"。

三、精神文明建设亲和力培育的原则

培育与提升精神文明建设亲和力是当前精神文明建设有效拓展的一个关键。然而，如何使精神文明建设亲和力形成张力，这既是一个理论问题，更是一个实践问题。

第一，坚持主体性原则。归根结底，精神文明建设是价值观的教育，而价值认识却是依赖主体自身特殊性的，其认识终极是主体性与客体性的统一。因此，教育者、教育对象与精神文明建设亲和力的提升是密切相关的。一方面，精神文明建设亲和力的有效展开，很大程度上依赖于精神文明建设主体的主体性发挥程度。精神文明建设主体在精神文明建设过程中处于主导性地位，发挥着主导性作用。对于主体性在精神文明建设活动中所具有的意义，马克思有过类似的论述："我的对象只能是我的一种本质力量的确证……任何一个对象对我的意义（它只是对那个与它相适应的感觉说来才有

意义）都以我的感觉所及的程度为限。"①另还指出"如果你想感化别人，那你就必须是一个实际上能鼓舞和推动别人前进的人"②。另一方面，在精神文明建设活动中，教育对象是双重身份的统一体，既表现为教育客体，又表现为教育主体，所以教育对象主体性的发挥对精神文明建设亲和力也是至关重要的。因为作为以实践为存在方式的人所具有的不是一般客体具有的"普遍的反映特性"。正如列宁所说："人的意识不仅反映客观世界，并且创造客观世界。"③也即，没有相应的主体意识和能力，教育对象不可能有在相应的限度中领会精神文明建设内容的能力，不可能生成积极的自我意识和接受意愿。所以，教育对象同样对精神文明建设亲和力有直接影响，教育对象愿意接受并内化的情感上的量度也必然衡量着精神文明建设亲和力的高低。总之，主体性原则是教育者的主体性、受教育者的主体性的有机构成。作为"人"的要素，他们在教育活动中的对象性关系都表现为自主性、能动性和创造性。就教育者的主体性而言，主要表现为：对自身素质的不断提高，对受教育者的全面认识，对教育介体的科学运用，对教育环境的优化与开发。就受教育者的主体性而言，主要表现为：自我教育，自我提高的主动意识，对教育目的价值认同，对教育活动的积极互动。

第二，坚持整体性原则。古希腊伟大的思想家亚里士多德曾说过："整体大于它的各部分总和。"黑格尔也说："没有整体，便没有部分。"精神文明建设亲和力是一个有机的整体，具有整体性特征，任何一个要素发挥作用都离不开其他要素的配合。培育精神文明建

---

① 《马克思恩格思全集》第42卷，人民出版社，1979，第126页。
② 《马克思恩格思全集》第42卷，人民出版社，1979，第155页。
③ 《列宁全集》中文第2版第55卷，人民出版社，2017，第182页。

设亲和力要考虑充分发挥不同要素的不同职能。具体注意以下三个方面：首先，精神文明建设亲和力各要素的协同①。在精神文明建设亲和力各要素中，不同的教育要素担负着不同的职能，产生不同的效能。如果这一系列要素是无机分散的话，那么，精神文明建设亲和力就不仅不能很好地体现出来，甚至各要素之间的"冲突"极有可能产生"消解"作用。正是由于当前精神文明建设亲和力各要素差异较大，存在相互抵消，而不能形成很好的"合力"。因此，作为一个有机整体，精神文明建设各要素不管在时间上，还是在空间上都要保持"协同"。其次，寻找教育者和教育对象的"契合"点，即在哪一点上教育者与教育对象能够产生共鸣，从而激发相互亲近、相互吸引、相互融合的欲求。精神文明建设过程中教育者和教育对象都是"活"的要素，其互动水平也影响到其他要素，所以他们主体性的发挥程度必然影响到精神文明建设亲和力的水平。也即，亲和力充分发挥的关键就是教育者和教育对象的契合与互动，当然，这种"协同"点的确定，不是孤立的，它必须结合教育内容的深浅、教育方法与手段的多寡、教育情境的良莠等具体条件而定。最后，影响人们思想政治素质形成的诸要素的协同。在人的思想道德形成过程中，精神文明建设起到有计划、有目的、有组织的正面作用，但是，精神文明建设只是影响人的思想政治素质产生、发展和变化的外部条件之一。一般来说，任何人特定思想政治素质

---

① 陈秉公在《思想政治教育学》一书中认为，"思想政治教育诸要素，在空间上的一致性和时间上的连续性同思想政治教育的有效性之间呈正比例""所谓要素协同规律，是指要实现思想政治教育的有效性，必须使思想政治教育的诸要素，在空间上保持一致性，在时间上保持连续性。"（陈秉公：《思想政治教育学》，吉林大学出版社，1992，第157-158页。）

的形成，既有教育者精神文明建设行为与非精神文明建设行为的影响，又有其自身思想政治素质与其他素质发展的影响，还有诸如家庭、学校和社会各种力量之间的影响。总之，影响人们思想政治素质形成的要素是多样、多维的复杂系统。所以，强调精神文明建设内在各要素的协同的同时，也要强调外部各要素的协同，只有这样才能真正促进精神文明建设亲和力的不断提升。

第三，坚持可持续性原则。这一原则是由精神文明建设亲和力的动态特征决定的。精神文明建设亲和力生成过程是精神文明建设者通过各种努力传递价值体系的过程，也是教育对象发挥其主观能动性内化并践行社会价值要求的过程。这个双向互动的过程，既首尾相连，又层次分明，就如同一个个环节组成的链子。可持续性原则正是连续性和阶段性的统一，具体要注意以下方面：其一，前后的连续性。就空间维度而言，各种亲和力要素的相互作用、相互匹配可以形成精神文明建设亲和力的"合力"。同时作为一个双向互动的过程，也是离不开时间维度的。一个过程的结束意味着另一个过程的开始，在下一个精神文明建设活动中，亲和力将得到进一步的连贯和延续。其二，前后阶段性。由于精神文明建设是一个具体的实践活动，它在开展的过程中将会受到来自主观和客观方面的干扰，如主体的身心变化、客体的环境变化等，因此，精神文明建设亲和力的发挥还需要时间、过程的反馈、检验、调整和补充，使之有一个纵向的飞跃。当然，我们这里指的飞跃并不是漫无边际的，而是指围绕一以贯之的"中轴线"的教育过程的"同心圆"。其三，反对两种错误倾向。一方面是否定发展中的连续性，另一方面是否定发展中的阶段性。只有这样才能保证精神文明建设亲和力的生成呈现良性循环态势。

　　第四，坚持相宜性原则。精神文明建设总是与一定的环境联系在一起并形成互动的。现代社会环境对人们主观世界的影响越来越复杂和突出。正如前文所述，精神文明建设环境对精神文明建设亲和力产生多元影响，可能是向心力，有利于精神文明建设亲和力的提升；也可能是离心力，对亲和力提升产生消极影响。所以，精神文明建设的亲和力与所处环境之间的相宜性和相互支持性是直接相关的，这种相宜性正是精神文明建设亲和力得以提升的重要保证。在此，相宜性有如下几个方面：精神文明建设定位与特定教育环境相宜；精神文明建设目标、内容与特定教育环境相宜；精神文明建设载体与特定教育环境相宜；精神文明建设方法与特定教育环境相宜。

　　综上所述，主体性原则、整体性原则、可持续性原则和相宜性原则四个方面，在培育和提升精神文明建设亲和力中起着导向和规范的作用，带有宏观的指导意义。努力把握以上原则并弄清其内在的必然联系，对于切实提升精神文明建设亲和力有不可忽视的方法论意义。但是仅此还是不够的，还需要我们以此为依据提出切实可行的措施以明确精神文明建设亲和力的着力点。

第二节　日常话语与农村精神文明建设

日常生活是一个广泛使用且具有很强解释力的概念，简而言之，日常生活就是指维持个体生存和再生产的各种活动和要素的总称。日常生活与非日常生活是相对应的，日常生活之于个体是最为熟悉和得心应手的实践，熟悉性是其最突出的特性，同时日常生活还具有重复性、自在性和经验性。日常生活的这些特性不仅有利于实现教育目的，而且也与农民生活特点有很高的契合性。因此，基于日常生活的农民精神文明建设是提升教育亲和力的重要维度。日常生活大略包括蕴含日常话语、礼尚往来等的日常交往和衣食住行的日常生计。日常话语、日常交往和日常生计并不是截然分开的，但是为了叙述方便，下文将分三节分别论析日常生活视域下农民精神文明建设亲和力提升的问题。

一、日常话语及其精神文明建设价值

"话语"有广、狭之分。狭义的"话语"是话语分析（discourse analysis）的对象，指"它可以是一个词、一个句，也可以是句以上的单位，如段落、段落群等"①。本文从广义的角度理解话语，主要指人们的言语和所说的话。《辞海》把话语解释为："运用中的语

---

① 劳允栋：《英汉语言学词典》，商务印书馆，2005，第549页。

言，其构造单位相当于句子或大于句子的言语作品。"①日常话语就是人们在日常生活中广泛使用的言语和所说的话。话语是思想的"外衣"，是思想掌握群众的"酶"。如何用合理的话语"掌握群众""说服人"，以话语融通激发思想的共鸣，是精神文明建设的"情商"。

第一，日常话语本身就是一种教育力量。从语言本身来看，索绪尔认为："一个民族的风俗习惯常会在它的语言中有所反映，另一方面，在很大程度上，构成民族的也正是语言。"②德国著名学者洪堡也有类似的表述："一个民族的语言就是他们的精神，一个民族的精神就是他们的语言。"③钟敬文主编的《民俗学概论》中认为，民间语言本身是一种民俗现象，是民众出于生活需要而约定俗成并长期享用的文化，它作为模式化的口头表达习惯规范着和服务于民众的生活。同时，民间语言也是民俗的重要载体，承载着大量的物质生活民俗，民间语言反映着民间组织、制度层面的习俗和一些民俗活动，民间语言记载着民众的经验、信仰、伦理等精神民俗。④他们的论述表明，话语本身就是一种教育力量和教育的承载体，不同的话语可能形成不同的教育力量，承载着不同的内容。比如：上课的时候，当授课教师讲完一个问题，有的教师会问"你们听懂了吗?"有的教师则会问"我说清楚了吗?""你们听懂了吗"的问法隐含着一种居高临下的姿态，往往要求学生听话或者喜欢"听话"的好学生；"我说清楚了吗"的说法表达出伙伴式的共同成长的姿态，

---

① 《辞海》（上），上海辞书出版社，1999，第1125页。

② ［瑞士］索绪尔：《普通语言学教程》，高名凯译，商务印书馆，1985，第43页。

③ 刘润清：《西方语言学流派》，外语教学与研究出版社，2002，第57页。

④ 钟敬文：《民俗学概论》，上海文艺出版社，2009，第299-300页。

表现出来的教育教学行为则更尊重学生的主体性和能动性。换句话说，不同的话语承载着不同的教育理念，不同的教育理念规范着教师的教育实践活动。

在长期的革命、建设和改革实践中，中国共产党人高度重视并充分运用话语的教育力量。1915年陈独秀创办《青年杂志》，一年后更名为《新青年》。1917年李大钊在《新青年》发表《青春》，号召青年"以青春之我，创造青春之家庭，青春之国家，青春之民族，青春之人类，青春之地球，青春之宇宙"①。民主、科学、青春等话语开始深入人心。之后，上海共产主义小组创办的《共产党》月刊发出了"共产党万岁""社会主义万岁"的口号。这些马克思主义话语的启蒙，深刻影响了一批有为青年。战争时期，遵义会议确立了毛泽东在红军和中国共产党中央的领导地位，新鲜活泼的、为中国老百姓所喜闻乐见的中国作风和中国气派的话语不断丰满。比如：1938年10月，毛泽东在扩大的六届六中全会上做了题为《论新阶段》的政治报告，正式使用了"实事求是"这个概念；1944年毛泽东在张思德追悼会上提出了"为人民服务"的话语；1945年毛泽东在延安干部会议上所作的《抗日战争胜利后的时局和我们的方针》演说中提出了"自力更生"的话语。再比如，新中国成立后"百花齐放，百家争鸣""鼓足干劲，力争上游，多快好省地建设社会主义""人民公社好"等口号标语。改革开放后，话语体系一改以往"文化大革命"时代的革命话语体系，如"实践是检验真理的唯一标准""以经济建设为中心""不管白猫黑猫，捉住老鼠就是好猫"等。党的十八大以来，中华民族伟大复兴的中国梦，确立了新时代中国人民前进的方向，激发凝聚了全体人民的力量。总之，中

---

① 李大钊：《青春》，高等教育出版社，2010，第96页。

国共产党充分利用话语体系，积极调控民众心理，整合各种社会资源，"话语的动员、团结、支持以及排斥功能得到了充分的发挥"。"从而培养了国家观念、民族意识、集体精神，在革命和建设中学会了自我利益服从国家利益。"①

　　第二，日常话语提升教育的鲜活性。话语性质上，与日常话语相对应的是官方话语，从这个意义上说日常话语具有民间性，日常话语中的话语权主要指通过语言平等地表达思想的"权利"，而不是具有官方色彩、与权力机构密切相连的"权力"。换句话说，日常话语没有让人屈从的强制力量，但是具有彼此融通、心理共鸣的亲和力。话语资源上，日常话语的话语资源是与人们的日常生活息息相关、密切相连的"资源库"，而不是高度抽象或者抽离生活的"数据库"。日常话语不仅有自己的语言特点，而且在日常生活中大量且广泛使用。因此，日常话语虽然没有庞大的话语资源处理机构而可能略显庞杂，但是因为来源于生活实践，具有通俗易懂、生动活泼、丰富鲜活等独特优势。话语形式上，表现为口头语和书面语的区别。从表现形式看，与日常话语相对应的是书面话语，从这个意义上说日常话语具有特色化的突出特征。日常话语"是在民众口头流传的活的语言，通俗明快，轻松活泼，与文雅庄重的书面语言有明显差别。同样的意思，口语和书面语可分别用不同的词语来表达。口语词'蔫巴''熊包''眼馋'，对应于书面语的'枯萎''怯懦''艳羡'；民间谚语'不怕不识货，就怕货比货'，对应于书面成语'相形见绌'；口头惯用语'老掉牙''穿连裆裤'，对应于书面成语

---

① 姚朝华、谷超：《有声的中国：中国共产党话语体系变迁及发展探要》，《上海大学学报》2015年第3期。

'明日黄花''狼狈为奸'"①。可见，日常话语具有平等性、鲜活性和活泼性，这使作为教育载体的话语具有教育的亲和性。

善于运用老百姓愿意听、听得懂的话语是中国共产党精神文明建设的重要经验。井冈山革命时期，在红四军内有宣传兵"担任口头宣传，凡是红军所到之处，均手持红旗或标语传单向群众宣传，到了城市便大街小巷或挨户进行个别宣传，或召集群众大会进行宣传"②。1942年5月，毛泽东在延安文艺座谈会上指出："许多文艺工作者由于自己脱离群众、生活空虚，当然也就不熟悉人民的语言，因此他们的作品不但显得语言无味，而且里面常常夹着一些生造出来的和人民的语言相对立的不三不四的词句。许多同志爱说'大众化'，但是什么叫作大众化呢？就是我们的文艺工作者的思想感情和工农兵大众的思想感情打成一片。而要打成一片，就应认真学习群众的语言。如果连群众的语言都有许多不懂，还讲什么文艺创造呢？"③"如果我们的知识分子读了一些马克思主义的书，又在同工农群众的接近中，在自己的工作实践中有所了解，那么，我们大家就有了共同的语言，不仅有爱国主义方面的共同语言、社会主义制度方面的共同语言，而且还可以有共产主义世界观方面的共同语言。如果这样，大家的工作就一定会做得好得多。"④日常话语的亲和力是显而易见的，对此从人民群众的认知认同中充分体现出来。毛泽东曾说："打倒帝国主义，打倒军阀，打倒贪官污吏，打倒

① 钟敬文：《民俗学概论》，上海文艺出版社，2009，第300页。
② 许启贤：《中国共产党精神文明建设史》第2版，人民出版社，2004，第91页。
③《毛泽东选集》第3卷，人民出版社，1991，第850-851页。
④《毛泽东文集》第7卷，人民出版社，1999，第273页。

土豪劣绅，这几个政治口号，真是不翼而飞，飞到无数乡村的青年壮年老头子小孩子妇女们的面前，一直钻进他们的脑子里去，又从他们的脑子里流到了他们的嘴上。"①农民精神文明建设尤其要强调要向群众学习语言，通过群众语言才能更好地以事说理，更好地以理服人。

第三，日常话语提升教育的针对性。使用群体上，日常话语与官方话语不是泾渭分明的，随着时间的推移和实践的发展，日常话语与官方话语会相互交融，不同群众使用的话语是有区别的。日常话语"是各行各业的广大民众惯用的话语，它以其鲜明的生活化和质朴的特点区别于上层社会的语言"。"今天这种差异仍然存在，比如一件事情不能马上作出决定，官员常说再'研究研究'，或向上级'打个报告'，百姓则说再'琢磨琢磨'，或回家'合计合计'。"②另一方面，表现为普遍性和区域性的不同。语言是人类最重要的交际和思维工匠，面对人们的生产生活实践的一致性而具有普遍性，面对生产生活实践的差异性而具有区域性。"可以说，民间语言更加具体、生动的形式，普遍存在于一方之言（方言、民族语）和一方之俗（方俗、族俗）的交织之中。"③日常话语要契合特定时空的特定群体，教育者如果使用日常话语就更容易做到因时、因事、因人的有针对性的教育。

马克思指出："语言也和意识一样，只是由于需要，由于和他人交往的迫切需要才产生的。"④《教育宣传问题议决案》指出，在农

---

① 《毛泽东选集》第1卷，人民出版社，1991，第34页。
② 钟敬文：《民俗学概论》，上海文艺出版社，2009，第299、300页。
③ 钟敬文：《民俗学概论》，上海文艺出版社，2009，第301页。
④ 《马克思恩格斯选集》第1卷，人民出版社，2012，第161页。

民教育方面"材料当取之于农民生活；尤其要指明农民与政治的关系，为具体的经济改良建议之宣传"①。毛泽东在《论持久战》中指出，我们"不是将政治纲领背诵给老百姓听，这样的背诵是没有人听的；要联系战争发展的情况，联系士兵和老百姓的生活"②。在教育实践中做到话语运用的针对性并不是容易的事情，对此有学者曾说："从20世纪90年代初的'社教'活动到这两年的'三个代表'学教活动，也基本上是群众运动式的，乡村干部集中起来开会学习，统一规定写多少字的读书笔记，许多党员干部只好雇请'秀才'捉刀代笔。……农民听得多了，胃口被吊起来了，但是看到眼前干部的表现，对基层政府愈加不满，对中央政府也渐有微词。"③俗话说，"到什么山上唱什么歌"，就是说要贴合农民的生活实践，要符合农民的表达方式。但是"到什么山上唱什么歌"，不是丧失立场、原则的迎合，而是说要让群众听得明白、听得进去的话语。精神文明建设话语不是千篇一律的，在不同的地区、不同群众需要不同的话语来表达。正是契合实践需要，精神文明建设话语才有力量。

二、农村精神文明建设的话语演进

话语不完全等同语言，是特定社会语境中说、受话人交流沟通的具体言语行为，包括说话人、受话人、文本、沟通、语境等要素，即"在什么情况下什么人对什么人以什么方式说了什么"。以下从话语方式、话语内容、话语表达、话语情境四个维度简要分析。

---

① 中共中央宣传部办公厅、中央档案馆编研部编《中国共产党宣传工作文献选编》，学习出版社，1996，第561页。
②《毛泽东选集》第2卷，人民出版社，1991，第481页。
③ 赵树凯：《农民的政治》，商务印书馆，2018，第255页。

（一）宣讲式走向对话式

话语方式是"什么人对什么人说"及其两者关系的问题，这是对话的能动性因素。宣讲式和对话式是典型的两种话语方式。宣讲式假设了真理占有者的存在，对话过程是说话者对受话者的教化过程，这个过程是信息不平等的单向流动。对话式假设了真理的存在，对话过程是说话者和受话者通过交流不断接近真理的过程，这个过程是信息的平等互动过程。宣讲式和对话式这两种类型的划分不是事物的还原，是思维构建的"理想类型"。在实践中，宣讲式和对话式是你中有我、我中有你的关系，实际上是以宣讲式为主还是以对话式为主需要结合具体环境呈现在实践当中。媒体发展经历了印刷媒介、广电媒介、网络媒介的交替与并行发展，精神文明建设话语方式也随之变迁。一直以来，印刷传媒是农民精神文明建设的重要载体，从早期的《民报》到《人民日报》等主流报刊，从标语口号到各类学习文献和普及读物。随着技术的进步，广播电视等电教化媒体在农民精神文明建设中起到了越来越重要的作用。之后，计算机网络等新媒体的广泛使用，不仅改变着传播手段，而且构建起网络虚拟空间。农村精神文明建设不仅需要在物理空间中进行，而且需要主动占领虚拟空间；不仅需要继承发展印刷、广电媒介的传播方式，而且需要适应网络新媒体传播的特点。在印刷和广电时代，因为信息获得的不平等性和信息流通的一维性，精神文明建设中宣讲式的话语方式是主要的话语方式，当然也始终重视对话式，但对话式多基于工作方法层面。

在新媒体时代，农村精神文明建设的话语方式有了新质。第一，互动性增强。新媒体网络语境与报纸、电台、电视、新闻网站点到面单向流动不同，Online杂志认为新媒体是由所有人面向所有人进行的传播（Communications for all, by all）。新媒体自主交叉互播，实现了"传播"向"互播"转变。"传统媒体使用两分法把世界划分为传播者和受众两大阵营，不是作者就是读者，不是广播者就是观看者，不是表演者就是欣赏者。新媒体与此相反，它使每个人不仅有听的机会，而且有说的条件。新媒体实现了前所未有的互动性。"①在线上和线下对话中"亲""小伙伴"等称呼代表了一种平等亲密互动关系的形成。第二，虚拟空间的脱域性。比如，两个人同处一地，一个人在看新闻，一个人在浏览朋友圈。虽然他们有相同的地理位置，但他们却"不在场"。相反，可能一个人在中国，一个人在美国，虽然他们处于不同的地理位置，但通过朋友圈对话，他们却"在场"。新媒体产生的"脱域共同体"不仅拓展了空间，而且颠覆了时间，时间变得日渐模糊。对话在时间的管理上变得更加灵活，可以实现时间延时，某些人昨天发言而另一些人可以今天回复。这种结构打破了时间的局限和空间的界限，不仅不容易在物理空间中将大家组织起来，即使组织起来，主体也可能"不在场"。第三，话语权下沉。在传统的互动方式和交往时空被打破后，在新媒体时代受众的角色变得更为主动，不是"枪弹论"下的靶子，而成为了能生产内容的"用户"。通过新的媒介平台，个人、团体、政府组织、非政府组织、商业公司等各种力量交汇形成复杂的权利关系。新媒体时代带来传播权利向受众转移，管理者和教育者不十分愿意接受这种趋势，也不十分明白这种趋势带来的主导意识形态传播的新机制的变革，依然沿用旧的、刚性的对话机制，容易出现对话失衡问题。

在新媒体语境下农村精神文明建设需要更加注重对话式的话语方式。一方面，要研究新媒体时代农村精神文明建设中"说话者"与

---

① 匡文波：《关于新媒体核心概念厘析》，《新闻爱好者》2012年第10期。

"受话者"的变化。以往，工农群众因为他们的经济地位有强烈的理论需求，是主要的受话者，同时又因为受教育程度较低，"阶级专政意识只能从外面灌输给工人"。新媒体时代精神文明建设的"说话者"和"受话者"变得复杂。因此，新媒体时代实践中需要分析党政部门、大众媒体、教育部门的新角色，深化宣传教育的供给侧改革；分析新媒体时代农民的个性化特质，强调精准教育。另一方面，要研究新媒体时代精神文明建设中"说话者"与"受话者"的关系。我们不仅需要重视个体传播、群体传播和大众传播的发展，还要发展新媒体时代话语共享的机制、话语交往的机制和网络传播的机制。

值得注意的是，新媒体语境下强调农村精神文明建设的对话式话语方式，但不能忽略马克思主义理论的权威性。强调农村精神文明建设的对话式转换，只是为了强调精神文明建设需要注意新媒体语境下的新质，只是为了强调对话式在新媒体语境下需要得到进一步彰显。新媒体网络语境并没有改变农村精神文明建设过程中主客体存在的事实，只是改变了主客体存在的及其互动的方式。

（二）解放政治走向民生政治

话语内容是"说什么"的问题，这决定了话语的质量。吉登斯提出了解放政治与生活政治的概念，认为："所谓关于解放的政治，我指的是激进地卷入到从不平等和奴役状态下解放出来的过程。"[①]生活政治是对解放政治的超越，"生活政治的关怀，预示了一种影响深远的变迁，实质上这是在现代性社会秩序形式发展的'另一边'

---

① ［英］安东尼·吉登斯：《现代性的后果》，田禾译，译林出版社，2000，第137页。

发展的。"①上个世纪以来，我们经历了革命、阶级为主要内容的解放话语，当前协商对话、生态环境、社会认同、公平正义等提上议事日程，但没有如吉登斯说的进展到"另一面的发展"。因此，解放政治和民生政治是当前我国话语内容的两个主要维度。

实践中，解放政治话语与民生政治话语共存发展，但是就新媒体虚拟空间看，民生政治话语成为其讨论的主要内容。在我国随着以阶级斗争为中心向以经济建设为中心的转换，随着温饱向小康再向实现中华民族伟大复兴的历史发展，解放政治始终是重要的议题，但生活政治获得更多的整体政治议事日程。近年出现的环境、教育、医疗等事件及其权利诉求就是典型反映。在这样的时代背景下，新媒体虚拟语境更聚焦于生活机遇的追求。"悲情和戏谑是中国新媒体事件中情感表达的两种主要方式，对正义的渴望和追求、对弱者和小人物的同情、对贪官污吏的痛恶、对权贵的嘲讽、对沟通的渴望等是激发中国语境下网络事件的情感逻辑，而这同时也体现了整个中国社会情感结构的脉络。"②"从事件内容出发，将当前华人社会的新媒体事件分为民族主义事件、权益抗争事件、道德隐私事件和公权滥用事件。"③不同事件关注焦点并不都界限分明，因区域、时间等的差异而呈现出不同倾向，但是在新媒体这个虚拟空间中，关注日常生活成为焦点，即使民族国家等重大事件和问题往往

---

① [英] 安东尼·吉登斯：《现代性与自我认同》，赵旭东、方文译，三联书店出版社，2000，第252页。

② 杨国斌：《悲情与戏谑：网络事件中的情感动员》，见邱林川、陈韬文编：《新媒体事件研究》，中国人民大学出版社，2011，第40-65页。

③ 邱林川、陈韬文：《前言：迈向新媒体事件研究》，见邱林川、陈韬文主编：《新媒体事件研究》，中国人民大学出版社，2011，第6-12页。

也是从日常生活出发的。当前，农民精神文明建设需要运用马克思主义理论的观点、立场和方法回应实践中的现实困惑和发展难题，解决思想上的疙瘩。

第一，切中新常态下的现实。毛泽东指出："没有抽象的马克思主义，只有具体的马克思主义。所谓具体的马克思主义，就是通过民族形式的马克思主义，就是把马克思主义应用到中国具体环境的具体斗争中去，而不是抽象地应用它。"①这意味着，其一，不要"僵死"的马克思主义。日常的生活所亟须的"马克思主义"是作为建设理论的马克思主义，不仅要传播作为革命理论的马克思主义，更要传播作为建设理论的马克思主义。实践中，要阐发马克思主义中国化的新发展，尤其是党的十八大以来习近平总书记系列重要讲话的新发展。其二，不要"烂根"的马克思主义。马克思主义的"高大上"是马克思主义的真理性、崇高性，而不是悬空于实践的"高大上"。换言之，"在无产阶级和资产阶级的斗争所经历的各个发展阶段上，共产党人始终代表整个运动的利益。"②这是马克思主义的话语优势，但是当前出现的贪污腐败、贫富差距、教育医疗、环境污染等问题需要基于马克思主义的立场、观点、方法对此作出回应，避免话语失语的问题。理论传播需要转变"文不达题"的尴尬境地，增强理论与受众生活实践的"对话"。

第二，全面分析各种思潮和社会现象。马克思主义正是在同各种思潮的斗争和比较中壮大起来的，马克思主义在中国传播的早期，产生过如问题与主义、社会主义是否适合于中国国情等论争，

① 中共中央党校马克思主义理论教研部、中国马克思主义研究基金会：《马克思主义中国化研究》，人民出版社，2011，第2页。

② 《马克思恩格斯文集》第2卷，人民出版社，2009，第44页。

这些对话深化了马克思主义的理解，促进了马克思主义的广泛传播。当前，一方面，坚持主动传播和防御传播相结合。防御性传播是针对污名化内容马上进行反击与反驳，这是"补丁式"的回应；主动传播是由被动转为主动，由慢半拍到提前半拍的传播，争议性的问题从消极观望到主动介入，这是"预报式"的引领。另一方面，坚持批判错误与释疑解惑相结合。批判错误是秋风扫落叶式的斗争，释疑解惑是和风细雨式的引导。但是不管何种方式都不能否定马克思主义的指导地位，面对新媒体时代价值多样、流变加速，更要强化马克思主义话语的辨识度，避免话语内容"中性化"。

第三，触摸主体生活世界的新焦虑。马克思主义的价值旨归是为了广大群众的，农民精神文明建设是为了让广大农民群众接受马克思主义。主体接受是预存立场的，也就是主体对人、事、物的立场和观点。如果理论没有切中主体生活世界，如同鸡同鸭讲，难有交集。马克思说："思想的闪电一旦彻底击中这块素朴的人民园地，德国人就会解放成为人。"①如何彻底击中？毛泽东指出："我们的文艺工作者的思想感情和工农兵大众的思想感情打成一片。"②新媒体时代程式化、悬空化的话语内容，像一条藏在乳酪里的蛆虫一样，逃避生活，大众可能无法感受到自己的期待，因此，要满足群众需求，贴近群众生活，符合群众情感。

（三）讲"好"故事走向"讲好"故事

话语表达是"以什么方式说"的问题。话语内容"抓住事物的根本"，揭示真理；话语表述"呈现事物的根本"，表达真理。精神文明建设文本要流行，需要得到社会群体的欣赏，因此有针对性地进行

---

① 《马克思恩格斯选集》第1卷，人民出版社，2012，第16页。
② 《毛泽东选集》第3卷，人民出版社，1991，第851页。

传播文本的设计显得十分重要，是让真理不再"隐身"的重要一环。

契合印刷、广电等传统语境，我们重视使用战斗性的话语，在表述上规范、严密、权威。新媒体语境下产生了不同于传统口语和书面语的"第三种语言"。"新媒体话语作为规范语言在网络社会及虚拟社区这一特定交际环境中的变体……在技术激发、软硬件催化及社会心理的影响之下，形成了不同于传统规范话语特征。"①首先在语形、词汇、语法等多个层面出现了革新。"它不同于传统话语，在表达上呈现出多种多样的话语方式，如图形符号式、符文并用式、童言叠字式、中英混合式、谐音替代式、旧词新用式、数字组合式、字母缩略式等常用话语形态。"数字信息技术催生了一大批新词，如"杯具"即"悲剧"；"压力山大"一词，则表述为"亚历山大"；"表叔"也成为了"反腐"流行语，与此类似的还有"房叔""房姐"等。我们进入全新的人机界面、视觉思维与屏幕语言时代，语言的结构、规则和使用得以更加自由，微语言、视觉形象等获得了前所未有的发展。其次，新媒体时代带来表达的图文化和生动性的同时，格式化、文件化的话语结构吸引力下降。对于"唱赞歌""大而全""全知全能视角叙述"为特征的文本出现话语疲劳。比如"有些党报已被边缘化，或日渐被边缘化，或有可能被边缘化。……党报的总体影响力日渐式微，与此相对应，新兴媒体在许多场合却是主流化和核心化了。……在与民间意见领袖的博弈中，党报和其他主流媒体未必占有优势。"②因此，面对新的传播语境，精神文明建设中因为语言基调等问题而边缘化的问题亟待解决。

---

① 李凌燕等：《新媒体引发的语言革命及其对主流媒体话语模式的影响》，《新闻知识》2014年第01期。

② 丁柏铨：《主流话语边缘化困局待解》，《人民论坛》2012年第5期。

高度重视精神文明建设的表述创新是马克思主义的本性，也是我党的优良传统和政治优势。在《雇佣劳动与资本》中，马克思曾经明确阐述过写作的基本原则即通俗化："我们力求说得尽量简单和通俗，我们就当读者连最起码的政治经济学概念也没有。我们希望工人能明白我们的解说。"①在革命和建设的伟大进程中，毛泽东强调马克思主义理论教育的中国风和草根性，指出要"学会说群众懂得的话"来讲马克思主义。毛泽东提出："洋八股必须废止，空洞抽象的调头必须少唱，教条主义必须休息，而代之以新鲜活泼的、为中国老百姓所喜闻乐见的中国作风和中国气派。"②在实行改革开放，开创中国特色社会主义伟大进程中，邓小平指出："要求都读大本子，那是形式主义的。""马克思主义是很朴实的东西，很朴实的道理。"③在全面深化改革开放的新的历史时期，习近平本人就是新时期党的话语创新的典范，治国理政中无不彰显着独特的话语魅力。习近平总书记指出："马克思主义大众化，就是把马克思主义理论用简单质朴的语言讲清楚、用群众喜闻乐见的方式说明白，使之更好地为广大党员和人民大众所理解、所接受。"总之，中国风格、中国气派的农村精神文明建设会让越来越多的群众认识到马克思主义理论是对自己状况和期望的最真切的表达，巩固了社会主义意识形态，凝聚了力量，服务了中心工作。当前，要注意如下方面：

第一，"讲好"故事要"讲得好"，让人愿意听。随着信息技术的发展，精神文明建设过程重视"话语反哺"，重视网络话语的学习是提升精神文明建设实效性的重要前提。首先是生动性。生动性与

---

① 《马克思恩格斯选集》第1卷，人民出版社，2012，第328页。

② 《毛泽东选集》第2卷，人民出版社，1991，第534页。

③ 《邓小平文选》第3卷，人民出版社，1993，第382页。

刻板性相反。文字、表情、图片、音频、视频、超链接等多层面全方位传播马克思主义理论。生动性不是庸俗性，单纯为了迎合受众而庸俗化。研究新媒体时代严肃、权威、规范的言语的使用边界和新媒体时代语言表达的新特征，研究政治话语、学术话语、大众话语、网络话语等不同话语叙述方式的共融与转化的问题。其次是简洁性。"传播与建筑一样，越简洁越好，你必须把你的信息削尖，好让他们钻进人们的大脑；你必须消除歧义、简化信息，如果想延长它留下的印象，就得简化，再简化。"①在新媒体语境下，时间碎片化、阅读碎片化，用简洁的语言传播丰富的思想成为要求，也是趋势。但是马克思主义理论传播中，简洁不是简单，而是要简约而不简单，要用简约的语言表达丰富的内涵。

第二，"讲好"故事要"讲得全"，思想有厚度。一是讲好故事不是"抑恶扬善"，只讲好的、高大上的人、事、物，而是"揭恶扬善"，尊重人、事、物本身的逻辑，全面描述，积极引导。二是回到马克思主义发展的历史背景。马克思主义从产生到发展又随着生产力的发展出现的人与自然紧张的背景，资本主义的发展出现的有产者与无产者矛盾加剧的背景，近代自然科学和人文科学发展提供的思想资源；中国化马克思主义的发展有特殊的国情、近代不断"试错"的教训、多次路线之争和各种思潮的论战。还原马克思主义产生发展的历史将增强马克思主义的鲜活力和厚重感。三是回归现实的人。"马克思主义在传播—教育的过程中，如果能够把马克思的个性、情感、生活经历与马克思主义的理论发展结合起来，把毛泽东的理想主义与毛泽东思想结合起来，把坚定的意志与邓小平理论结

①［美］杰克·特劳特等：《新定位》，李正栓、贾纪芳译，中国财政经济出版社，1996，第33页。

合起来，无疑可以在理论的逻辑魅力的基础上增强理论发现者的人格魅力，理论的吸引力将无形中得到提升。"①农民精神文明建设不仅关注重要历史人物，也要关注普通人；不仅体现其高尚的品格，也要有血有肉。

（四）现实领域走向虚实融合

话语环境是"在什么情况下说"的问题，是语言思维的背景依托，是影响话语实效性的结构性因素。话语离不开环境，就像植物离不开空气和土壤一样。话语的有效性与社会语境联系在一起，不同的语境会产生不同的意义。话语环境是影响语言意义的各种环境因素，包括环境和情境。环境，即说话人和受话人所在和经历的历史文化和风俗人情等。从主体上予以规定和把握的环境，叫情境。环境只能优化，情境可以创设。

由于时空不同，话语环境不可避免地存在着差异。在新媒体时代虚拟与现实深度融合，"电子媒介一旦被广泛应用，它可能会创造出新的社会环境"②，今天虚拟环境已经成为常态生活场景。首先，话语环境打破了"现实领域"与"虚拟领域"的界限。"人可以以符号、影像等信息方式展现出来，使符号所指的对象和影像所依托的实体即使并不在场也能使观察者对他们产生一种在场感，某种意义上就是一种虚拟在场。"③不管何时，身处何地，人们都可以利用智能手机、平板电脑或者笔记本电脑上网共享一个虚拟的话语空间。其次，话语环境打破了"公共情境"和"私人情境"的限制。

---

① 李辉：《论"以理服人"与"以学养人"的辩证》，《中山大学学报》2011年第6期。

② ［美］约书亚·梅罗维茨：《消失的地域：电子媒介对社会行为的影响》，肖志军译，清华大学出版社，2002，第12页。

③ 肖锋：《信息主义：从社会观到世界观》，中国社会科学出版社，2010，第73页。

新媒体为公域和私域融合提供了平台和技术支持，一方面私人领域公开化。比如"晒"就是公开化的体现，微博、网络日志、个人空间、朋友圈等可以晒美食、晒发型、晒旅游等。另一方面公共领域私人化。比如"转发"就是典型，将公共事件、别人的评论放到自己的个人空间、朋友圈。这是半公开的，伴有表演性质和独白性质的行为，产生的一个独特的空间，促成了公民新闻等新兴事物。西方国家借机大肆传播西方价值观，通过头版头条、"网络大 V"等影响人们的认知和价值观。

新媒体时代农村精神文明建设要优化新媒体时代的教育环境，使教育与环境协同发展，避免出现"教育孤岛"问题。更重要的是，创新话语情境。第一，认知情境的创设。"情境认知的突出特点是把个人认知放在更大的物理和社会的情境脉络中，这一情境脉络是互动性的，包含了文化性建构的工具和意义。"①多媒体技术整合了文字、图像、声音等要素可以大大提升传播实效性，同时还可以通过虚拟现实技术（VR）等新技术创新马克思主义网络传播过程中的认知情境。第二，情趣情境的创设。网络虚拟空间的形成突破了集体学习的时空限制以及公共场景和私人场景的约束，但是网络虚拟空间的交往也呈现碎片化、趣味化的趋势。因此，针对集体学习要强调情趣情境的创设，也就是"与人的兴趣和爱好联系起来的学习环境。在这种环境中的活动一般被称之为游戏"②。游戏是一种活动状态，在这种状态下主体积极主动，不是应付外在的压力，有利于马克思主义的传播与接受。此外，还要重视感化情境的创设。

---

③［美］戴维·H. 乔纳森主编：《学习环境的理论基础》，郑太年等译，华东师范大学出版社，2002，第63页。
② 李辉：《精神文明建设环境论》，广东人民出版社，2005，第265页。

第三节　日常交往与农民精神文明建设

　　人的生活世界就是人的交往领域，交往的过程也是教育与自我教育的过程。日常交往是人们在实践中形成发展的日常活动及其形成的各种关系，日常交往活动是人所共有、共需的。衣食住行、饮食男女等日常领域的日常交往活动是农民交往活动最真实和最直接的交往活动。本节将分析日常交往及其精神文明建设价值和日常交往视域下新时代农民精神文明建设创新等问题。

一、日常交往及其精神文明建设价值

　　我们可以将生活领域分为日常生活与非日常生活，与之对应交往活动可以分为日常交往和非日常交往。"所谓日常交往就是衣食住行、饮食男女等日常领域中主体间的交往活动，而非日常交往则是政治经济、经营管理、社会化大生产等非日常的社会活动领域和科学、艺术、哲学等自觉的精神生产领域中主体间的交往活动。"日常交往与非日常交往的活动领域不同，它们之间呈现出来的特点也不同。"日常交往是日常生活个体在相对封闭的空间中所进行的具有自在、自发、非理性（情感）、自然性色彩的交往活动，而非日常交往则是活动主体在开放的空间中所进行的具有自为、自由、自觉、理性特征的交往活动。因此，日常交往世界是一个相对封闭、自在自发、缄默共存的世界，而非日常交往世界是一个开放的、自由自觉的、能动的世界。"①精神文明建设本身就是一种交往实践，交往活动又促进精神文明建设的发展。

第一，日常交往是精神文明建设实践的重要维度。叶澜教授认为："如果从形态的角度看，我们认为教育起源于人类的交往活动。"②如果进一步考察，我们还可以认为教育起源于人类的日常交往活动。在原始社会，人们主要以血缘为纽带结成共同体，一起面对大自然的挑战，一起面对群体内部和不同群体之间的纷争。这样的共同体是没有分化的共同体，既有生产功能，也有生活功能，既面对生存问题，也面对发展问题。人们在共同生活过程中形成传统、习俗和仪式，作为个体也在共同生活中习得相应的传统、习俗和仪式。共同生活的过程就是教育的过程，个体能力和价值的发展不是有意识的教育，而是在共同的生产生活中发展的。随着生产和分工的发展，非形式化的教育逐步发展为形式化的教育，出现了专门开展教育活动的教育实体，从而教育活动的日常交往也逐步发展为非日常交往。"到了近代，学校作为国家的一种制度来设置、经营并按照它规定的目标来培养人。这时开始设立具有各种各样目标的学校并制定出开展国民教育的计划。同时又制定了全体国民都必须进入这种学校受一次教育的制度并为此而进行了格外的努力。……在现代，无论任何国家都采取在学校里进行国民教育的教育方式。"③至此，教育活动中的非日常交往占据主导地位，但是也导致教育者与受教育者之间的隔阂，教育与生活、学科教学与教育整体

---

① 衣俊卿：《现代化与日常生活批判》，人民出版社，2005，第137、142页。
② 叶澜：《教育概论》，人民教育出版社，1996，第40页。
③ ［日］大河内一男等：《教育学的理论问题》，曲程、迟凤年译，教育科学出版社，1984，第47页。

之间的矛盾。纵观人类教育发展过程，非日常交往成为教育的主要交往方式无疑是巨大进步，但是其中存在的矛盾和问题也表明，教育中的日常交往和非日常交往需要交融支撑，日常交往始终是教育实践一个不可或缺的维度。

我们党始终重视精神文明建设的交往特性和要求。毛泽东反复强调在思想领域要"说服"，而不是"压服"。他在《关于正确处理人民内部矛盾的问题》中指出，人民内部的思想问题、是非的辨别问题不是可以用强制方法就可以解决的，"企图用行政命令的方法，用强制的方法解决思想问题、是非问题，不但没有效力，而且是有害的。我们不能用行政命令去消灭宗教，不能强制人们不信教。不能强制人们放弃唯心主义，也不能强制人们相信马克思主义。凡属于思想性质的问题，凡属于人民内部的争论问题，只能用民主的方法去解决，只能用讨论的方法、批评的方法、说服教育的方法去解决，而不能用强制的、压服的方法去解决"①。《在中国共产党全国宣传工作会议上的讲话》中他又强调："对于思想问题采取粗暴的办法、压制的办法，那是有害无益的。……我们的同志一定要懂得，思想改造的工作是长期的、耐心的、细致的工作，不能企图上几次课，开几次会，就把人家在几十年生活中间形成的思想意识改变过来。要人家服，只能说服，不能压服。压服的结果总是压而不服。"②思想意识的问题不同于经济建设等其他领域的问题。加快经济发展可以通过加大投入来实现，但是思想问题不是你打我通的，也不是一蹴而就的。解决思想问题需要主体之间互动而逐步来解决，因此解决思想问题不能以力服人，要以理服人；不能简单粗

① 《毛泽东文集》第7卷，人民出版社，1999，第209页。
② 《毛泽东文集》第7卷，人民出版社，1999，第279页。

暴，要耐心细致。我们党不仅重视精神文明建设的交往特性，而且强调日常交往在精神文明建设中的重要意义。

第二，日常交往凸显精神文明建设主体间性。人对自然的改造形成的关系体现为"主体—客体"关系，人与人交往中形成的不是"主体—客体"结构，而是"主体—主体"结构。同时与非日常交往相比，日常交往之间的主体是去除了等级关系、从属关系、剥削关系外部附加的因素，因而在交往地位上更具有平等性的特征。对于同时代的人与合作者这是主要的交往主体，彼此之间是面对面的，不仅是共享时间的共同体，而且是共享空间的共同体。作为共享空间的共同体，"意味着外部世界的某一部分同样处在每一个伙伴力所能及的范围之内，并且包含着与他们有关、他们共同感兴趣的客体"；作为共享时间的共同体，"这些伙伴互相包含在对方的生平之中；他们是一起变老练的；正像我们可以称呼的那样，他们生活在一种纯粹的'我们关系'（We—relationship）之中"。当然，日常交往中还存在前辈、后来人等不同主体之间的互动。对于前辈，后来者无法影响到他们；对于后辈，也不大可能有极大的影响力，"我不可能对他们进行体验，但是，我却可以通过一种多少徒劳的期望，针对他们调整我的各种行动"①。如此，似乎彼此之间存在不平等的情况，但主要是因为血缘等自然因素而产生的，这种不平等不具有异质性。因此，日常生活中的交往的教育性是体现于日常交往的平等性而形成教育主体间的平等互动性。这是我们党的思想政治的一贯要求和优良传统。毛泽东指出："要密切联系群众，要官兵打成一片，军民打成一片。""上级跟下级还是要打成一片，干部跟士兵

---

① ［奥］阿尔弗雷德·许茨：《社会实在问题》，霍桂桓、索昕译，华夏出版社，2001，第43、44、42页。

还是要打成一片，还是要准许下级批评上级，士兵批评干部。""上
下级的关系应当密切，应当是一种同志的关系。干部跟战士的关系
应当密切，应当打成一片。军队跟人民、跟地方党政组织的关系，
也应当是密切的。"①就是说，精神文明建设要和群众打成一片，深
入群众和群众做朋友，形成共同、共容、共生的"我们的关系"。具
体实践中形式多种多样，包括诉苦、谈话、开会、演讲、革命歌谣
等。比如"诉苦"就是主体间的互动从而提升农民革命自觉意识的
重要方式。"诉苦"的过程一般是这样的：首先是"访苦"和"问
苦"，干部深入贫雇农的日常生活并与他们同吃、同住、同劳动；其
次是"引苦"，就是要农民从对苦无知或者不自觉状态中走出来，认
识到自己受的苦及其为何受苦等问题；最后是"诉苦"和"论苦"，
把所受的苦说出了，既增强诉苦者本人的革命意识，并起到在群体
中传播放大的作用。"通过诉苦，不断地使农民由原来的自在体转向
自为体，使群众会意到权力、权利、斗争、翻身等意识形态概念的
含义和作用"。②因此，通过日常交往对农民进行精神文明建设是我
们党的优良传统，是提升农民精神文明建设实效性的重要维度。

第三，日常交往提升精神文明建设亲和力。与非日常交往的理
性化不同，日常交往凸显情感纽带而建立起来的情感。日常交往的
主要纽带是情感，家庭成员之间讲亲情，亲朋好友之间讲友情，归
根到底彼此之间讲人情。"人情本质上是维系人与人之间正常关系的
行为规范，也是人们情感交流的一种方式。所谓'有来有往，亲眷
不冷场'，亲朋好友相见需问候、致意、寒暄、客套一番；乡里乡亲

---

① 《毛泽东文集》第7卷，人民出版社，1999，第286页。
② 陈益元：《建国初期农村基层政权建设研究：1949—1957——以湖南省醴
陵县为个案》，上海社会科学院出版社，2006，第148页。

有个大事小情、红白喜事都要相互协助、帮忙；逢年过节，亲戚邻里间需要相互走访、馈赠礼物，等等。"①因为日常交往彼此之间不仅熟悉，而且心理距离也不远，因此日常交往中彼此之间更加自如、自在。"日常交往情感性的生存价值在于，日常交往能为人们提供生存所必需的熟悉感、安全感和在家的感觉，从而能够为人们提供一个自在的、原初的价值与意义的世界。"②日常交往的情感性价值对于提升精神文明建设亲和力具有特别的意义。从本质上说，精神文明建设很重要的内容就是将社会意识转化为个体意识，因而精神文明建设非日常交往的特点比较突出。因为这种非日常性，在实践中也出现一些值得注意的现象，对此，有学者认为："传统精神文明建设理论一是把教育理解为主体改造客体的活动；二是知识中心观。结果一是导致占有式教育方式，它使人的价值异化，把知识看作实体性的财产，不与自身的内心世界、精神世界发生联系；二是导致狭隘主义和功利主义的倾向。它使精神文明建设片面地对人的需要与行为进行限制与规范，更多地把个人作为社会的一分子看待，对个人的独特性和独立性缺乏应有的尊重，常常是把人的发展包含于社会的发展当中。"③因此，精神文明建设需要重视交往维度，尤其是教育过程中的日常交往。

二、农村精神文明建设的日常交往路径

杜威说："社会生活不仅和交往完全相同，而且一切交往（因而

---

① 贺苗：《日常交往与日常思维的生成》，《学术交流》2013年第1期。

② 王晓东：《论日常交往》，《求是学刊》2005年第6期。

③ 毕红梅、张耀灿：《关注交往：精神文明建设的视角转换》，《马克思主义与现实》2008年第6期。

也就是一切真正的社会生活）都具有教育性。"①在农村可能缺乏学校，但不缺少教育，日常生活中的交往就是教育。新时代农村精神文明建设的交往维度涉及交往主体、交往方式和交往内容等方面。交往主体强化教育者与教育对象的平等性，交往方式强调物理空间与虚拟空间的融合互动，交往纽带涉及血缘、地缘、趣缘和业缘的全面拓展。其中，圈子是日常交往视阈下农村精神文明建设的重要依托。

圈子是农民交往的重要表现形式。徐勇教授对乡村社会圈子的地位、表现形态和本质等做了深刻的描述，他认为，首先"乡村社会实际上是由一个个'圈子'组成的，人们也生活在一个个'圈子'内"。"圈子首先是一个空间概念，是人生活的地域范围。在农耕社会，家是基本生产和生活单位，人们所活动的范围以自己的家为圆心，向外扩展到家以外的农田和山林，从而形成一个生活圈。"其次，"圈子更多的是一个心理概念，是一种对'自己人'的自我认同。这种由'自己人'组成的圈子以自我认同为纽带，将各种有关系的人联合在一起，形成一个个生活共同体，并构成社会的单元"。再次，"'圈子'的本质是一种互利性的活动关系。只是这种互利的活动包含或装饰着一种温情、一种人伦、一种情感。它是长期积累和精心构建的。没有商品买卖那么简单，更没有权力支配那么生硬，也不像外国的俱乐部可以随意进出。圈子是通过长期或特定的交往形成的。圈子内的人具有一定的平等和互利性。圈子并不一定有一个特定的领袖或核心人物，也没有什么明确严格的条文制度，但圈子的存在却是实实在在，甚至是牢不可破的。这是圈子与其他

---

① ［美］约翰·杜威：《民主主义与教育》，王承绪译，人民教育出版社，1990，第6页。

社会组织所不同的地方"①。比如城市里的保姆，真正影响她们行为、塑造她们与社会之间的关系的，并不仅是城市的管理部门或家庭，也不仅是农村的原家庭，关键是"保姆帮"，以及她们与同乡其他群体（比如建筑队）形成的关系。正是这样的"圈子"，塑造出在现有制度背景下一系列重要的社会过程。这样的圈子是一个实实在在的"社会性实体"②。可见，圈子在农民交往中既有空间的便捷，还有心理的亲近感和归属感，更有工作生活的互利共赢、互通有无的工具性。

　　从精神文明建设视野看，首先，圈子解决了教育对象在哪里的问题。随着改革开放的深入，农村人口的流动性增大。这突出体现为长期在农村从事农业生产的人口越来越少，而且从事农业生产的人口中的年龄也越来越大；但是逢年过节、重大节庆日时，长期外出的人们则如同走亲戚般回到生养成长的故乡短暂居住。农村精神文明建设的对象显然不仅是留守于农村的少部分人，而是包括外出居住于城镇的大部分人，尤其是年轻人。虽然流动人口没有办法进行有效的教育和联系，但是从圈子的角度看流动的人们并没有失去联系。不管是"离土不离乡"的流动，还是"离土又离乡"的流动，他们以血缘、地缘等纽带形成了各种圈子。"他们的内群体不仅仅指他们的家人、同乡，还包括跟他们一样的所有农村流动人口。他们的交往圈基本上是根据这样的逻辑展开的：亲人（血缘和姻缘）——朋友（情缘）——村里人（地缘和业缘）——同一个乡镇（地缘和业缘）——同一个县（地缘和业缘）——同一个地区（地缘

① 徐勇：《圈子》，《开放时代》2002年第1期。
② 项飚：《传统与新社会空间的生成——一个中国流动人口聚居区的历史》，《战略与管理》1996年第6期。

和业缘）——同一个省（地缘和业缘）——农村流动人口（身份和业缘）。最大的边界是农村流动人口。"[①]在心理上有亲和性、在功利角度看具有互利性，这就决定了圈子有相对稳定性。比如由血缘、地缘到业缘、趣缘的拓展，形成家族圈子、熟人圈子和朋友圈子等相对稳定的圈子。这些圈子不仅是流动的人们的相对稳定的活动空间，而且也是勾连起外出人口与非外出人口的纽带。如果聚焦于圈子内来看，圈子内都是"自己人"，彼此之间不存在心理的隔阂，彼此之间比较清楚各自的所需所想。比如，宣传某个方针政策或者处理某些思想观念的问题，乡镇干部有时候不如村干部有针对性和亲和力，村干部可能又不如同一个宗族人来讲道理更有效。也就是说，如果圈子外的人做圈子内的人的思想政治工作可能不容易，但是如果是圈子内的人对其他人讲道理、做工作则具有更强的亲和力、针对性。因此，圈子有利于提升精神文明建设的实效性。值得注意的是，圈子因为有相对的界限，也就有"圈内"和"圈外"的区别，圈内是"自己人"，圈外不是"自己人"。因此圈子具有私人性和排外性的特点，这与社会公共利益为基础的公平、公正和公开原则有冲突的地方，是精神文明建设过程中需要注意的方面。

农民交往圈子是丰富的，主要有四种交往关系，即通过血缘纽带、地缘纽带、业缘纽带和趣缘纽带建立起来的交往关系。血缘纽带和地缘纽带是一直以来占据主导地位的交往方式，业缘纽带和趣缘纽带随着社会主义市场经济的发展不断生成发展。

血缘关系建立起来的交往。如今基于血缘的关系网络有所内缩，虽然血浓于水的天然纽带决定了这种交往关系可能有所内缩，

---

① 王春光：《农村流动人口的"半城市化"问题研究》，《社会学研究》2006年第5期。

但不会消失。这种交往关系比较典型的载体是家庭或家族。马克思主义认为，家庭关系本质上是一种重要的社会关系。"这种家庭起初是唯一的社会关系，后来，当需要的增长产生了新的社会关系而人口的增多又产生了新的需要的时候，这种家庭关系便成为从属的关系了（德国除外）。"①家庭教育是所有人的第一课堂，这个交往过程也是教育的过程。首先是认识功能。"爱子，教之以义方"，家庭教育是人们认识形成善恶、荣辱、义务、良心、责任等价值判断的重要寓所。其次是规范功能。不同的家庭有不同的家规、家风。"积善之家，必有余庆；积不善之家，必有余殃。"家规、家风对个人修养产生重要作用，对个人行为产生规范作用。再次是调节功能。这是说家庭教育将影响个人的社会实践，指导和纠正人们的行为和实践活动。习近平总书记非常重视家庭交往中精神文明的建设作用。他说："尊老爱幼、妻贤夫安、母慈子孝、兄友弟恭、耕读传家、勤俭持家、知书达礼、遵纪守法、家和万事兴等中华民族传统家庭美德，铭记在中国人的心灵中，融入中国人的血脉中。"②"不论时代发生多大变化，不论生活格局发生多大变化，我们都要重视家庭建设，注重家庭、注重家教、注重家风"。③

地缘关系建立起来的交往。"游牧的人可以逐水草而居，飘忽不定；做工业的人可以择地而居，迁移无碍；而种地的人却搬不动地，长在土里的庄稼行动不得，侍候庄稼的老农也因之像是半身入

---

①《马克思恩格斯选集》第 1 卷，人民出版社，2012，第 159 页。

②《习近平谈治国理政》第 2 卷，外文出版社，2017，第 353 页。

③ 习近平：《在 2015 年春节团拜会上的讲话》，《人民日报》，2015 年 2 月 18 日。

了土里，土气是因为不流动而发生的。"①村落有固定的清楚的边界，是一个相对封闭的空间。长时间生活于同一个地方，彼此之间必然因为有比较深入的交流沟通而成为熟人。从这个意义上讲，传统的农村社会是熟人社会，地缘关系成为人与人之间交往关系的重要纽带。它使人们发展了一种"乡村意识"，人们"从热爱自己的家庭，发展到热爱自己的宗族；从热爱自己的宗族，发展到热爱生我养我的土地"②。自然而然在农村会形成一套约定俗成的交往规则。如果从正式制度与非正式制度的视角看，这些规则多为非正式制度。"从根本上讲，它是用习俗和惯例这些没有文字记录的法律进行统治的。"③作为在农民交往中的重要规范，这些规范无须外在的强制力来保证实施，主要依靠内在的信念、舆论等来实现。交往的过程就是运用非正式制度处理人、事、物的过程，运用非正式制度的过程就是受教育的过程。

业缘关系建立起来的交往。"血缘亲属关系是人们之间日常交往最主要的纽带和关系中介，这种交往在原始社会时期和自然经济时代，是绝大多数人最主要的甚至是全部的交往生活。地缘关系也是迄今为止人们之间最主要的日常交往纽带，这种纽带是指没有血缘亲属关系的人们之间由于居处的生存空间的比邻而发生的日常交往。业缘关系纽带是现代社会人们基于社会化大生产和有组织的社会、文化生活而建立起来的交往关系，主要目的是维持社会再生产和社会整体的非日常交往活动。在业缘性的工作关系、社会关系基

---

① 费孝通：《乡土中国》，北京出版社，2005，第3页。
② 林语堂：《中国人》，学林出版社，2005，第207页。
③ 林语堂：《中国人》，学林出版社，2005，第208页。

础上，人们之间也形成个人化的日常交往关系。"①改革开放以来，农民不再只是从事农业生产，即使从事农业生产的农民也从依附于集体的"社员"转变为了联产承包责任制的"承包户"。许多农民开始从事农业以外的其他行业，许多农民从事工商业生产经营活动，与此同时，大量农村剩余劳动力流向城市寻找就业机会，城乡二元制度也逐步改变。因此，因业缘关系而形成的交往关系也逐步成为农民交往的重要纽带。比如，农民进城打工往往是由部分先行者探路，然后逐步一个带一个进城打工，因为从事基本相同的行业就形成了不同的交往"圈子"。因为业缘纽带而形成的交往"圈子"是农村流动人口精神文明建设的重要教育资源和教育载体。

趣缘关系建立起来的交往。虽然血缘关系仍然是农民交往的核心纽带，但是业缘和趣缘的关系不断扩大和膨胀。因兴趣爱好而形成的交往关系其实一直都存在，主要是在工作之余，是在农闲时候的一些集体活动，劳作之余聚在一起的聊天。随着乡村生产生活条件的不断改善，吃饱饭已经不是问题，生产劳动的时间大大缩短之后，人们的休闲时间更多，休闲方式也与时俱进，休闲娱乐也进一步丰富发展。比如，有学者就观察到农村女性休闲娱乐时间和方式的拓展。"以打牌活动结成的妇女活动圈子不一定时刻都是在牌桌上交往，而在平时也经常表现为串门的形式，如在某家门前坐一下聊聊家常，打牌实际上间接促成了她们的交往范围的扩大。""打牌不仅促成了不同家门妇女之间的交往，同时也使她们跨越了生产队的活动范围，形成了村庄内的流动交往形式。但打牌的交往作用毕竟还不明显，只能说更多地停留在生产小组的层次之上。跳舞则成为村庄层面的妇女交往的另一活动方式，它突破了原有的几人互动模

---

① 王晓东：《论日常交往》，《求是学刊》2005年第6期。

式，形成了全村妇女整体层面的互动交往。"①不仅如此，趣缘关系建立的交往在代际上也是有差别的，与上一代人相比，年轻一代更突出体现这种突破血缘、地缘关系的交往方式。有学者谈道："调研所在村书记家的公公婆婆单住在村头的西边，他们居住的房子就在几个儿子房子的中间。书记的婆婆有70多岁了，在调研过程中发现，她就从来没有出过自己的家门，早晚都坐在自家门前拿着一把扇子乘凉，她说'老年人与其他人处不来'，所以就不会出去串门，而老头子还经常上镇里赶集；与此相反，作为儿媳的黄书记40多岁，一天到晚见不到人影，她不仅忙于村里的事情，也时常出去到外面旅游，休闲的时候抱着自己的孙女到村子的公路上走走，跟人家闲聊，在家的时间是少之又少。"②这里虽然仍然是基于女性交往活动的观察，但是从我国家庭地位的特点可以进一步推出男性也大略如此。因此，随着社会主义市场经济的发展以及高度流动社会的形成，趣缘性的交往也在不断发展。

---

① 朱静辉：《圈子：农村妇女日常生活中的交往互动》，《西南石油大学学报（社会科学版）》2011年第3期。

② 朱静辉：《圈子：农村妇女日常生活中的交往互动》，《西南石油大学学报（社会科学版）》2011年第3期。

第四节　日常生计与农村精神文明建设

　　日常生计对于每一个个体的生存发展都至关重要，不仅关系到个体的物质生活的需求和改善，而且也关系到精神生活的需求问题。日常生计改善本身就是最好的精神文明建设，而且日常生计也是进行精神文明建设的重要资源。本节将对日常生计及其精神文明建设价值进行分析，同时阐释农村精神文明建设的日常生计创新等问题。

一、日常生计及其精神文明建设价值

　　生计这个词，很早就出现于古代汉语当中，意味着我国古代的知识分子很早就对这一问题有所认识。白居易《首夏》诗："料钱随月用，生计逐日营。"《陈书·姚察传》有言："清洁自处，赀产每虚，或有劝营生计，笑而不答。"白居易《送萧处士游黔南》诗云："生计抛来诗是业，家园忘却酒为乡。"《花月痕》第一回："小子奉母避难太原，苦无生计。"在古汉语中，"生"的含义是生命的存在——生存或生活；"计"的含义则是考虑、谋划，体现了这种活动是有意识的。生计的含义即是谋生之计、维持生存的方式。①生计与民生、生存、生活等概念切入点不同，实践形态也千姿百态，但是概念相近，有时候所指的是同一回事并没有本质的区别。孙中山

---

① 孙晓飞：《生计：总体经济关系的个体体现———对生计概念的经济学规定》，《北方经贸》2018年第12期。

曾说："民生就是人民的生活——社会的生存、国民的生计、群众的生命便是。"①日常生计是日常生活的重要维度，主要体现为农耕渔猎、盖房买房、外出行商等生存消费状况，可以分为物质维度的民生、制度维度的民生和精神文化维度的民生。

日常生计是人们生存发展的需求，同时又具有丰富的社会和文化蕴意。从生产的角度看，生计教育提高社会全体成员的能力和素质，能力和素质的提升有利于社会移风易俗。1905年陆费逵在《论改革当从社会始》一文中认为，"治国者……必先谋夫教也。生计教育得道，则人心必变而善；人心而善，则社会之风俗习惯良，而国家以立矣。……中国衰弱之原因，其咎亦在女子无生计教育也。苟女子有生计教育，则现在可以助男子力之所不及，而将来之结果，则可培养新国民，而移风易俗而强国矣。"②其实，生计不仅表现为有能力进行"什么样的生产"，还体现为"过怎样的生活"。不同的消费生活带给人们不同的影响，这在消费主义视角中尤为突出，符号价值的文化区分成为日常生活各场域划分的主要方式。"消费并不是通过把个体们团结到舒适、满足和地位这些核心的周围来平息社会毒症，恰恰相反，消费是用某种编码及某种与编码相适应的竞争性合作的无意识纪律来驯化他们；这不是通过取消便利，而是相反让他们进入游戏规则。这样消费才能只身替代一切意识形态，并同时只身担负起整个社会的一体化，就像原始社会的等级或宗教礼仪所做到的那样。"③日常生计绝不仅仅是纯粹的经济行为，更蕴含着

---

① 《孙中山选集》，人民出版社，1981，第802页。

② 陆费逵：《陆费逵教育论著选》，人民教育出版社，2000，第2页。

③ ［法］让·波德里亚：《消费社会》，刘成富、全志钢译，南京大学出版社，2006，第64页。

丰富的社会意义，是精神文明建设的重要资源和载体。

第一，日常生计为精神文明建设提供基础。从总体上看，一定的物质生产条件决定一定的意识。在采集条件下生产力水平低下，平均分配生产所得成为生活于其中的人们的观念；在农业生产为主的条件下生产力水平有进一步提高，等级等观念被接受和认可；随着工业生产的发展，等级观念开始不被接受，平等、自由等观念越来越成为普遍共识。从个体上看，不同的物质生活条件也是个体意识形成发展的基础。"忧心忡忡的、贫穷的人对最美丽的景色都没有什么感觉；经营矿物的商人只看到矿物的商业价值，而看不到矿物的美和独特性，他没有矿物学的感觉。"①也就是说，个体的物质生活条件往往成为其持有什么样的观念及其发展的基础。有一个故事说，一个农妇嫌弃家境的贫寒，渴望有朝一日过上贵妇那样的生活。她说："一旦我有这样的条件，我要每天都有腌柿子吃。"对此，我们也可以联想到"没有饭吃，为什么不吃肉粥"的晋惠帝。教育对象既有的内在的许多思想观念常始自于与其密切相关的"衣食住行"日常生计的问题。日常生计问题解决了，思想问题也随之解决。因此，精神文明建设自然不能脱离一定的物质生活条件，而应该适应于一定的物质生活条件，这样才有利于教育对象利用自身内在的知识和观念不断提高其思想政治素质。

我们党高度重视日常生计在精神文明建设中的意义。1934年毛泽东在《关心群众生活，注意工作方法》一文中对日常生计在做好思想政治工作中的重要性做了充分的说明，他指出："群众的生活问题，就一点也不能疏忽，一点也不能看轻。""如果我们单单动员人民进行战争，一点别的工作也不做，能不能达到战胜敌人的目的

①《马克思恩格斯文集》第1卷，人民出版社，2009，第192页。

呢？当然不能。我们要胜利，一定还要做很多的工作。领导农民的土地斗争，分土地给农民；提高农民的劳动热情，增加农业生产；保障工人的利益；建立合作社；发展对外贸易；解决群众的穿衣问题，吃饭问题，住房问题，柴米油盐问题，疾病卫生问题，婚姻问题。总之，一切群众的实际生活问题，都是我们应当注意的问题。假如我们对这些问题注意了，解决了，满足了群众的需要，我们就真正成了群众生活的组织者，群众就会真正围绕在我们的周围，热烈地拥护我们。"①真心实意地为群众谋利益，解决群众的生产和生活问题，就能凝聚共识、团结人民。相反，如果脱离人们的日常生计，单纯进行宣讲，动员效果不一定是好的。对此，毛泽东曾经专门进行举例说明，他说汀州市政府只管扩大红军和动员运输队，对群众生活问题一点不理，取得极少成绩，但是江西的长冈乡和福建的才溪乡高度重视群众生产生活问题，取得了很大的成绩。纵观中国革命、建设和改革过程，中国共产党始终从满足群众的具体利益出发。国内革命战争时期，中国共产党就强调要以"土地革命得到支持来保障革命的政权"。在抗日战争时期，"中国共产党旨在解决农民土地问题的减租减息和土地改革运动几乎贯穿于抗日根据地和解放区建设的全过程，在时间上远远超过大生产、整党整风、整支建政等其他运动，……成为党整合社会、建立新的社会秩序乃至赢得战争的总抓手，因此其影响和作用也是其他运动所无法比拟的"②。新中国成立后，国家废除了"地主阶级封建剥削的土地所有制"，给无地、少地的农民分配了土地。中国共产党实现了千百年

① 《毛泽东选集》第1卷，人民出版社，1991，第136-137页。
② 黄琨：《从暴动到乡村割据：1927—1929——中国共产党革命根据地是怎样建立起来的》，博士学位论文，2013，第176页。

来农民获得土地的梦想，与此同时农民也热情拥护党的领导。改革开放以来，从家庭联产承包责任制到乡村振兴战略实践，中国共产党始终坚持全心全意为人民服务的根本宗旨。

第二，日常生计是精神文明建设的重要资源。日常生计也是物质生产和物质生活的统一。物质生产是进行衣食住行等物质生产的活动过程和劳动成果。物质生产和物质成果蕴含相应的文化事象，是精神文化的重要载体。比如，农业生产过程中会形成特定的习俗，"这类习俗包括农业生产工具的制作和使用，以及具体的生产程序等。这些习俗世代相沿，成为广大农民生产、生活的一部分。它既可以起到传授农业生产技术知识的作用，又成为农村精神文明的重要组成部分。其物质生产效益与精神文明效益是很明显的"[1]。物质生活包括饮食、服饰、居住和器用等方方面面，同样是精神文化的载体。"物质社会民俗的每一方面，几乎都是该民族传统观念的外化，它不仅造成民族成员之间的共识性，产生彼此身份的认同感，而且还可以强化其宗教信仰、伦理观念和政治观念，增强其内聚倾向。所以，物质生活民俗在各民族物质生活和精神生活中占据重要地位。"[2]不管是物质生产，还是物质生活，首先是以满足生理需要为目的，因此与每一个主体息息相关。同时随着社会的发展和分工的复杂化，物质生产和物质生活被赋予越来越多精神文化的内容。

日常生计问题得到满足，有利于进一步解决思想观念问题。一方面，有利于摆脱旧思想观念，正如《人民日报》所记载："敬了几十年的神，也没有见减过一颗粮，如今有了毛主席，领导大家翻了

---

[1] 钟敬文：《民俗学概论》，上海文艺出版社，2009，第45–46页。
[2] 钟敬文：《民俗学概论》，上海文艺出版社，2009，第73–74页。

身、减了租、反了恶霸，我只跟毛主席走，敬神干什么!"①另一方面，有利于树立新思想观念。比如1951年6月30日，《人民日报》刊登了一则读者来信:"土地改革，我家分了十亩稻田，三间半房子，还有水车和零碎农具。打这以后，我的生活就一天一天好起来了……要不是共产党来了，我能有这么好的光景么? 要不是打跑了国民党反动派，成立了人民自己的政府，我家里能分到土地，我自己能这样安安稳稳地做工么?"②从这个意义说，人们进行的任何物质生产和生活本身就是受教育的过程，同时物质生产和物质生活也是丰富精神文明建设资源的重要载体。

二、农村精神文明建设的日常生计维度

把解决实际问题与解决思想问题结合起来，是中国共产党精神文明建设的重要原则和有效方法。"加强和改进思想政治工作，要十分注意把解决思想问题同解决实际问题结合起来。我们党从来就是靠实实在在为群众谋利益，而不是靠空洞的说教来赢得人民群众的拥护和爱戴的。从这个意义上说，为群众排忧解难，多办实事好事，就是最直接、最生动、最有说服力的思想政治工作。必须看到，现在群众中存在的思想问题，有相当一部分是由于实际问题得不到妥善解决而引起的。实践证明，不做深入细致的思想政治工作，工作方法简单生硬，一些本来是为了群众的好事也难以得到群众的理解，甚至引起群众的不满;只讲空话，不办实事，思想政治工作不但难以收到好的效果，而且会引起群众的反感，败坏思想政治工作的声誉。把解决思想问题同解决实际问题结合起来，既是思

---

① 雁军:《一个新型的农村——翟城》，《人民日报》，1950年4月28日。
② 傅学文:《感谢毛主席感谢共产党!》，《人民日报》，1951年6月30日。

想政治工作的一个有效方法，也是思想政治工作必须遵循的一项重要原则。"①扩展日常生计维度是提升农村精神文明建设亲和力的重要切入点。

经济民生。马克思和恩格斯深刻地指出："我们首先应当确定一切人类生存的第一个前提，也就是一切历史的第一个前提，这个前提是：人们为了能够'创造历史'，必须能够生活。但是为了生活，首先就需要吃喝住穿以及其他一切东西。因此第一个历史活动就是生产满足这些需要的资料，即生产物质生活本身，而且这是这样的历史活动，一切历史的一种基本条件，人们单是为了能够生活就必须每日每时去完成它，现在和几千年前都是这样。"②人类生存是发展的前提和基础，吃喝住穿不仅直接影响人们思想观念的产生和发展，而且也影响引导人们思想观念的有效性。徐勇认为："支配中国农民行为最基本的逻辑是生存理性，即行为的出发点和价值标准是基于自我生存，以使生命得以延续。这不仅仅是个体生命的本能驱使，而且因为个体生命承载着祖先家族的延续性，因此是个体性和集体性的合一。"③就是说，相对于其他群体，农民谋生方式比较单一，经济收入、生活质量、社会声望与地位等方面均处于较低水平。同时，再加上传统观念的影响，普遍希望为家庭、家族尽可能积累多的财富，惠及子孙后代，而对宏大的、抽象的"主义"和社会政治理想不会有太大的浪漫主义情怀。因此，如果农民的生计问题得到比较好的解决，就更有利于提升政治认同，实现精神文明建设的目的。同时，日常物质生活需要问题不仅具有绝对性，也具有

---

① 《十五大以来重要文献选编》（下），中央文献出版社，2011，第430页。
② 《马克思恩格斯选集》第1卷，人民出版社，2012，第158页。
③ 徐勇：《乡村治理与中国政治》，中国社会科学出版社，2003，第318页。

相对性。新中国成立时，我们国家一穷二白，许多人处于绝对贫困当中，改革开放初期，我们的社会经济发展水平也很低，但是农民的政治认同却比较高。随着改革开放的不断发展，我们经济社会发展水平不断提高，全体人民的生活水平显著提高，但是农民的政治认同却出现波动。究其重要原因在于比较中产生的相对剥夺感。正如马克思所说："一座小房子不管怎样小，在周围的房屋都是这样小的时候，它是能满足社会对住房的一切要求的，但是，一旦在这座小房子近旁耸立起一座宫殿，这座小房子就缩成可怜的茅舍模样了。"①改革开放以前，城乡和群体之间的差别不明显，但是改革开放以来，可以自由流动的大量农民进城务工，城乡差距变得非常具体，群体内部的分化也出现比较明显的贫富差距，生存压力也变得更大，改善民生的愿望和要求也变得更加强烈。因此，经济民生问题涉及从总体上稳步提升全体人民生活水平和不断缩小不同群体的差距的问题。

权益民生。在影响农民政治认同的两大因素中，民主强调的是农民享有的权利，而民生强调的是国家政策执行应该遵循的规则。由于影响农民政治认同的主要因素是民生而非民主，他们不会因为自己的民主权利没有得到充分行使或保障而对政治秩序和执政者充满敌意，但是对规则的落实则非常敏感。一旦他们发现自己的利益因规则遭到践踏而受损或者自己被"潜规则"，他们往往会变得非常愤怒。比如，他们不会因为农民没有获得平等的社会保障权利而义愤填膺，却会对"富人吃低保"等践踏规则的现象愤愤不平。②换

---

① 《马克思恩格斯全集》第6卷，人民出版社，1961，第492页。
② 彭正德：《论民生视角下的农民政治认同建设》，《哈尔滨工业大学学报》2014年第11期。

句话说，农民对具体的规则落实比相对抽象的权利的关心来得更为强烈，对发生影响日常生活的内容比非日常生活的内容反应更为强烈，对具体的相关部门的工作比高层级的部门的工作关注度更高。这种情况也是普遍现象，因为每一个个体首先总是看到、听到、感受到发生于自己身边的人、事、物。一方面，不断提升公共服务和社会保障水平。农村公共服务体系与老百姓日常生活密切相关，改革开放以来，公共服务水平有了很大的提升，但是因为基层财政等限制，公共服务体系需要进一步提高。需要不断发展公共教育、公共卫生、公共文化等社会事业，不断发展公共交通、公共通信等公共产品和公用设施建设，不断加强人的生存、发展和维护社会稳定所需要的社会就业、社会分配、社会保障、社会福利、社会秩序等公共制度建设。另一方面，限制、消除基层治理的官僚主义、裙带关系。国家政策只有通过各级地方党政部门才能得到执行。相关部门要避免出现自利性的保护部门、地区或者个别人的利益，也就是要避免"卷入社会利益冲突中，成为冲突过程中的利益相关者甚至是冲突发生的根源"①。因为如果出现老人不能够领"养老钱"，但是"富人吃低保"等问题，这会对老百姓情感认同造成很大伤害。因此，政策措施要抓实抓小抓细，要公平公正。

文化民生。一般认为，人的需要可以分为生存需要、享受需要和发展需要。衣食住行等内容是日常生计的生存性维度，公平正义、社会福利等内容是日常生计的享受性维度，精神文化是日常生计的发展性维度。"所谓'文化民生'就是指文化层面的人民生

---

① 赵树凯：《乡镇治理与政府制度化》，商务印书馆，2010，第265页。

计。"①马克思在《资本论》中强调了文化生活对工人生存发展的重要性，他指出："工人必须有时间满足精神需要和社会需要，这些需要的范围和数量由一般的文化状况决定。"②恩格斯在《反杜林论》中也指出："文化上的每一个进步，都是迈向自由的一步。"③1933年8月毛泽东在《必须注意经济工作》中指出："用文化教育工作提高群众的政治和文化的水平，这对于发展国民经济同样有极大的重要性。"④党的十八届三中全会提出："建立群众评价和反馈机制，推动文化惠民项目与群众文化需求有效对接；整合基层各方面的资源建设综合性文化服务中心。"⑤一方面，要讲好中国农村文化民生发展故事。物质民生、权益民生本身不属于文化民生的范畴，但是不断改善提高全体人民的物质民生、权益民生的故事则是文化民生的重要内容和思想来源。民生与老百姓日常生活密切相关，要讲好中国共产党成立以来、新中国成立以来、改革开放以来物质民生、权益民生和文化民生发展的故事。讲好民生故事的"道"。为中国人民谋幸福、为中华民族谋复兴的初心和使命，作为中国共产党的精神坐标和精神动能熔铸于革命、建设和改革的制度建设的全过程。初心使命是中国民生发展的"道"，从根本上规定了中国特色社会主义制度的崇高性和发展性，其目标指向始终代表最广大人民根本利益，保证人民当家作主，体现人民共同意志，维护人民合法权益。

---

① 付蓓、韦怀远：《文化民生与马克思主义信仰重塑》，《人民论坛》2011年第26期，第212-213页。
②《马克思恩格斯选集》第2卷，人民出版社，1995，第196页。
③《马克思恩格斯全集》第20卷，人民出版社，1971，第126页。
④《毛泽东选集》第1卷，人民出版社，1991，第125-126页。
⑤《中共十八届三中全会在京举行》，《人民日报》，2013年11月13日。

另一方面，不断发展加强农村文化民生建设。有学者认为，当前农村文化民生建设存在三个误区：误区之一就是过度强调物质性、经济性文化民生而忽视权益性、精神层面的文化民生；误区之二就是对"文化民生"产品（服务）的属性界定存在片面性，夸大政府的主导而忽视民众的主体地位；误区之三就是迷信市场与效率法则，忽视道德精神的效用。[①]要以社会主义核心价值观为指导，大力发展农村文化事业和文化产业，不断提高农村文化事业的供给水平和管理能力，从而提升农民文化生活品质。

　　经济民生、权益民生和文化民生共同构成了日常生计维度农村精神文明建设的主要抓手。在农村精神文明建设过程中，它们之间有共同的一面，也有不同的一面。从共同点看，它们都与农民日常生活息息相关，有利于提升农村精神文明建设的亲和力和实效性。从不同点看，经济民生、权益民生建设为有效开展农村精神文明建设提供重要的接受基础，文化民生建设过程本身就是农村精神文明建设内容。

---

① 文丽丽、李屏南：《中国农村文化民生建设之道》，《湖南农业大学学报（社会科学版）》，2017年第5期。

第七章

时空转换与农村精神文明建设

创新发展

费孝通先生曾说中国社会发展经历着"三级两跳"的飞跃。他说，大体上可以说，我这一生经历了20世纪我国社会发生深刻变化的各个时期。这段历史里，先后出现了三种社会形态，就是农业社会、工业社会及信息社会。这里边包含着两个大的跳跃，就是从农业社会跳跃到工业社会，再从工业社会跳跃到信息社会。我概括为三个阶段和两大变化，并把它比作"三级两跳"。第一个变化是我国从传统的乡土社会开始变为一个引进机器生产的工业化社会。第二个变化，即我国从工业化走向信息化的时期。我们的底子是第一跳尚未完成，潮流的走向是要我们跳上第三级，在这样的局势中，我们只有充实底子，顺应潮流，一边补课，一边起跳，不把缺下的课补足，是跳不过去的。[1]经过长期努力，我国经历了从传统的农业社会向工业化、信息化社会的逐步转变，但是时空压缩体现为工业化和信息化叠加。工业化的进程意味着流动化，提出了流动社会与农民思想政治教育创新问题；信息化的进程意味着网络化，提出了网络社会与农民思想政治教育的呈现问题；新生代农民工是工业化和信息化背景下成长起来的一代，新生代农民工思想政治教育是典型环境下的典型主体。

---

① 费孝通：《"三级两跳"中的文化思考》，《读书》2001年第4期。

第一节　网络社会与网络精神文明
建设创新

互联网出现的时间不长，但是已经深刻地影响着人类的生活。网络思想政治教育已经并且持续成为学界研究的重要议题。农村互联网的普及发展正在经历量变到质变的过程，随着我国网络的快速发展，网络将进一步融入到农民的生产生活中，从而成为影响其思想政治素质发展的重要变量。本节将简要分析农民网络生活的现状与发展趋势，阐释农民网络思想政治教育面对的挑战，进而提出网络社会中农民网络思想政治教育创新的思路。

一、互联网发展与农民网络生活

国际互联网的基础技术形成于二战期间，政府（主要是军方）在研发过程中起到了决定性作用，20世纪80年代中期互联网技术得到空前发展，但主要用于学术和科学研究。1987年，中国学术网络（China Academic Network）在计算机与计算机之间建立起连接。1989年10月，国家计委利用世界银行贷款重点学科项目——国内命名为：中关村地区教育与科研示范网络，世界银行命名为：National Computing and Networking Facility of China（简称NCFC）——正式立项，11月，该项目正式启动。NCFC是由世界银行贷款"重点学科发展项目"中的一个高技术信息基础设施项目，由国家计委、中国科学院、国家自然科学基金会、国家教委配套投资和支持，由中国科学院主持，联合北京大学、清华大学共同实施。1994年4月，中国全功能接入国际互联网，成为国际互联网大家庭中的第77个成员。①1996年召开的第八届全国人大会议上，中国政府正式提出"科教兴国战略"，在第四次会议上批准的《中华人民共和国国民经济和社会发展"九五"计划和2010年远景目标纲要》中提出："国民经济和社会各领域应用现代电子信息技术取得很大进展，计算机应用在生产、工作和生活中的普及程度有很大提高。初步建立以宽带综合业务数字技术为支撑的国家信息基础设施，国民经济信息化的程度显著提高。"②到2010年，中国经济总量首次超过日本跃居世界第二，2010年6月底，我国网民规模已经突破4亿关口，达到了4.2亿，互联网普及率攀升至31.8%，基本实现了"2010远景目标"。

随着现代信息技术高度发展，不仅有固定互联网，还有移动互联网及其与电信网、电视网的融合。2001年3月通过的"十五"计划纲要中第一次明确提出"促进电信、电视、计算机三网融合"。2009年1月，工信部向中国移动、中国电信和中国联通三大运营商发放3G牌照；2010年1月，国务院常务会议决定加快推进电信网、广播电视网和互联网三网融合，同年6月，中国人民银行公布《非金融机构支付服务管理办法》，将网络支付纳入监管。③互联网不仅在城市普及发展，而且在农村也蓬勃成长。第45次《中国互联网络发展状况统计报告》显示，2019年我国"村村通"和"电信普遍服

---

① 中国互联网大事记。http://www.cac.gov.cn/sjfw/dashiji/A091605index_1.htm.
②《中华人民共和国国民经济和社会发展"九五"计划和二〇一〇年远景目标纲要》。http://www.npc.gov.cn/wxzl/gongbao/2001-01/02/content_5003506.htm.
③ 中国互联网大事记。http://www.cac.gov.cn/2014-04/20/c_126417746.htm.

务点"两大工程实施，中国广大农村及偏远地区贫困群众跟上互联网时代的步伐，同步享受信息社会的便利。截至2019年10月，我国行政村通光纤和通4G比例均超过98%，贫困村通宽带比例达到99%，实现了全球领先的农村网络覆盖；截至2020年3月，我国网民规模为9.04亿，互联网普及率达到64.5%，尤其农村宽带用户快速增长，农村宽带用户总数达1.35亿户，较2018年底增长14.8%，增速较城市宽带用户高6.3个百分点；截至2020年3月，我国农村网民规模为2.55亿，占网民整体的28.2%，较2018年底增长3308万。①党的十八大以来，数字技术不仅在城镇扎根生长，也与农业农村实现着深度融合，农业新产业新业态竞相涌现，科技创新能力不断提升。2018年，全国农产品网络零售额5542亿元，占农产品交易总额的9.8%。基于农产品电商、农业遥感的大数据服务产品不断丰富，数字产业化创新发展。定制农业、创意农业、认养农业、云农场等新业态新模式方兴未艾，乡村分享经济逐步兴起，"互联网+"农业社会化服务加快推进。2018年，农业数字经济占农业增加值的比重达7.3%。②展望未来，农村网民规模将进一步扩大，数字技术将进一步与生产生活融合。《中共中央、国务院关于实施乡村振兴战略的意见》和《数字经济发展战略纲要》提出，要大力发展数字农业，实施数字乡村战略，推动农业数字化转型。农业农村部中央网络安全和信息化委员会办公室关于印发《数字农业农村发展

---

① 第45次《中国互联网络发展状况统计报告》。http://www.cnnic.net.cn/hlwfzyj/hlwxzbg/hlwtjbg/202004/P020200428596599037028.pdf.

② 数字为乡村振兴赋能——《数字农业农村发展规划（2019—2025年）》擘画乡村发展新蓝图。http://www.cac.gov.cn/2020-01/21/c_1581145846821723.htm.

规划（2019—2025年）》的通知指出，到2025年，数字农业农村建设将取得重要进展，有力支撑数字乡村战略实施。农业农村数据采集体系建立健全，天空地一体化观测网络、农业农村基础数据资源体系、农业农村云平台基本建成。数字技术与农业产业体系、生产体系、经营体系加快融合，农业生产经营数字化转型取得明显进展，管理服务数字化水平明显提升，农业数字经济比重大幅提升，乡村数字治理体系日趋完善。预计到2020年，农业数字经济占农业增加值比重达到15%，农产品网络零售额占农产品总交易额比重15%，农村互联网普及率70%。①因此，如果说过去中国互联网发展的主要空间集中于城市，生活在都市的人们是主要的使用群体，那么中国互联网发展的主要增长即将逐步转移到农村，农民将成为互联网使用群体不可忽视的力量。

农村互联网的普及发展不仅是一个量变的过程，更是一个质变的过程。首先，从社会发展维度看，社会互联网时代不仅产生了新型信息传播方式，而且孕育着社会文化的新质。从中国接入互联网的技术发展历程看，中国互联网历史可以分为三个阶段：第一阶段，以三大门户为代表、以Web1.0为特征的20世纪90年代；第二阶段，以BAT（百度、阿里和腾讯）崛起为代表、以Web2.0为特征的21世纪00年代；第三阶段，以BAT称霸、TMD（头条、美团和滴滴）崛起为代表、以移动互联网为特性的21世纪10年代。而未来21世纪20年代的第四阶段，也已经很清晰地呈现以智能为特性的新特征和格局。与之对应，依据社会网络发展和人类社会联结程度，中国互联网的发展历程也大致分为三个阶段：第一阶段大致是

---

① 数字农业农村发展规划（2019—2025年）。http://www.moa.gov.cn/govpublic/FZJHS/202001/t20200120_6336316.htm.

1994—2008 年，以 PC 互联网为特征的弱联结阶段；第二阶段是 2008—2016 年，以移动互联网为特征的强联结阶段；第三阶段是 2016 年左右开启的，以人工智能、云计算和 5G 等为焦点、以智能化为特征的超联结阶段。经过多年的发展，我国"初步形成了中国特色的网络社会，一个强联结的新兴社会形态正在全面形成并发展"①。这种变革具有全球普遍性，也有些是中国独有的。因为西方许多发达国家已经完成了工业化过程，大略遵循着农业、工业和信息化发展的线性路径，而中国作为一个有着悠久历史的文明大国则是农业现代化、工业现代化和信息化交错重叠发展。当然，这也恰恰是中国可以轻装上阵赶上并引领新一轮信息技术革命的契机。互联网缔造的网络空间，是人类生存和生活的全新空间，这个新空间在中国将越来越充分彰显出来。其次，从我国城乡格局维度看，城乡数字鸿沟加快弥合。数字鸿沟问题是互联网发展过程中一个不可回避的问题。中国也面临这样的问题，中国网民突破 8 亿，但是还有 6 亿人口没有上网，其中，我国农村网民规模为 2.22 亿，只占整体网民的 26.7%。巨大的数字鸿沟，不仅影响互联网整体发展，也影响社会的稳定。②但是，党中央、国务院高度重视网络安全和信息化工作，大力推进数字中国建设，实施数字乡村战略，加快 5G 网络建设进程，为发展数字农业农村提供了有力的政策保障。信息化与新型工业化、城镇化和农业农村现代化同步发展，城乡数字鸿沟加快弥合，数字技术的普惠效应有效释放，为数字农业农村发展

---

① 方兴东、陈帅：《中国互联网 25 年》，《现代传播》2019 年第 4 期。
② 方兴东、陈帅：《中国互联网 25 年》，《现代传播》2019 年第 4 期。

提供了强大动力。①再次，从农村精神文明建设维度看，网络新媒体已经成为思想政治教育的新载体，虚拟空间已经成为思想政治教育的新场域，网络领域与现实领域相对独立并融合发展。全球新一轮科技革命、产业变革方兴未艾，物联网、智联网、大数据、云计算等新一代信息技术加快应用，深刻改变了生产生活方式，引发经济格局和产业形态深度变革，引发生活方式和文化形态的深刻变革。有学者认为："有些党报已被边缘化，或日渐被边缘化，或有可能被边缘化。""党报的总体影响力日渐式微，与此相对应，新兴媒体在许多场合却主流化和核心化了。"②这里谈到两个层面的问题：一是传统媒体虽然处于优位，但是新兴媒体在不断扩张自己的地盘；二是新的时代背景下主流价值观的有效育人需要创新性的回答。因此，农民网络思想政治教育的实效性关乎个体的精神面貌和精神境界，也关乎我们举什么旗和走什么路。

二、网络社会中农村精神文明建设面对的挑战

第一，农村精神文明建设工作者阵地意识不足。伴随着我国互联网的发展，网络思想政治教育成为重要议题。江泽民同志在2000年召开的中央思想政治工作会议上的讲话中指出："信息技术特别是信息网络技术的发展，为我们开展思想政治工作提供了现代化手段，拓展了思想政治工作的空间和渠道。要重视和运用信息网络技

---

① 数字农业农村发展规划（2019—2025 年）。http://www.moa.gov.cn/govpublic/FZJHS/202001/t20200120_6336316.htm.

② 丁柏铨：《主流话语边缘化困局待解》，《人民论坛》2012 年第 5 期，第37 页。

术，使思想政治工作提高时效性，扩大覆盖面，增强影响力。"①从目前笔者掌握的资料来看，最早关于网络思想政治教育的论文是1999年张建松发表的《发挥校园网络在思想政治工作中的作用》，2000年后网络思想政治教育问题得到学界的高度重视，发表的论文逐年递增。2000年也就是说中国接入互联网后的第五个年头，党和政府就敏锐地意识到了网络思想政治教育的问题并做了重要的部署，同时学界也加强对网络思想政治教育问题的研究并取得了不少成果。②由此可见，网络思想政治教育问题的研究已经走过了20个年头，虽然相关研究尤其基础性的研究都为农民网络思想政治教育提供了重要的指导，但是到目前为止针对农民群体的网络思想政治教育问题的研究还不多。这意味着存在这样一个假设，即网络思想政治教育是一个重要论域，但是农民网络思想政治教育则不甚重要。在我国互联网发展的早期这个假设也许是合理的，因为互联网的使用人群主要集中于城市人口，一度被认为是技术精英交流、休闲娱乐的工具，但是随着农民大规模的跨区域流动和互联网的普及发展，农民网络思想政治教育显得越来越重要。中国互联网络发展的一大趋势是"从玩网到用网，上网性质发生突变，网民数增长进入'雪崩'期，网民性质发生突变"③。我们可以预见，在将来万

---

① 《江泽民文选》第3卷，人民出版社，2006，第94页。

② 网络思想政治教育成果也存在参差不齐的问题。有学者指出，网络思想政治教育研究并不像形式所反映的那么"热"，形式上论文数量的增长恰恰反映了研究的简单重复、浮躁化、空洞化、形式化、边缘化。详见胡树祥、谢玉进：《网络思想政治教育研究的现状与新走向》，《思想政治教育导刊》2010年第1期。

③ 分析：中国互联网发展十大新趋势［EB/OL］http://tech.sina.com.cn/i/c/2002-07-23/1858127853.shtml, 2002-7-23/2009-11-25.

物互联的世界，农村农业农民都将成为网络世界中重要的节点和不可或缺的一员。因此，农民思想政治教育中网络这块阵地将越发重要，农民网络思想政治教育需要高度重视。

　　第二，农村精神文明建设的主客体关系问题。关于思想政治教育主体和客体的关系主要有四种观点：一是传统的"主客体说"。主体是活动的发起者和承担者，是主动的一方，而客体是承受者和接受者，是受动或被动的一方，因而主体有主体性，即主动性或能动性，而客体则具有客体性，即受动性或被动性。二是"主客体转化说"。认为主体和客体并不是固定不变的，尽管在通常情况下教育者是主体，受教育者是客体，但是，在教学相长的过程中，教育者也会受到教育，受教育者也会启发教育者。而且，受教育者还可以自我教育。于是，受教育者转化为主体，而教育者转化为客体。三是"主客体双角色说"。认为思想政治教育活动包含两个方面的过程，一是施教过程，二是受教过程。从前者来说，教育者是主体，是主动的一方，受教育者是客体，是受动的一方；而从后者来说，受教育者是主体，他们是学习的主体和接受的主体，因而具有自主性和能动性。四是"双主体说"或"主体际说"。这种观点认为，教育者与受教育者的关系并不是一种对象性的关系，不是主客体之间的关系，而是一种主体间的交往关系。教育者是主体，受教育者也是主体，它们之间的关系是两个主体之间的交往关系。①从传统的"主客体说"到"双主体说"体现了思想政治教育理论研究中对受教育者的能动性的定位问题，也体现了思想政治教育实践中需要高度重视受教育者的能动性的问题。

---

① 刘建军：《思想政治教育主客体难题的哲学求解》，《教学与研究》2016年第2期。

　　基于此，农民网络思想政治教育中有两个问题需要澄清：一是农民在网络思想政治教育中的能动性问题。在历史上农民一直是被压迫阶级，在封建社会受到地主阶级的压迫，在资本主义发展时期受到资本家的剥削和利用。新中国成立后，农民获得了翻身解放，是工人阶级的同盟军，改革开放以来农民的能动性进一步迸发出来，家庭联产承包责任制、乡镇企业等都是农民在实践中的伟大创举。我们不能简单地认为农民就是落后的生产者，没有创造力的群体，或者政治上的盲从者。换句话说，作为阶级，农民有其局限性，作为个体，农民也存在知识素养不足等问题，但是仍然需要高度重视并充分发挥农民在思想政治教育中的能动性。随着人工智能的快速发展，自然语言等处理能力将极大增强，网络生活中因为不识字、不会打字、不会操作信息设备等信息技术门槛将逐步消失。从这个意义上讲，农民将越来越可以自由、自主获取网络空间的各种各样信息并且也越来越成为网络空间中信息的创造者和发布者。二是农民网络思想政治教育中的主体问题。网络思想政治教育中"是否在网络思想政治教育互动关系中履行网络思想政治教育的职能，是区分网络思想政治教育主客体的唯一标准。凡是主动进行网络思想政治教育，自觉实施和开展网络思想政治教育的，就是网络思想政治教育的主体；凡是忽视和放弃网络思想政治教育职能，并受到网络思想政治教育主体的网络教育活动的辐射和影响的，就是网络思想政治教育的客体"①。农民网络思想政治教育主体不仅包括专职从事思想政治教育的工作者，也包括其他履行网络思想政治教育的主体。在网络空间中农民之间存在双向互动、多向互动和叠

---

① 骆郁廷：《论网络思想政治教育的主体与客体》，《马克思主义与现实》2016年第2期。

加活动的关系，从而彼此之间产生积极的相互影响，从这个意义上说，农民是网络思想政治教育的主体。

第三，农村精神文明建设的供给侧改革问题。一方面是供给侧要满足农民的需求。农民的需求具有一般性，也具有群体的特殊性。需求内容一般认为有物质需求和精神需求，具体来看农民需求主要有：一是生产生活类，比如农业生产的知识技能、国家关于"三农"政策等；二是风俗习惯类，比如红白喜事、家长里短等信息；三是兴趣爱好类，比如村里的公共文化活动等内容。我国幅员辽阔、风俗人情与季节特征迥异的国情，凸显了农村信息传播的难度。以前设立在各级城市的传统媒体以及绝大部分出生于城镇的传媒工作者，很难洞悉农村的实际状况和现实需要，由他们制作传播的节目和信息也就很难吸引农村受众的注意，更难得到他们的认可。就是说，长期以来农民虽然可以较自由地接触大量的媒介信息，但是，媒介信息始终游离于农民的实际生活与实际需要之外，却也是不争的事实。[1]因此，农民需要"可靠"的平台和专家提供个性化、多样化的信息满足其需求。另一方面是供给侧要引领农民的需求。需求不一定都是健康的、合理的，有些需求是虚假的、病态的。贺雪峰认为，当前农村问题的根本不在经济方面而在文化方面，农村的破产是文化的破产。在消费层面，攀比性消费快速增长，表现在婚丧娶嫁铺张浪费惊人、买车建房高大奢华、赌博情况严重；农村人情方面，当前一些农村地区深受人情债之苦，甚至出现了利用人情来敛财的现象；闲暇安排上，突然而至的闲暇与千年形成的农耕生活习惯之间不匹配，在身体上农村开始普遍出现了各

---

[1] 陈志强：《互联网的媒介准入门槛与农村的公共话语空间》，《河南社会科学》2008年第1期。

种"身体富贵疾病"，生活上各种低俗文化兴起；道德方面，尊老爱幼等优良传统道德正在受到冲击；政治方面，过去约束村庄"搭便车"行为的结构性力量解体，越来越多的村民学会了"搭便车"，越来越多村民借国家项目在村庄落地的机会获利；终极价值方面，当前农村快速变动让农村中出现了急功近利的短期行为，部分农民不知道自己为什么活，活着的意义是什么，什么活法才是对的。[①]农村出现的种种文化方面的问题虽然都是在物理空间中呈现出来，但是物理空间和网络虚拟空间并不存在不可逾越的鸿沟，两者之间是互动共生的。对于农民文化生活中的种种问题，网络思想政治教育不能"迎合"而要发挥"引领"功能。通过网络思想政治教育和线下思想政治教育的共同努力，使农民寻找到更健康的生活方式，确立起更合理的道德价值观。

第四，网络舆论环境多元多变的影响。环境一般是指在人的周围并且给人以影响的客观事实。思想政治教育环境就是影响人们的思想和行为，影响思想政治教育活动开展的外部因素。网络舆论环境是网络思想政治教育的重要环境要素。从网络舆论本身看，网络舆论具有"去中心化"的特点。传统媒介往往有信息的中心节点，但是网络信息传播过程中传播者与受众是互动共生的，个体既是信息的传播者，也是信息的接受者。同时这个特点也使网络舆论传播范围不会受到物理空间的阻隔，其传播的路径和结构具有非线性和发散性，从而跨越时空的广度并向各个方面无限延伸。从网络舆论主体看，网络舆论赋予了主体信息选择权和主导权。主体可以依据自己的兴趣爱好"提取"自己希望获得的信息，但是与此同时因为

---

① 贺雪峰：《大国之基：中国乡村振兴诸问题》，东方出版社，2019，第105-126页。

信息获取途径极大拓展，容易迷失于海量的信息当中，被舆论节奏带着走。因此，在网络环境中农民通过网络可以突破生活空间的限制接触到国内外的政治、经济、文化、社会、生活等方方面面良莠不齐的信息。"在传统媒体一统天下的时代，他们多处于被动接受的地位，作为弱势群体的农民很难通过媒介而形成自己的话语空间；表面上公开且广泛传播的'多数意见'，其实离弱势群体的诉求甚远。日渐普及的互联网络降低了公共讨论的门槛，第一次使得弱势群体至少可以在自主的范围内发出自己的声音，建立起促进自身发展的交往场域和公共空间。"①一方面极大地丰富了农民的精神生活，另一方面网络舆论环境成为农民思想和行为变化的重要变量。对此，有学者认为，在移动互联网的交友平台上，农民的朋友圈大都是和自己教育背景相似、价值观相同、观点一致的熟人圈，他们缺乏网络舆情判断能力，易对信息采取极端态度，常从自身好恶出发，偏听偏信，要么全盘接受，要么极力否认，不加甄别进行传播，而信奉极端化的观点又很可能会转变为现实中的极端事件，不利于形成理性的舆论环境。正因如此，农民也容易盲从于个别"意见领袖"。②同时，互联网，尤其是各种社交软件层出不穷，面对各种各样投其所好的诱惑，个体的人生观、价值观、消费观、婚恋观等就容易在各种网络诱惑面前偏离正确的轨道。因此，网络舆论环境对农民网络思想政治教育提出了更高、更新的要求。

---

① 陈志强：《互联网的媒介准入门槛与农村的公共话语空间》，《河南社会科学》2008年第1期。
② 昝再利：《正确把握和引导农村舆情》，《人民论坛》2019年第16期。

三、网络社会中农村精神文明建设创新

随着网络的普及与发展，农民网络思想政治教育已经并将愈发重要。农民网络思想政治教育在教育工作者的阵地意识、教育主体和教育客体的关系、教育内容以及教育舆论环境等方面提出了农民网络思想政治教育需要不断创新发展的问题。

第一，意义世界和生活世界的融合。"自媒体"至少有两层含义：一是相对于"他传播"，是每一个用户都有一个麦克风；二是相对于"被传播"，是每一个用户都可以自主地选择用脚投票。也就是说，内容生产成为自媒体发展的王道，自媒体需要用内容去抓住用户，让用户主动传播内容。自媒体时代农民网络思想政治教育似乎有一对不可调和的矛盾，即要不"迎合媚俗"，又要不"曲高和寡"。实践中，为了吸引更多用户往往稀释主流价值观的含量，甚至搁置主流价值观。从"给青年的一封信"中看出，主流价值观并不是"曲高和寡"，相反有强烈的需求，关键的问题是如何以创新的姿态挖掘这一富矿。首先，"微话题"彰显"大议题"。主流价值观不是铁板一块，可以是很具体的、生动的、形象的。主流价值观不能停留于呼吁，需要捕捉现实中的鲜活话题，站在用户的角度设置议程。微与宏之间搭建桥梁，由微到宏，无缝连接，自然生成。我们"可以赋权给个体，让个体在追求自我的幸福中同时承担起更为广阔的国家和社会的使命，从'为己'的理想信仰中体味生命幸福的同时，生发出'为他'的情怀与责任，在'为他'的理想信仰中成就人生的厚度"[①]。其次，守"正"出"新"。如果说前者强调内容上

① 练庆伟：《论现代化视域下个人信仰与社会信仰的关系》，《理论导刊》2017年第2期，第53页。

与生活世界融合的话，那么，这里强调的是形式上也要与生活世界融合。守"正"是指话语表达不能偏差，出"新"是指话语表达必须鲜活。自媒体时代农民网络思想政治教育要"改文风"，避免"一言堂"，用真诚、平等的"人格化"话语与网民交流、互动，把政治话语转化为大众话语，力求行文简练、诙谐、轻松、直白。有学者认为《人民日报》微博文本有如下四个特点：体裁，注重文约事丰；词汇，注重行文易读；句法，注重情感表达；呈现方式，图文并茂，视听共享。[①]柔性、温和特质的话语能极大地消解可能引发的距离感和排斥感，春风化雨、润物无声的形式可以极大地消解可能出现的逆反心理。

第二，他组织教育与自组织教育的统一。所谓自组织是指"如果一个体系在获得空间的、时间的或功能的结构过程中，没有外界的特定干涉，我们便说该体系是自组织的"。与自组织相对应的是他组织，所谓他组织是指"该组织只有在外界干预下才能进行演化。它的组织化，不是自身的自发、自主的过程，而是在外部驱动力下的组织过程或结果"[②]。正所谓"好事不出门，坏事传千里"。负面的、感性的信息具有天然的眼球效应，但是主流价值观往往不是对人的低层次需要的满足，不是对人的近期需要的满足，也不局限于狭隘的个体需要的满足。主流价值观往往涉及人的高层次需要、长远需要和社会需要的满足。因此，农民网络思想政治教育需要推动，这是一个他组织教育的过程。虽然媒介很难控制网民"怎么

[①] 宋友谊：《@人民日报新浪微博文本分析》，《新闻战线》2014 年第 11 期，第 96~97 页。

[②] Haken H. Information and Self-organization: A Marcroscopic Approach to Cpmplex systems [M]. Berlin& New York: Oxford university Press Inc. 1988. 11,6.

想"，但可以通过议题安排和公众人物引导网民"想什么问题"。这其中，学者、明星、大V等是拥有话语权力的特权一族，自媒体平台上的用户看到他们的言论可能就跟着转发、点赞，成为推动农民网络思想政治教育由他组织到自组织转换的重要影响因子。他组织到自组织的发展过程是主流价值观不断与用户的思维方式、生活方式和价值标准对接从而变成自觉的行动的过程。自组织教育的特征不是自上而下的线性传导，而是四通八达的网状辐射。

　　自媒体是由所有人面向所有人进行的传播。"传统媒体使用两分法把世界划分为传播者和受众两大阵营，不是作者就是读者，不是广播者就是观看者，不是表演者就是欣赏者。新媒体与此相反，它使每个人不仅有听的机会，而且有说的条件。"[1]农民网络思想政治教育中教育者与商业媒体、意见领袖、受教育者处于四分话语权的关系。强化教育的自组织性需要处理好如下关系：其一，教育者与受教育者之间的关系。在新媒体时代受教育者的角色变得更为主动，不是"枪弹论"下的靶子，是能生产内容的"用户"。其二，教育者与商业媒体之间的关系。从党的十九大传播来看，人民日报与新浪微博在大事件报道中已经形成了亲密无间的协同机制，使优质内容能够快速传播和全面触达受众。这个过程实现了"1+1＞2"的传播效果。其三，受众之间的关系，这包括意见领袖与受教育者之间和受教育者与受教育者之间的互动关系。总之，这些关系表现为一致、分歧和对抗三种，需要避免对抗、消除分歧、达成合力，实现主流价值观的自组织传播。

　　第三，官方舆论场与民间舆论场的互动。"所谓舆论场，正是指

---

① 匡文波：《关于新媒体核心概念厘析》，《新闻爱好者》2012年第10期，第33页。

包括若干相互刺激的因素，使许多人形成共同意见的时空环境。"①
当下中国客观存在着两个舆论场：一个是国家电视台、国家通讯社
等营造的主流媒体舆论场；一个是议论时事依托于口口相传，特别
是互联网空间的民间舆论场。②网络舆论场可以认为就是一种"拟
态环境"（Pseudo—environment），这种环境中"我们可以看到，它
带给我们的消息时快时慢，但只要我们信以为真，我们似乎就会认
为那就是环境本身"③。这是符号系统构建出来的符号化的信息环
境，农民网络思想政治教育的育人功能就是在这两个舆论场中经过
反复多次的碰撞、扬弃、融合而实现的。发挥农民网络思想政治教
育在自媒体平台的育人功能需要官方舆论场与民间舆论场的同频共
振。第一，官方舆论场要"增彩"。增彩是为了让官方舆论场更有吸
引力、辐射力和亲和力，但是增彩不能以丧失主旋律为代价，增彩
的过程中要谨慎，以确保信息真实可靠。第二，民间舆论场要"健
康"。民间舆论场因为人人都可以发言，故有信息失真、意见失当的
问题，甚至成为少数人泄私愤和中伤他人的污浊之地。民间舆论场
因而需要不断优化，使之更加健康。总之，官方舆论场和民间舆论
场有各自的弱点，也有属于自己的长处，需要营造好两个舆论场协
同共振的育人生态。

　　值得注意的是，农民网络思想政治教育还需要面对其他问题。
比如，信息"碎片化"问题。微博、微信、微电影、微视频等都具有

---

① 刘建明：《社会舆论原理》，华夏出版社，2002，第4页。
② 南振中：《把密切联系群众作为改进新闻报道的着力点》，《中国记者》
2003年第3期，第6-7页。
③ ［美］沃尔特·李普曼：《公众舆论》，闫克文等译，上海人民出版社，
2006，第4页。

短、频、快的特点，这样主流价值的完整性可能被剪裁、遮蔽，同时也可能使育人持续影响力变得不稳定。再如，自媒体平台中资本的渗透和操控问题。资本逻辑有不断激发物质欲望满足的冲动，理想信念、崇高道德等主流价值观容易被冲淡，甚至矮化、庸俗化；境外资本的渗入则可能以信息的流动性，柔性地传播西方意识形态。只有通过不断创新，自媒体时代农民网络思想政治教育才不会是"宣传任务"的代名词，而可以成为"高点击率"的代名词，并为广大农民所喜爱。

第二节　流动社会与农村精神文明
建设创新

流动性是现代社会的典型特征。随着改革开放的不断发展，我国社会的流动性越来越明显，与此同时农村的相对静止状态被打破，城乡流动日益增强。如何做好流动背景下农民思想政治教育问题是将来相当长时间内需要不断创新发展的问题。本节梳理了农村人口流动的发展历程和特征，分析了流动人口与农村精神文明建设的挑战，提出了流动背景下农村精神文明建设创新思路。

一、农村人口流动的发展历程和特征

为了维持社会秩序，保护公民的权利和利益，服务于社会主义建设，新中国人口社会流动性不强。1956年社会主义改造完成后，城乡冲突呈现激化态势，经济建设出现"冒进"势头，大量农村人口涌入城市，中央不得不采取"反冒进"措施紧急刹车。1957年，政府推出了严格限制农民进城的措施，通过户口管理、粮油供应、劳动用工等行政手段，建立起了城乡隔离带。1958年1月，政府颁布了《中华人民共和国户口登记条例》，把已经形成的城乡二元利益格局用法律形式固化下来。这是新中国城乡统一户籍制度正式建立的标志，也是城乡二元户籍制度确立的标志。[①]由此，确立了农民

---

① 李玉荣、王海光：《一九五八年〈户口登记条例〉出台的制度背景探析》，《中共党史研究》2010年第9期。

流动的制度框架，农民被限制在户口所在地从事农业生产生活，不能随意流动到其他地区。1977年12月，国务院批转了公安部《关于处理户口迁移的规定》，这一规定首次提出了"农转非"的概念，从此，隔断城市间、城乡间自由迁移的中国特色的户籍管理制度完全形成。①总体上，"从1958—1983年，中央对于城乡之间人口的迁移始终施行严格限制的政策，个体层面的自由迁移基本被限制，政府政策成为主导人口迁移的主要力量"②。随着改革开放的深入推进，农村人口流动的限制逐步松动。1983年1月，中央发出一号文件《当前农村经济改革若干问题》，开始在全国农村推行家庭联产承包责任制改革，赋予农民经营自主权；1984年10月，中共中央、国务院颁发了《国务院关于农民进入集镇落户问题的通知》，其中规定在集镇务工、经商、办服务业的农民和家属可以办理常住户口并发给《自理口粮户口簿》。至此，农民既可以"离土不离乡"，又可以"离土又离乡"，农民涌向城镇的闸门逐渐开启，但是人口流动是相对开放的。这个过程中，大量农村人口流动，给涌入城市带来了极大压力，之后收紧了人口流动的限制。但是随着1992年党的十四大召开，中国特色社会主义市场经济体制的发展，政府对人口自由流动的认识逐渐由管制转变为鼓励和引导。

进入21世纪，流动人口的数量已经破亿，城市的经济和基础设施也在十数年间经历了快速的发展，而整个国家社会主义现代化建设也进入了新的阶段。由此，中央政策开始转向于推动进城农民工与城市居民享受同等待遇，推动其市民化。此后，流动人口的数量

---

① 班茂盛、祝成生：《户籍改革的研究状况及实际进展》，《人口与经济》2000年第1期。

② 陆继霞等：《新中国成立70年来人口流动政策回顾》，《中国农业大学学报（社会科学版）》2019年第10期。

继续保持增长，总量逐渐突破2亿人。[①]2000年6月，中共中央、国务院发布《关于促进小城镇健康发展的若干意见》，从2000年起允许我国中小城镇对有合法固定住所、稳定职业或生活来源的农民给予城镇户口，并在子女入学、参军、就业等方面给予与城镇居民同等待遇。2014年7月，国务院印发《关于进一步推进户籍制度改革的意见》，中国的户籍制度改革再次上路。"《意见》明确提出，取消农业户口与非农业户口性质区分和由此衍生的蓝印户口等户口类型，统一登记为居民户口，体现户籍制度的人口登记管理功能。这意味着将不再区分农村娃与城市娃，标志着城里人和农村人身份上的统一，打破了几十年来城乡分割的户籍壁垒，是社会发展的一大进步。还要建立与统一城乡户口登记制度相适应的教育、卫生计生、就业、社保、住房、土地及人口统计制度，逐步实现城乡居民平等享有公共服务和社会福利待遇。户口登记制度统一后，将不再以农业户口与非农业户口为依据区分农村人与城里人，改为根据居住地的不同来区分城镇人口和农村人口，根据从事的职业区分农业人口与非农业人口。当然，由于城乡发展不平衡，居住在农村的居民与居住在城里的居民原先存在的待遇差别的消除，需要一个过程，需要加快推进基本公共服务均等化、加快推进城乡一体化发展，还需要加快推进农村土地确权、登记、颁证，维护好农民的土地承包经营权、宅基地使用权和集体收益分配权。"[②]今天，农民不仅能自由流动，而且合法权益得到极大保障。流动性对教育者、教

---

① 陆继霞等：《新中国成立70年来人口流动政策回顾》，《中国农业大学学报（社会科学版）》2019年第10期。

② 权威访谈：一项助圆亿万人市民梦的重大改革——公安部副部长黄明就国务院《关于进一步推进户籍制度改革的意见》答记者问。https://www.mps.gov.cn/n2253534/n2253535/c4767861/content.html。

育对象和教育实效性都带来挑战，带来了教育实施难、教育接受难和效果弱等问题。因此，社会流动常态化背景下农民思想政治教育创新问题成为重要议题。

总体上，我国流动人口迁移政策大致可以分为五个阶段，即1949—1957年的自由迁徙阶段、1958—1983年的严格控制阶段、1984—2002年的逐步放开阶段、2003—2012年的公仆理念的提出及贯彻阶段和党的十八大以来全面推进市民化阶段。①与之对应，农业人口的流动在20世纪70年代被称为"外流劳动力"，在80年代被称为"盲流"，在90年代被称为"农民工"。这种变化表明了各个时期政策在不断调整，表明了人民思想认识的变化与进步，还表明了农民城乡流动由无序到有序的发展过程。同时，农民城乡流动的速率不断增长，这种趋势在未来相当长时间内仍将持续。总体上看，农村流动人口有如下特征：

第一，流出与留守并存。中国的城乡移民过程具有多样性，主要有只身外出、家庭外出两种情形。只身外出与家庭外出在一定意义上也代表了农村人口流动的两个不同阶段，当然这两种情形不是完全隔离的，他们往往交织并存。一是只身外出的情形。由于户口制度的持续影响，也为了降低家庭风险系数，农民往往只身前往城市或者其他地方打工，其目的不是为了整个家庭移民，而是主要为了增加家庭收入。他们定期返乡，春节期间大规模的人员流动就是典型表现，同时定期或者不定期地将在外面挣到的钱寄回家乡，供家庭日常开销，或者在家乡建造体面的大房子。二是家庭外出的情形。因为城乡差距的存在，越来越多的外出人员在条件允许的情况

① 国家卫生健康委员会编：《中国流动人口发展报告2018》，中国人口出版社，2019，第12—16页。

下将配偶和子女接到自己工作的地方一起生活，既有利于彼此相互照应，也有利于为子女提供更好的教育生活条件。但是，他们在农村仍然有一个家，他们的主要社会关系仍然在农村，在城市更像是临时性的居所。不管是只身外出，还是家庭外出，都意味着人口的流出，但是同时也意味着留守的存在。留守的可能是老人或者儿童，也被称为"留守老人""留守儿童"。如果条件允许的话，留守老人或者留守儿童会和他们家人一起到城市生活，这时又成为流动老人或者流动儿童。不管老人，还是儿童，他们都会经历一个社会融入的过程，尤其是老人的社会融入更难，这其实是一种"半城市化"状态。

第二，流向单向与双向互动。从农民具体的流动方向看，"农民的社会流动不再仅仅是在农村社会或农业社会内部的流动，而是愈来愈表现为跨地区、跨行业的流动。农民流动的方式一般被划分为本地农村型、外地农村型、本地乡镇型、本地城市型、外地乡镇型和外地城市型共六种类型。以上六种农民流动方式中，除第一种外，后五种都属于跨地区或跨行业的流动"[1]。农民流动的方向呈现单向性，主要从农村流向城市，从相对欠发达地区流向发达地区。当前，流向也出现互动的态势，有些农民回到农村。近些年，我国城市建设步伐放缓，"农民工回流"现象开始显现，并呈现逐年上升趋势，部分地区甚至出现"民工荒"。自2013年起，"农民工回流"已经成为一种普遍现象，尤其是安徽、湖北、四川等农民工外流大省，回流现象更加明显。湖北省统计局数据显示，2017年湖北省流入人口157万，同比增长8万人；四川省统计局数据也显示，

---

① 刘祖云：《社会转型与社会流动:从理论到现实的探讨》，《华中师范大学》1998年第5期。

2017年从省外流入成都的常住人口数量高达46万人，流入绵阳常住人口10万人，流入广元、泸州、德阳等地常住人口均超过5万人。回流现象明显，并逐渐趋于稳定。此外，其他省市也均存在"农民工回流"现象，规模依然在持续增加，增速高达20%左右。①

　　第三，流动量增加相对稳步。农民流动的数量呈现不断增长态势，但是随着城市化进程的发展也有局部调整。2000年到2010年流动人口由1000多万增长到2000多万；2010年到2018年流动人口保持在2000万到3000万之间，但总体仍然呈现稳步增长态势，这其中农民工流动人口由2008年的22542万增长到2018年的28836万人。（见图7-1）②据国家统计局《2019年农民工监测调查报告》指出，2019年农民工总量达到29077万人，比上年增加241万人，增长0.8%。其中，本地农民工11652万人，比上年增加82万人，增长0.7%；外出农民工17425万人，比上年增加159万人，增长0.9%。在外出农民工中，年末在城镇居住的进城农民工13500万人，与上年基本持平。在外出农民工中，在省内就业的农民工9917万人，比上年增加245万人，增长2.5%；跨省流动农民工7508万人，比上年减少86万人，下降1.1%。省内就业农民工占外出农民工的56.9%，所占比重比上年提高0.9个百分点。分地区看，除东北地区省内就业农民工占外出农民工的比重比上年下降3.4个百分点以外，东部、中部和西部地区省内就业农民工占比分别比上年提高0.1、1.4和1.2个

---

① 侯中太：《"农民工回流"为乡村振兴增添新动能》，《人民论坛》2019年第16期。

② 新中国成立70周年人口流动与迁移。http://www.chinaldrk.org.cn/wjw/#/nationalDay.

百分点。①由报告可以看到，农民工流动的增速放缓，甚至有个别年份出现局部的负增长，同时农民工流动的区域也不平衡，有的区域仍然增长比较快，有些区域则有所下降。

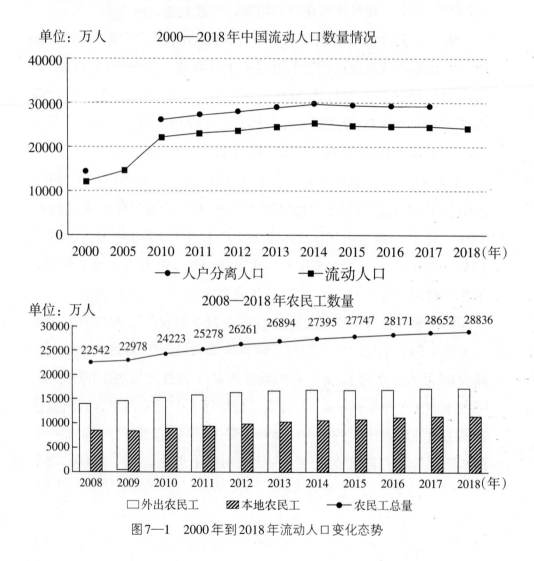

图7—1　2000年到2018年流动人口变化态势

① 《2019年农民工监测调查报告》。http://www.stats.gov.cn/tjsj/zxfb/202004/t20200430_1742724.html.

二、流动人口与农村精神文明建设的挑战

流动是过程，也是结果。从过程维度看，从一个地方流动到另一个地方，这是个人的重大生活事件；从结果看，农民流动往往徘徊在城市与农村之间，呈现一种"半城市化"状态。也就是说，"农村流动人口虽然进入城市，也找到了工作，但是没有融入城市的社会、制度和文化系统，在城市的生活、行动得不到有效的支持，在心理上产生一种疏远乃至不认同的感受，处在'半城市化'状态"。"与城市化相比，'半城市化'的关键就在'半'上，形象地看，犹如一个人一只脚已经跨进门槛，另一只脚还在门外一样，是一种分离的现象。农村流动人口的'半城市化'就在于，他们虽然进入了城市，在城市找到了工作，也生活在城市，但是，问题在于，城市只把他们当作经济活动者，仅仅将他们限制在边缘的经济领域中，没有把他们当作具有市民身份的主体，从体制上没有赋予其基本权益，在生活和社会行动层面将其排斥在城市的主流生活、交往圈和文化活动之外，在社会认同上对他们进行有意无意的贬损甚至妖魔化。"①显然，"半城市化"状态涉及经济、体制、社会生活和思想观念等不同层面，简单来看可以分为外部的结构性因素和内在的主体因素。如果从时间维度看，这几个不同维度在不同时期是有变化的。在农村人口流动的开始阶段，农村流动人口的"半城市化"就体现在体制、社会生活行动和社会心理等层面的不整合，对此王春光认为，具象特征主要体现于非正规就业和发展能力弱化、生活于城市的边缘以及社会舆论的"妖魔化"和社会认同的"内卷化"。经

①　王春光：《农村流动人口的"半城市化"问题研究》，《社会学研究》2006年第5期。

过多年的社会主义现代化建设，社会主义市场经济不断完善发展，户籍制度也实现重大突破，民生和社会保障也取得巨大成就，"当前城乡二元体制仍然存在，不过，现在的城乡二元体制中，几乎所有限制农民进城的体制机制障碍已经清除或者正在清除"。①"半城市化"中的结构性因素问题已经基本解决，而主体性因素成为其中的重要阻隔。从思想教育视野看，主要有如下议题：

第一，思想观念现代化。移民是个体人生中的重大生活事件。生活事件实质上是一种应激源，是对人的思想观念变化的重要影响因素。对此心理学、社会学、教育学等不同学科都有深入的研究，揭示了重大生活事件对个人心理的影响，乃至对个体价值层面的信仰问题的影响。这种影响有正面积极的，也有负面消极的。对此，有学者曾经指出，一部分流动人口离开家乡后，家乡的乡土文明规则和习惯被遗失了，城市的现代文明规则还没有被接受，反而接受了许多反文明反社会的观念和行为。用农民通俗的语言说，就是"好的没有学到，坏的学了不少"。一是不愿再像他们的祖辈那样艰苦奋斗，恪守有劳才有获的理念；二是不愿再坚守他们祖辈遵循的"集体本位"传统，而为"自我中心"的观念所支配；三是不再如其祖辈那样具有强烈的权威意识，而是蔑视一切秩序和权威，迷信暴力。同时，外出打工者的收入没有用于生产，而是用于非正当性和炫耀性消费，如赌博，这不仅败坏了传统的乡村社会风气，而且引起了更多人的心理失衡。②显然，农村思想政治教育要努力发挥流

①　贺雪峰：《大国之基：中国乡村振兴诸问题》，东方出版社，2019，第44页。

②　徐勇：《挣脱土地束缚之后的乡村困境及应对——农村人口流动与乡村治理的一项相关性分析》，《华中师范大学》2000年第2期。

动给农民带来的积极影响，同时要努力消除流动给农民带来的消极影响。从传统与现代关系看，农村思想政治教育要弘扬中华民族优秀传统文化，促进中华民族优秀传统文化创新性发展和创造性转化；从个人与社会关系看，要进一步加强社会主义集体主义道德观教育，引导人们正确处理个人与集体的关系，坚决反对极端个人主义；从秩序与自由关系看，要引导人们正确看待制度、规范和传统习俗的合理性，避免极端自由主义滋长，出现无法治、无理智、无秩序等不良现象；从生活方式角度看，要引导人们确立正确的幸福观、得失观、荣辱观、消费观、家庭观等观念。

第二，社会融入与社会适应问题。当前中国至少存在三种不同的农村：一是沿海城市经济带农村地区，以珠三角和长三角为典型，这些地区已经工业化，农村已经城市化，占全国农村总数不超过10%；二是适合发展休闲农业和乡村旅游等新业态的区位条件和旅游资源丰富的农村地区，占全国农村的5%；三是一般农业型农村地区，主要从事传统农业生产，占全国农村70%以上。这70%的农户中又有三种情况：家庭经济条件比较好、举家进城的农户；农户家庭中青壮年劳动力进城、老年人留守务农的农户；全家留村的农户。其中第二种情况也大约占到70%。①对于第一种和第二种类型的农村来说没有太大的移民动机，也不存在太多的社会融入和社会适应的问题，但是存在观念和生活方式现代化问题。对于占全国农村绝大多数的第三种类型，农民因为城市提供了较多的机会和可能，都愿意进城居住。但是，对于农民的流动不仅是地域上的地理空间的变化，更重要的是它从原来的体制框架中游离出来。流动人

---

① 贺雪峰：《大国之基：中国乡村振兴诸问题》，东方出版社，2019，第6-7页。

口脱离了原有的社区、单位、户籍、身份，也就脱离了原制度紧密对应性的"关系"。流动人口脱离原体制的彻底性远大于个体户、私营企业主等其他群体。流动人口已形成了一个新的"社会空间"，在这个"空间"里，他们有不同于其他社会群体的生存方式、行为规则、关系网络乃至观念形态，而且这些要素在不断地被"再生产"着，已成为一种结构化的东西。①农村移民虽然居住在城市里，但他们的生活与城市人的生活极为不同，他们的生活空间和生活方式都与城市人相隔绝。社会融入和社会适应需要制度设计等硬件方面的完善，也需要思想教育维度的价值观念的引领。主要涉及两个方面：一方面是针对流出农民的思想政治教育，通过教育让他们更好地融入新的工作生活空间。另一方面是针对流入地居民的思想政治教育，通过教育努力让"当地人"更合理地看待"外地人"，尤其避免出现将"外地人"妖魔化和污名化等现象。

第三，思想政治教育对象结构变化。中国快速工业化和现代化的同时也是快速城市化的进程。中国正处在史无前例的快速城市化的进程中，越来越多的农民进城务工，越来越多的农民在保留农村的住房和土地承包权的同时迁移到城市居住。改革开放40多年后，这种趋势虽然有所减缓，但是城市化的进程仍然是未来发展不可逆转的趋势。"未来20年将是中国快速城市化的20年，也就是农民快速进城的20年。一方面，农村青壮年劳动力进城务工经商，另一方面，农民阶级条件好、家庭收入高的富人进城定居。"②在这种背景

---

① 项飚：《传统与新社会空间的生成——一个中国流动人口聚居区的历史》，《战略与管理》1996年第6期。

② 贺雪峰：《大国之基：中国乡村振兴诸问题》，东方出版社，2019，第31页。

下农民思想政治教育的对象可以分为留守的农民、流出的农民两大群体，其中留守的农民中有老年人和未成年人，流出的农民中有老一代农民工和新生代农民工。这样农民思想政治教育主要面对两大矛盾，即传统文化与现代文化的矛盾和现代主流价值观与亚价值观的矛盾。前者主要是如何看待传统文化，同时接受并融入现代文化的问题；后者主要是在泥沙俱下的文化背景下如何接受并确立主流文化价值观。也就是说，前者主要是老一代人如何跟上时代的问题，后者主要是跟上时代的新生代如何融入主流的问题。因此，流动背景下农民思想政治教育的教育对象分化，对思想政治教育精准化的要求日益迫切。

三、人口流动背景下农村精神文明建设的创新

农民社会流动的微观维度是就个体生活机会的考虑，中观维度是中国社会主义现代化建设，宏观维度则是现代社会的流动性特征。这是上述谈及的流动背景下对农民思想政治教育提出议题的基本背景。社会学家齐格蒙特·鲍曼曾将现代社会的本质特征概括为"流动"，并认为这种流动性赋予了社会个体更多的自主可能性。[①]换句话说，流动背景下农民思想政治教育在面对挑战的同时，也带来了加强和改进农民思想政治教育的重要机遇。

第一，把握"缺场"与"在场"的辩证。从流动的视角可以将农民的流动性分为如下三种情况：一是从事农业生产活动并长期固定居住于农村的农民；二是从事农业和相关产业往返于城乡之间的农民；三是长期固定居住于城镇的农民。第二种情况是典型的流动

---

① [英] 齐格蒙特·鲍曼：《流动的现代性》，欧阳景根译，三联书店，2002，第189-198页。

状态，形成了"想参与就在，不想参与就不在"的不受约束的"自由人"；第一种和第三种情况是相对静止的，但是第三种情况其实是流动的结果，成了"有权管而管不着，管得着而无权管"的"边缘人"。同时，随着网络社会的到来，物理空间和虚拟空间的互动，也进一步强化了农民思想政治教育的流动性特点。对于这种流动性如果借用齐格蒙特·鲍曼"液态社会"的表述，我们可以认为农村思想政治教育对象铁板一块的传统特点转化为了流沙式的液态性。流动性没有改变思想政治教育主客体存在的事实，但是改变了思想政治教育主客体的存在方式及主客体互动方式，提出了教育对象"缺场"境遇下农民思想政治教育创新问题。对此，物理空间的延伸和虚拟空间的拓展是两个值得关注的维度：一方面，圈子有利于实现物理空间的延伸。如前文所述，圈子因为内部成员的相对稳定性和与故乡的关联性，因此，圈子是教育对象"缺场"境遇下农民思想政治教育可以挖掘的重要载体。在此不再赘述。另一方面，借助网络的数字化存在，改变"缺场"为"在场"。在网络空间中，"人可以以符号、影像等信息方式展现出来，使符号所指的对象和影像所依托的实体即使并不在场也能使观察者对他们产生一种在场感，某种意义上就是一种虚拟在场"①。当前，随着信息技术的不断发展，尤其5G的广泛应用，视频电话、视频会议等虚拟在场实现方式不断丰富，在不接触的情况下同时进行社会实践在技术和组织上成为可能。虚拟在场虽然不是通过感官的直接感知关系，但是通过信息为媒介的间接感知关系，虚拟主体通过图像、声音和视频等方式呈现出来，因而虚拟主体摆脱了时空限制，通过这种关系弥补了客

---

① 肖锋：《信息主义：从社会观到世界观》，中国社会科学出版社，2010，第482页。

体流动不均的问题，同时也弥补了主客体分离的弊端。而且，虚拟主体也进一步丰富了农民思想政治教育的主客体关系。主客体直接呈现出一种平等交流、双向互动的关系，同时主客体呈现出共时性的交互和历时性的交互的叠加关系。

第二，把握被动"接收"与主动"接受"的辩证。思想政治教育不仅是个体直接的思想互动，更是一定的阶级、集团和群体之间的思想互动。从教育行政管理的角度看，思想政治教育作为一种组织化的活动，往往具有比较强的行政特性，教育活动要求教育行政主管部门有相对统一的部署；从普通教育工作者的角度看，教育工作者需要创造性地落实相关的工作部署，但是实践中创新意识和创新能力仍然需要加强，存在"形式"大于"内容"的问题，比如，虽然安装了多媒体等技术设备，但仍然只是读报纸、念文件等，教育实效性不强；从教育对象的角度看，农民的流动性也加大了其价值取向和利益要求的多样化和复杂化趋势，作为接受思想政治教育的"当事人"，参与动机上是为了完成任务，产生了"客人"思想，缺乏参与组织生活的"主人"思想。随着农民的流动性不断增强，这种刚性的要求落实起来变得越来越困难，这就提出了"超越'接收型'的'接受性'思想政治教育范式"①的问题。一方面，提升教育者的服务意识。"把受教育者作为主体，就要增强教育者的服务意识。教育是一种指导，也是一种服务。教育者比较易于把自己当作指导者，而不易把自己看作是通过自己的教育活动来为学生提供

① 赵红灿等：《超越"接收型"的"接受性"思想政治教育范式》，《江苏高教》2019年第10期。

服务的服务者。"①服务意识意味着教育者与教育对象之间是平等关系，意味着教育者与教育对象之间是双向互动关系，意味着教育者要充分尊重教育对象。另一方面，重视受教育者的主体性。受教育者并不是你打我通的被动状态。1964年，美国社会心理学家鲍尔（RaymondBaner）在《美国心理学家》杂志发表论文《顽固的受传者》认为，受传者主动寻找所需信息，用以解决问题，或巩固信仰。1979年，英国学者布兰勒（Jay. G. Blumloer）在《使用与满足研究中理论的作用》一文中指出，所谓受传者"主动"有四层含义：一、功利性，即寻找有用信息。二、意向，即基于以往动机使用媒介。三、选择性，即反映以往兴趣。四、不轻易受影响，这才是受传者"顽固"的含义。②这种理论是从传播学视野来看人们对思想观念的接受问题，当然这个理论也只能解释短期内人们接受思想观念存在的"顽固"现象，不能说明长期结果如何。这个理论说明流动境遇下农民思想政治教育要重视教育对象的主体性、创造性和能动性，重视教育对象的"期待视野"。

第三，把握"守正"与"创新"的辩证。列宁曾说："与居民离开农业而转向城市一样，外出做非农业的零工是进步的现象。它把居民从偏僻的、落后的、被历史遗忘的穷乡僻壤拉出来，卷入现代社会生活的旋涡。它提高居民的文化程度及觉悟，使他们养成文明的习惯和需要。"③我国农民流动经历了由赋予农民工平等权利到提供和完善农民工所需的各项社会服务和保障，再到推进转移人口市

---

① 刘建军：《接受理论对思想政治教育的启示》，《教学与研究》2000年第2期。

② 陶涵：《新闻学传播学新名词词典》，经济日报出版社，1997，第138页。

③ 《列宁全集》第3卷，人民出版社，1984，第530页。

民化，因而在市场、流动、风险和个人自主等方面的现代意识不断增强。"见过世面"的人们回到农村不仅带来了物质财富，也带来了新的文化和生活方式，这直接冲击着原有的权威、规则和秩序，改变着人的行为观念和规范。这样的境遇下，如果只是传递老旧的内容和价值观念并不能很好地契合其需求，因而思想政治教育内容要与时俱进。"守正"就是要守住"立德树人"的根本。思想政治教育内容的与时俱进不是说要抛弃原有的内容，恰恰相反，对于超越时空限制的核心价值和精神必须坚守，对于社会主义意识形态必须坚守。"创新"就是在坚守的同时与时俱进地发展教育内容，尤其是世界观教育、思想政治教育、人生观教育、心理辅导、生活职业技能教育等具有时代特点的内容。

第三节　新生代农民工与农村精神文明建设创新

新生代农民工可以认为是网络社会的原住民，同时也是流动社会中的典型主体。前两节从网络社会和流动社会的时代背景维度出发探讨了农民思想政治教育的创新问题，本节从农村流动人口的代际视角分析新时代农村精神文明建设的问题，主要分析新时代农民工的群体特征、思想状况和新生代农民思想政治教育创新等问题。

一、新生代农民工的定位及群体特征

对于新生代农民工的具体定位，不同学者有不同的划分。主要有：第一，外出年代论。王春光认为，改革开放已经有40多年时间，按照习惯，10年之差就等于是两代人，可以将20世纪80年代初次外出的农村流动人口算作第一代，而90年代初次外出的算作新生代。[①]第二，出生年份论。国家卫生健康委员会编的《中国流动人口发展报告》以及国家统计局发布的《农民工监测调查报告》基本都采用的是以年龄为依据划分标准，即1980年后出生的农民工都称为新生代农民工。其实，不管是从外出的年代划分，还是从出生的年龄划分，具体指向的主体基本一致，当然出生年份是固定的，

---

① 王春光：《新生代农村流动人口的社会认同与城乡融合的关系》，《社会学研究》2001年第3期。

所以这个角度进行界定更加具体，更具有可操作性。我们对新生代农民工从两个维度进行定位，一是定量维度，即从出生年份定位，这样可以比较直观地考察我们的研究对象；二是定性维度，即综合考察农民工外出时间和农民工代际发展，在比较中思考新生代农民工的思想特征和可能采用的教育理念。

伴随着工业化和现代化的进程，中国流动人口开始大规模流动。根据2018年中国流动人口发展报告看，20世纪80年代以来，中国流动人口经历了三个时期：第一个时期是20世纪80年代初期到90年代初期，随着《关于农民进入集镇落户问题的通知》的发布，国家放宽了对农村人口进入中小城镇就业生活的限制，促进了农村人口的乡城转移，我国流动人口规模从1982年的670万人增加至1990年的2135万人，年均增长约7%；第二个时期是1990—2010年，流动人口规模以更快的速度增长，从1990年的2135万人增加至2010年的22143万人，年均增长约12%；第三个时期是2010年以来至今，这段时期相对缓和，2010—2015年的流动人口增长速度年均约2%，但是1980年及以后出生的新生代劳动年龄人口占全部劳动年龄流动人口的比例从17.2%上升至62.3%，新生代劳动年龄流动人口规模从1408万人增加至近1.3亿人，已经成为劳动年龄流动人口主体。[1]其中，新生代农民工正在逐步取代老一代农民工，成为农民流动的主要人群。据国家统计局相关数据显示，1980年及以后出生的新生代农民工逐渐成为农民工主体，从2013年到2017年呈现逐年上升的趋势，到2017年新生代农民工已经占全国农民工总量的50.5%，比上年提高0.8个百分点；老一代农民工占全国农民工总量

---

[1] 国家卫生健康委员会编：《中国流动人口发展报告2018》，中国人口出版社，2019，第3、7页。

的49.5%。[1]新生代农民工有不同于老一代农民工的特点：

新生代农民工教育时间更长，但务农经历更少。随着九年义务教育的普及，我国的基础教育获得了飞速的发展，新生代农民中大部分人完成了九年义务教育。农民工中，未上过学的占1%，小学文化程度占13%，初中文化程度占58.6%，高中文化程度占17.1%，大专及以上占10.3%。大专及以上文化程度农民工所占比重比上年提高0.9个百分点。[2]同时，大部分人是从校门直接走上外出务工经商的道路，因此他们的务工经历更少。

新生代农民工从主要基于生存理性到发展理性转变。"进入21世纪，中国城市化速度骤然加快，在短短十多年时间里，中国的城市化率就由2000年的36%上升到2016年的57%。未来20年将是中国继续高速城市化的时期。"[3]如果按照这样的发展趋势，第一代农民工已经大略完成了他们的家庭责任，或者成功移居城市，或者随着年龄的增长不适应城市的工作和生活又回到农村，与此同时，新生代农民工成为农村人口流动的重要群体。第一代农民工的进城务工心态主要是生存理性，生存理性指两层含义：其一是说农民工的行为是理性的；其二这种理性是生存性质的。而第二代农民工进城务工的心态转变为以发展理性为主，所谓发展理性是与第一代农民工相对而言的，就是把"根"从农村拔出来了，生活方式趋于"城

---

① 《2017年农民工监测调查报告》，http://www.stats.gov.cn/tjsj/zxfb/201804/t20180427_1596389.html.

② 新中国成立70周年人口流动与迁移。http://www.chinaldrk.org.cn/wjw/#/nationalDay.

③ 贺雪峰：《大国之基：中国乡村振兴诸问题》，东方出版社，2019，第105页。

市化"，情感认同偏向城市，价值取向背离"乡土"。①总体上，两代农民工在务工目的、人生价值追求等方面存在着诸多的差异，也就是说新时代农民工不仅要找一份工作或者增加收入，而且更关注如何拓展生存空间。

新生代农民工"城市梦"存在丰满与骨感的张力。因为新生代农民工不再拘泥于生存理性，而是有强烈的发展理性倾向，作为这种转变的一个标识是新生代农民工普遍有强烈的"城市梦"。从价值层面看，"城市梦"彰显了新生代农民工对美好生活的向往。虽然城市有时候也可能让生活变得更紧张，尤其大城市表现更加突出，但是如同一个广告词说的"城市，让生活更美好"，城市代表了更高品质、更高层次的生活，仍然是普遍的信仰。从实践层面看，"城市梦"也凸显了新生代农民工对美好生活的误解，容易将城市与乡村对立起来，认为城市是先进的，乡村是落后的；将勤劳节俭与消费享受对立起来，认为勤劳节俭是过时的，消费享受是时尚的；将个人与他人对立起来，认为个人自由是绝对、至上的，秩序与权威是反动的，如此等等。

二、新生代农民工与农村精神文明建设面对的挑战

今天，人类拥有的技能、工具和体制已经和《论语》产生的时代有了根本的变化，但是人类的心灵结构、人类的社会关系本质、

---

① 刘成斌：《生存理性及其更替——两代农民工进城心态的转变》，《福建论坛》2007年第7期。也有学者称为经济型、生活型和经济—生活型，经济型是指外出务工经商的目的和动机纯粹是为了赚钱，以贴补家用；生活型指外出主要是为了改变生活状况和追求城市生活或现代化生活方式；经济型和生活型并存就是同等地看待它们的作用、意义和重要性。（王春光：《新生代农村流动人口的社会认同与城乡融合的关系》，《社会学研究》2001年第3期。）

人类面对的根本主题没有变。所以，我们读《论语》仍然能从字里行间找到自我，找到生活的智慧。同样的道理，新生代农民工与第一代农民工思想政治素质发展的主要问题仍然是个人与他人、个人与社会、物质与精神、眼前与长远等矛盾，这些矛盾具有跨越时代的特征。这些矛盾的主要议题虽然没有改变，但是新生代农民工是穿着牛仔裤、喝着可乐、用着智能手机的一代，因此他们面对的具体困惑具有时代性特征。以下主要从三个维度分析新时代农民工思想政治教育的主要矛盾：

第一，新生代农民社会融入问题。如前文所述，社会融入和社会适应是农民社会流动需要面对和解决的问题。在城乡政策上，有学者认为存在"城乡分治、一国两策"。"20世纪50年代以后，我国逐步建立了一套城乡分割的二元体制……这一体制的运行，在诸多方面是两套政策：对城市是一套政策，对农村是另一套政策。几十年下来，逐步固定化，加上有户籍、身份制作划分标准，就形成了城乡分治、一国两策的格局。"①这样的格局下，对于大多数农民来说没有"乡愁"，而是"城愁"，他们希望进入城市生活，拥有更高品质的生活。这样的格局有其弊端，但也是保证农民返乡权利的城乡二元体制。因为在限制城市资本下乡背景下，农民有赖以生存的土地可以耕种、可以居住，正是因为农民有农村这样一个退路，进城农民可以在城市一搏，即使他们这一代人无法体面融入到城市，但他们仍然可以将融入城市的希望寄托在子女身上。②从这个意义上看，农民可以自由进入城市，但是城市资本不能进入农村，为农

---

① 陆学艺：《走出"城乡分治、一国两策"的困境》，《读书》2000年第5期。

② 贺雪峰：《大国之基：中国乡村振兴诸问题》，东方出版社，2019，第44-48页。

民提供了"进可攻、退可守"的体制性机会，这也是中国推进城市化过程中一个重要的制度性优势。这种制度性优势让农民可以比较有序地融入城市，同时避免了因为不能返回农村而不得不寄居于城市而出现大规模贫民窟的问题。但是从代际视野看，新生代和第二代农民流动人口虽然仍然拥有返乡权等制度性供给，但是对于他们来说返乡的意愿已经越来越小。新生代农村流动人口也许从来没有长期在"故乡"生活。他们既不熟悉"故乡"的一草一木、乡亲邻里，也不了解"故乡"的方言、风俗习惯，"故乡"更像是父辈曾经生活的地方，所谓"故乡"对自己只是一个陌生的概念。不像其父辈有一个可以回去的"故乡"，这个"故乡"不仅给他们的经济兜底保证，而且也是精神的家园。因此，这样的"故乡"只是一个户籍所在地，除了法理关系外，似乎和自己关系不大，"回家没意思"是他们普遍的心理状态，因此不能提供物质保证，也不大可能是精神家园。对此，有学者指出，"新生代农村流动人口和第二代农村流动人口在壮大，逐渐地取代第一代农村流动人口。与第一代农村流动人口相比，他们对社会越来越不认同，既不愿返回农村，又难以融入城市；他们对不公平现状有更多的感受和意识，对他们的边缘化地位越来越敏感，他们的相对剥夺感在增加，在行动上表现出越来越多的对抗性和报复性。其次，失地、无地农民大量涌现，加入到农村流动人口行列，农村的土地保障对他们来说没有了意义，这使得他们失去了多种选择"①。也就是说，对于第一代农民工不存在面对融入"故乡"的问题，只有如何融入"城市"的问题，不能融入"城市"可以返回"故乡"。但是，对于新生代农民工事实上一定

---

① 王春光：《农村流动人口的"半城市化"问题研究》，《社会学研究》2006年第5期。

程度上处于文明规则的"真空"之中，既与"故乡"有距离，也与"城市"有隔阂，因此具有融入"故乡"还是融入"城市"的双重困惑。不管是融入"故乡"还是"城市"都不那么容易，确立一个什么样的坐标和定位，坚守自己的选择成为新生代农民的重要问题。

第二，个人与他人关系问题。传统中国是"伦理本位的社会"，每个个体对"四面八方的伦理关系"，"在经济上皆彼此顾恤，互相负责；有不然者，群指目以为不义"。①这种宗亲关系，在时间维度上有祖祖辈辈、子子孙孙，在空间上有七大姑八大姨，每一个个体与其他个体之间犹如一串项链彼此联系。但是现代社会这种关系有"原子化"的趋势，处于异乡的新生代农民也呈现"一袋马铃薯"的原子化状态。主要表现在个人与他人、这一代人与上一代人和个人与家族等方面关系的疏离。首先，就个人与他人维度看，比较突出体现于婚姻关系中。"农民外出务工经商以及农村社会开放造成的一个后果是农村传统通婚圈被打破了，在传统社会乃至2000年前，中西部农村存在一个传统通婚圈。2000年以后，农村传统通婚圈被打破，跨省婚姻越来越普遍。"②人口流动突破传统通婚圈本身也是好事，但也造成了婚姻稳定性差的结果。农民新生代婚姻稳定性差有家庭收入等物质性因素影响，但更离不开新生代农民工价值观变化这个主体性因素。比如有媒体就认为，"两个同样年轻，同样盲目追求自认为的生活方式会导致他们不约而同追求自认为的自由生活，于是这就和婚姻生活产生了矛盾，你不让我，我也不让你，于是那就离婚，在他们的眼中离婚是一件很正常的事情"。也就是说，年轻人缺乏道德的束缚，缺乏包容性，自己成了婚姻的"掘墓人"。其

---

① 梁漱溟：《中国文化要义》，上海人民出版社，2011，第76-80页。

② 贺雪峰：《大国之基：中国乡村振兴诸问题》，东方出版社，2019，第29页。

次，就代际关系维度看，突出体现于"啃老"问题。在"传宗接代"观念的加持下，农民愿意为子女付出，他们秉持"父母应该为孩子操心"信条。这条朴素的信念又可以不断具体化，比如"父母助子女成家立业""父母要为子女带孩子""父母尽量不要给子女添麻烦"等。祖祖辈辈都是这么过来的，表面上似乎这就是"啃老"，其实如果从代际视角看，权利与义务是对等的。费孝通认为，在中国，是甲代抚育乙代，乙代赡养甲代，乙代抚育丙代，丙代又赡养乙代……即下一代对上一代都要给予反馈的模式，简称"反馈模式"，这种反馈模式体现了代际之间的一种平衡。[1]但是新生代农民工中也有认为对父母的索取是理所当然的，表现为极度自私地关注自身的生活，注重自身的享受。这种"啃老"可以认为是个人主义价值观的畸形产物，个体价值也要强调独立的自我，缺乏独立的自主、自立意识，也不考量权利与义务的平衡，是一种自私的个体价值观。最后，就个人与家族关系维度看，"传统农村社会中，个人本体性价值是隶属于家庭以及宗族的，而这个家族优势与去世的祖祖辈辈和仍未诞生的子子孙孙所构成的无限绵延的世系，每个人都生活在家族的'祖荫下'，传宗接代因此成为农民的宗旨，成为农民将自己有限生命投入到绵延子子孙孙的无限事业中的依据"。但是，"对于年轻的社会主义新人来说，生儿生女都一样，个人价值和自我实现也许比传宗接代更加重要。……而新的活法仍然在探索中，还没有形成与实现个人终极价值相匹配的新活法"[2]。也就是说，新

---

① 费孝通：《家庭结构变动中的老年赡养问题》，《北京大学学报（哲学社会科学版）》1983年第3期。

② 贺雪峰：《大国之基：中国乡村振兴诸问题》，东方出版社，2019，第122页。

时代农民面对的价值观失序问题不是一个方面、平面的，而是多个维度、立体的，既涉及个人与他人的空间维度，也涉及个人与他人的时间维度，因此这种转换在个体身上体现为个体的挣扎、彷徨与混乱，在社会方面体现为农村文化的失序和失调。

第三，物质与精神的问题。第一代农民工认为有属于自己乡土的价值观，同时很多时候也不做过多的横向比较，比如存在"我们怎么能跟城市人比呢？"的心态，因此他们身上呈现节俭主义的特点。"节俭主义是与传统社会或农业社会（匮乏经济）相适应的一种消费主体性和欲望调节机制。节俭一旦成为一种至上原则和信念，就成了'主义'，即节俭主义。""在这种心理机制的调节下，人的欲望被限定在满足基本生存的水平上，并具有相对凝固和稳定的特征，同时，新旧欲望的更替率慢。不过，节俭主义并不一味否定享受，但它强调先苦后甜，滞后享受。"①与老一代农民工相比，消费主义则在新生代农民工身上留下比较明显的印记。"消费主义是工业社会，尤其是后工业社会的产物。它是与（后）工业社会的过剩经济相适应的一种心理机制或欲望形态。同样，当想法被当作实践享乐主义、物质主义和表现主义的人生观和信仰的活动，从而当作人生意义的一个重要来源的时候，消费就成为了'主义'，即消费主义。"②有学者就指出，新生代农民工的消费状况发生了较大变化，其消费具有如下四个特征：一是消费内容上以物质商品为主，精神消费占比较低，体现消费的物质化、时尚化特征。物质消费上既有

① 王宁：《从节俭主义到消费主义转型的文化逻辑》，《兰州大学学报（社会科学版）》2010年第3期。

② 王宁：《从节俭主义到消费主义转型的文化逻辑》，《兰州大学学报（社会科学版）》2010年第3期。

品牌手机、时尚服饰、高档化妆品等快速消费品，也有私家车、商品房等耐用消费品。二是注重商品的符号价值，体现符号化特征。与父辈注重商品的使用价值不同，他们更为注重商品的符号价值，炫耀性消费较为普遍。三是消费行为不够审慎，缺少节制原则，具有超前化特征。大量存在的"月光族"表明，新生代农民工缺乏审慎消费、理性消费的思考，提前消费较多。四是消费目的的利己性。他们的消费行为以满足个人使用为主，缺少对家庭需求的关注。总的来看，新生代农民工的消费行为呈现物质化、时尚化、符号化、超前化、利己化等。①从节俭主义与消费主义的产生背景看，对于节俭主义和消费主义不一定只有批判的立场，因为他们的出现都是基于一定的社会生产条件。但是，如果从社会发展和个人发展的维度看，消费主义衍生出享乐主义、物质主义和表现主义。显然，如果由此走向极端享乐主义，认为欲望的满足就是幸福，无限推崇炫耀性消费，那是需要警醒的。

三、新生代农民与农村精神文明建设创新

不同于第一代农民工，新生代农民工已经几乎没有回"故乡"的意愿，但是融入城市也有一定困难。如前所述，当前保护返乡权的体制机制让农民在留城与返乡之间有了自主的选择权，因此新生代农民工的思想观念等主观能动性成为其如何更好地促进个人发展，进而有利于实现社会和谐的重要因素。如果思想观念中存在的偏差不能纠正，新生代农民工不仅不能实现个人健康发展，而且也可能成为社会秩序和谐的"不定时炸弹"。对此，社会需要拿出切实的办法关怀新时代农民工，我们认为如下三个方面是农民思想政治

①　陆爱勇：《新生代农民工高消费的伦理审视》，《伦理学研究》2019年第4期。

教育需要重点关注的议题:

第一,责任担当教育。第一代农村流动人口文化程度相对较低,在农村生活时间比较久,大多数人从事过农业生产活动,适应农村的生活方式和风俗习惯,这些因素使他们对农民身份比较认可。外出打工至少有机会获得更高的农业生产以外的收入,改善自己和家人的生活,如果有好的机遇甚至可以移居到城市,所以对他们来说不管是从哪一个方面考虑都有利于获得更好的生活机会,换句话说"留城"和"返乡"都是可以接受的选择。如前所述,新生代农村流动人口对"城市梦"有无限憧憬,但实际情况是不可能所有人口都完全城市化,有相当多的人口仍然将会在农村生产生活。新时代农民工如果"既不能融入城市社会,又难以回归农村社会,只能长期地在外流动,不仅表现在居住地上的'居无定所':哪里有工作,哪里有钱可赚,就跑到哪里,过着'吉普赛'式的生活,而且也表现为职业上的'不稳定性',随时有可能失业,失业对他们来说意味着失去基本的生存保障,因为国家没有为他们构建起一个安全的生存保障体系(特别是失业保障体系),他们会沦落为游民"①。"问题民工"就可能出现,不仅本人面临种种生活的问题,而且也成为阻碍社会健康发展的因素。这个问题的解决是一个系统工程,从思想政治教育视野看,农民思想政治教育需要思维转换,即要培养新生代市民与培养新型职业农民兼备。一方面要加强对新生代农民工的社会融入和社会适应的教育。通过社会融入和社会适应教育促进新生代农民工更好地融入到工作所在地,更好地适应城市的生活方式,更好地确立起现代思想道德观念和精神风貌。另一方面要加

① 王春光:《新生代农村流动人口的社会认同与城乡融合的关系》,《社会学研究》2001年第3期。

强中华民族伟大复兴和乡村振兴的理想信念的教育。通过教育努力让他们正确认识中华民族伟大复兴与乡村振兴的关系，确立起乡村振兴的可预期的光明前景，确立起对故土、故乡和故人的情感联系，确立起乡村振兴的使命感，从而实现从新生代农民工到新型职业农民的角色转换。总之，通过教育让新生代农民工确立起更加辩证的观念，让他们从农村与城市的两难困境中走出来，看到城市与农村之间的两栖优势并且愿意努力为之奋斗。

第二，思想道德教育。如前所述，新生代农民工在个人与他人、物质与精神等方面多多少少存在值得关注的问题。这些现象是社会发展中出现的问题，随着我国社会主义现代化的稳步发展，绝大多数农民都可以在城市体面生活的时候，现代性表现出来的物化、异化等问题将可能更好地得以解决。但也不是等待某个"终极时刻"的到来，然后一切矛盾得到解决，相反，我们要更坚定推动社会主义物质文明和精神文明协同发展。具体来看，重点需要注意如下方面：一是幸福观教育。幸福是终极而自足的，每个人都追求幸福。人的幸福有"俗福"和"雅福"，人的幸福感既可以来自物质生活方面的满足，也可以来自精神生活方面的满足，但是归根到底幸福是一种价值生活能力。"关于物质主义与个人幸福的研究，包括从消费者行为、心理学、经济学领域的研究发现，'物质主义与积极情绪、幸福、自尊、自我实现、主观幸福感、生活质量及生活满意度呈负相关'。"① 因此，要重视对新生代农民工进行物质与精神关系的教育，努力让他们更加辩证地理解物质与精神、得与失、荣与辱等人生矛盾。二是集体主义教育。集体主义是社会主义道德的

_____

① [美] 詹姆斯·A. 罗伯茨：《幸福为什么买不到》，田科武译，电子工业出版社，2013，第96页。

基本原则。集体主义强调个人与集体是辩证统一的，强调集体利益高于个人利益，强调重视和保证个人正当利益。集体利益高于个人利益不是说个人在任何时候都需要为集体牺牲，而是说当个人利益与集体利益出现矛盾的时候倡导集体利益高于个人利益，而且还强调为集体做出牺牲的个人要得到必要的补偿。集体主义不是不重视个人利益，相反集体主义始终以促进个人福利的实现为根本目标。通过集体主义教育，努力让新生代农民工更加正确地看待个人与社会、个人与家庭、个人与他人等关系。

第三，劳动休闲观教育。很长时间以来存在异化劳动和异化休闲的问题。就是说，"劳动对工人来说是外在的东西，也就是说，不属于他的本质；因此，他在自己的劳动中不是肯定自己，而是否定自己，不是感到幸福，而是感到不幸，不是自由地发挥自己的体力和智力。因此，工人只有在劳动之外才感到自在，而在劳动中则感到不自在"①。不仅劳动是异化的状态，而且休闲也是异化状态。"人（工人）只有在运用自己的动物机能——吃、喝、性行为，至多还有居住、修饰等等的时候，才觉得自己是自由活动，而在运用人的机能时，却觉得自己不过是动物。动物的东西成为人的东西，而人的东西成为动物的东西。"②异化劳动和异化休闲不是存在于某一部分人身上，客观上造成所有人都被异化了，"有产阶级和无产阶级同是人的自我异化"③。因为人的想象、思维和精神交往总是人们物质行动的产物，所以社会生活中的异化劳动和异化休闲问题也就有了"劳动—休闲"二元对立的思维模式。认为劳动是痛苦的，是

---

① 《马克思恩格斯全集》第3卷，人民出版社，2002，第270页。
② 《马克思恩格斯全集》第42卷，人民出版社，1979，第94页。
③ 《马克思恩格斯全集》第2卷，人民出版社，1957，第44页。

为了休闲不得不忍受的事情，休闲是快乐的，要快乐就不要劳动。这在新生代农民工的身上是有体现的，比如不劳而获、好吃懒做、寻求感官刺激、热衷于低俗文化等。随着社会主义现代化建设的发展，关系本位现象将越来越少，能力本位对个人发展的作用越来越突出，劳动与发展的正相关日益鲜明。同时，休闲时间也将逐步增加，比如随着农业机械化快速推进，农忙时间相对缩短，田间劳作可能只有2～3个月，其余时间都是农闲。因此，如何看待劳动和休闲，如何看待劳动与休闲的辩证关系，确立健康合理的劳动休闲观成为新生代农民工思想政治教育的重要议题。

结　束　语

　　中国是一个农业大国，农民问题是一个重要问题。"即便我国城镇化率达到70%，农村仍将有4亿多人口。如果在现代化进程中把农村4亿多人落下，到头来'一边是繁荣的城市，一边是凋敝的农村'，这不符合我们党的执政宗旨，也不符合社会主义的本质要求。"①也就是说，中华民族伟大复兴离不开乡村全面振兴，离不开农业农村现代化。"农村现代化既包括'物'的现代化，也包括'人'的现代化，还包括乡村治理体系和治理能力的现代化。"②依据2020年、2035年、2050年社会主义现代化的三个重要发展阶段，党和国家将乡村振兴的具体规划也分别对应为"制度框架和政策体系基本形成""农业农村现代化基本实现""乡村全面振兴，农业强、农村美、农民富全面实现"三个阶段。③农业农村现代化贯穿于中华民族伟大复兴的始终，涉及政治、经济、文化、生态和社会等各个方面，其中"中国未来三十年乡村建设和农村工作的重点应

---

① 《习近平谈治国理政》第3卷，外文出版社，2020，第257页。
② 《习近平谈治国理政》第3卷，外文出版社，2020，第258页。
③ 《中共中央、国务院关于实施乡村振兴战略的意见》，人民出版社，2018，第6页。

当集中到乡村文化建设为中心的工作上来"①。而农民的现代化既包括物质生活现代化等显性维度，也包括精神意识现代化等隐性维度。相比改变其小农身份和经济地位，思想观念的改变难得多，尤其在经济全球化、政治民主化、社会信息化和文化多样化的背景下，农民思想观念的现代化更具有挑战性。因此，农村精神文明建设问题研究具有重要的理论意义和现实意义。

党的重要文件和讲话中思想政治工作和精神文明建设往往并列提出，部署精神文明建设时强调要加强思想政治工作，强调做好思想政治工作时也蕴含精神文明建设的意蕴。第一，思想政治工作与精神文明建设是统一的。社会主义精神文明是社会主义的重要特征，是社会主义制度优越性的重要表现。促进精神文明建设是思想政治工作的目标指向，思想政治工作是促进精神文明建设的重要实践。在《中共中央关于社会主义精神文明建设指导方针的决议》中，专门强调了思想政治工作对精神文明建设的重要意义和做好思想政治工作的要求，指出："思想政治工作是经济工作和其他工作的有力保证。要努力适应新时期的需要，开创思想政治工作的新路子。无论从事哪方面工作的干部，都要做人的工作。"②1999年《中共中央关于加强和改进思想政治工作的若干意见》强调，要积极探索新形势下思想政治工作的规律和方法，"把群众性精神文明创建活动作为思想政治工作的重要载体"③。第二，思想政治工作是精神文明建设的重点。1990年宋平在《加强农村工作，深化农村改革》

---

① 贺雪峰：《大国之基：中国乡村振兴诸问题》，东方出版社，2019，第105页。
② 《十二大以来重要文献选编》（下），中央文献出版社，2011，第135页。
③ 《十五大以来重要文献选编》（中），中央文献出版社，2011，第200页。

的讲话中指出："坚持物质文明建设和精神文明建设一起抓，防止一手硬一手软，这是始终要注意的问题。农村精神文明建设的重点是加强对农民的思想政治工作。"[①]1995年《中央宣传部、农业部纲要深入开展农村社会主义精神文明建设活动的若干意见》将农民思想政治教育的重要性提到一个更高的地位，指出："农村精神文明建设，最根本的是要加强对农民的思想教育。"[②]1996年江泽民在《加强农业基础，深化农村改革，推进农村经济和社会全面发展》的讲话中强调："加强对农民的思想政治教育，用爱国主义、集体主义和社会主义思想占领农村思想文化阵地。这是加强农村精神文明建设的一项根本性的任务。"[③]第三，思想政治工作绝不能削弱。1985年邓小平《在中国共产党全国代表会议上的讲话》中谈到加强社会主义精神文明建设时指出："思想政治工作和思想政治工作队伍都必须大大加强，决不能削弱。"[④]同年，陈云讲道："在党内，忽视精神文明建设，忽视思想政治工作，就不可能有好的党风；在社会上，忽视精神文明建设，忽视共产主义思想教育，就不可能有好的社会风气。"[⑤]1992年《中共中央关于加强和改进宣传思想工作，更好地为经济建设和改革开放服务的意见》中，专门对社会主义精神文明建设进行了部署，其中明确指出，坚持物质文明和精神文明两手抓，是建设有中国特色社会主义的战略方针，精神文明建设要着眼于建设。改革开放愈是深入，愈要加强思想政治工作。任何怀疑、

---

① 《十三大以来重要文献选编》（中），中央文献出版社，2011，第563页。
② 《十四大以来重要文献选编》（中），中央文献出版社，2011，第501页。
③ 《十四大以来重要文献选编》（下），中央文献出版社，2011，第51页。
④ 《十二大以来重要文献选编》（中），中央文献出版社，2011，第289页。
⑤ 《十二大以来重要文献选编》（中），中央文献出版社，2011，第302页。

削弱思想政治工作的观点和做法，都是错误的、有害的。①

　　不断加强和改进农民思想政治教育是新时代农村精神文明建设的应有之义。中国社会异常宽广，尤其各地农村、农民和农业具有很强的地域特色。在研究的视角上要理解农村、农民、农业不仅需要宏观的理论性阐释，也需要微观的实践性研究；在研究的议题上也非常丰富，既有国家与农民关系的问题，也有农村社会结构的问题，还有农民价值观和世界观等文化维度的问题，等等。本研究主要从宏观层面对农民价值观和世界观维度的问题进行理论性的阐释。因此本研究可以认为是新时代农村精神文明建设问题的初步探索，是研究农民价值观和世界观的资料性梳理，是进一步做好农民思想政治教育的基础工作。

　　本研究是以农民为主体，以农村精神文明建设为聚焦点，以农民日常生活为切入点，以促使农村现代化为目标的研究。在行文过程中农民和农民工，农村和乡村，城市和城镇，精神文明建设、思想政治教育和思想政治工作等几组概念交叉出现，主要基于如下方面考虑：如果不是做概念细节的辨析和梳理，在实践中这几组概念本身区别不大；同时因为本研究的框架结构是以专题的形式呈现的，使用契合具体主题和章节的语境话语更加贴切；另外，本研究不是实证性的研究，行文过程中主要通过引证相关研究者的研究成果，而这些研究成果是在不同年代、不同语境下进行的，因此不同引用中也不可避免出现相近词语的使用。新时代农村思想政治教育问题还有许多需要拓展的空间。在理论层面上，随着实践的拓展相关议题将不断涌现，比如网络社会、流动社会、老年化社会、公共空间等都是农民思想政治教育需要不断深入探讨的问题。在实践层

①《十三大以来重要文献选编》（下），中央文献出版社，2011，第637页。

面上，农民思想政治教育有许多好做法、好经验需要不断总结，同样在实践工作中存在的问题也需要不断改进。在方法上，需要不断吸收借鉴各个学科的研究方法。比如，系统性的研究需要加强。因为价值观和世界观维度的问题与经济、社会结构等问题相比具有相对内隐性的特点，所以价值观和世界观维度的问题往往是社会发展的深层问题，作为社会发展的深层问题往往与经济、社会结构等维度的问题有密切联系。又如，实证性研究需要加强。党和政府一直以来高度重视农民思想政治教育并进行了重要部署，因此更为重要的议题是如何更好地落实党和国家的方针政策，不断提升农民思想政治教育的亲和力和实效性。如果仅仅进行理论性的阐释显然是不够的，在此基础上还需要更多深入农村调研，拿到第一手的资料和数据，通过理论与实践结合探索出更具有操作性的农民思想政治教育的机制体制和有效方式方法。

附　录

一、1978年以来主要涉农文件①

年月	重要涉农文件	政策重点	政策目标
1978.12	《中共中央关于加快农业发展若干问题的决定（草案）》	恢复和加快发展农业生产	集中主要精力把农业尽快搞上去。
1982.1	《全国农村工作会议纪要》	农业生产责任制	鼓励探索不同形式的农业生产责任制。
1983.1	《当前农村经济政策的若干问题》	家庭联产承包责任制	改革人民公社体制，实行家庭联产承包责任制，政社分离。
1984.1	《关于一九八四年农村工作的通知》	家庭联产承包责任制	提高土地承包期，鼓励农民生产积极性。
1985.1	《关于进一步活跃农村经济的十项政策》	改革农产品统派购制度，实行合同订购和市场收购	农村经济部分市场化。

---

① 此表主要参考：1978—2007年的内容为陈雪莲总结，2008-2012年的内容为刘伟总结，参见刘伟：《普通人话语中的政治：转型中国的农民政治心理透视》，北京大学出版社，2015，第231-233页。其中对1978-2012年的内容又做了一些补充，2012-2020年的内容由本书作者补充。

年月	重要涉农文件	政策重点	政策目标
1986.1	《关于一九八六年农村工作的部署》	发展农业商品经济	发展商品农业。
1986.9	《中共中央、国务院关于加强农村基层政权建设工作的通知》	农村基层政权建设	党政分工、政企分开、简政放权，搞好基层政权建设。
1987.1	《村民委员会组织法（试行）》	农村基层组织建设、农村基层民主	村民自治，改善农村干群关系。
1987.1	《把农村改革引向深入》	农村经济体制改革	农村体制改革，加强基层组织建设和思想建设。
1993.11	《九十年代中国农业发展纲要》	农业发展	农业发展的目标、指导思想和总体布局。
1993.11	《关于当前农业和农村经济发展的若干政策措施》	延长耕地承包期至30年	稳定完善以家庭联产承包为主的责任制和统分结合的双层经营体制。
1998.1	《中共中央关于农业和农村工作若干重大问题的决定》	"三农"问题	提出解决"三农"问题，制定了"从现在起到2010年建设有中国特色社会主义新农村的目标"。
1998.11	《村民委员会组织法》	农村基层组织建设、农村基层民主	村民自治，农村干群关系和谐稳定。
1999.2	《中国共产党农村基层组织工作条例》	农村基层组织建设	加强和改进党的农村基层组织建设，加强和改善党对农民工的领导。

年月	重要涉农文件	政策重点	政策目标
2000.3	《关于进行农村税费改革试点工作的通知》	农村税费改革试点	安徽省进行农村税费改革试点。
2001.4	《农业科技发展纲要（2001—2010年）》	农业科技发展	明确新阶段农业科技发展的方向与任务，切实推进新的农业科技革命，加速农业现代化。
2003.10	《中共中央关于完善社会主义市场经济体制若干问题的决定》	税费改革	逐步降低农业税率，切实减轻农民负担。
2004.1	《中共中央国务院关于促进农民增加收入若干政策的意见》	农民增收减负	取消烟叶外的农业特产税。
2005.1	《中共中央、国务院关于进一步加强农村工作提高农业综合生产能力若干政策的意见》	坚持"多予少取放活"方针	增收减负，提高农民生活水平。
2005.12	废止《农业税条例》	取消农业税	减轻农民负担。
2006.1	《中共中央、国务院关于推进社会主义新农村建设的若干意见》	新农村建设	促进农民增收，加强农村基础设施建设，发展农村公共事业，加强农村民主政治建设。

年月	重要涉农文件	政策重点	政策目标
2007.1	《中共中央、国务院关于积极发展现代农业扎实推进社会主义新农村建设的若干意见》	发展现代农业，推进新农村建设	巩固、完善、加强支农惠农政策，加大农业投入，推进现代农业建设，强化农村公共服务，深化农村综合改革，确保农村和谐稳定。
2007.7	《国务院关于在全国建立农村最低生活保障制度的通知》	农村最低生活保障制度	将符合条件的农村贫困人口全部纳入保障范围。
2008.1	《中共中央、国务院关于切实加强农业基础建设进一步促进农业发展农民增收的若干意见》	农业基础设施建设、农村民生	切实加大"三农"投入力度，保障主要农产品供给，提高农民收入和农村基本公共服务水平。
2008.10	《中共中央、关于推进农村改革发展若干重大问题的决定》	推进农村改革和发展	形成城乡经济社会发展一体化新格局，促进农村社会全面进步。
2009.1	《中共中央、国务院关于2009年促进农业稳定发展农民持续增收的若干意见》	农业发展和农村制度建设	保持农业农村经济平稳较快发展，确保农村社会安定。
2010.1	《中共中央、国务院关于加大统筹城乡发展力度进一步夯实农业农村发展基础的若干意见》	农业农村基础设施建设、统筹城乡发展	夯实打牢农业农村发展基础，努力形成城乡经济社会发展一体化新格局。

年月	重要涉农文件	政策重点	政策目标
2011.1	《中共中央国务院关于加快水利改革发展的决定》	水利工作改革	通过5年到10年努力,从根本上扭转水利建设明显滞后的局面。
2012.2	《关于加快推进农业科技创新持续增强农产品供给保障能力的若干意见》	农业科技创新	大幅增加农业科技投入,完善农业科技创新机制,推动农业科技跨越式发展。
2012.12	《中共中央、国务院关于加快发展现代农业进一步增强农村发展活力的若干意见》	农业现代化	夯实现代化物质基础,加大强农惠农富农政策力度,提高农民组织化程度,培育发展多元服务主体,保障农民财产权,推进城乡公共资源均衡配置,加强农村基层组织建设。
2014.1	《中共中央、国务院关于全面深化农村改革加快推进农业现代化的若干意见》	全面深化农村改革	国家粮食安全保障体系,农业支持保护制度,农业可持续发展长效机制,农村土地制度改革,新型农业经营体系,农村金融制度长效机制,城乡发展一体化体制机制,改善乡村治理。

年月	重要涉农文件	政策重点	政策目标
2015.1	《中共中央、国务院关于加大改革创新力度加快农业现代化建设的若干意见》	农业现代化	加快转变农业发展方式，加大惠农政策力度，深入推进新农村建设，全面深化农村改革，加强农村法治建设。
2015.12	《中共中央、国务院关于打赢脱贫攻坚战的决定》	脱贫攻坚	增强打赢脱贫攻坚战的使命感紧迫感，实施精准扶贫方略，加强贫困地区基础设施建设，强化政策保障，广泛动员全社会力量，大力营造良好氛围，切实加强党的领导。
2015.12	《中共中央、国务院关于落实发展新理念加快农业现代化，实现全面小康目标的若干意见》	全面小康	持续夯实现代农业基础，加强资源保护和生态修复，推进农村产业融合，推动城乡协调发展，深入推进农村改革，加强和改善党对"三农"工作的领导。
2016.12	《中共中央、国务院关于深入推进农业供给侧结构性改革加快培育农业农村发展新动能的若干意见》	农业供给侧结构性改革	优化产品产业结构，推行绿色生产方式，壮大新产业新业态，强化科技创新驱动，补齐农业农村短板，加大农村改革力度。

年月	重要涉农文件	政策重点	政策目标
2018	《中共中央、国务院关于打赢脱贫攻坚战三年行动的指导意见》	脱贫攻坚	打赢脱贫攻坚战三年行动的指导思想、任务目标、工作要求。
2019	《中共中央、国务院关于坚持农业农村优先发展做好"三农"工作的若干意见》	农村农业发展	决战决胜脱贫攻坚，保障农产品有效供给，补齐农村人居环境和公共服务短板，深化农村改革和完善乡村治理机制等。

二、改革开放以来精神文明建设的主要文件和讲话①

时间	文件	主要内容
1982.9	《全面开创社会主义现代化建设的新局面》	社会主义精神文明是社会主义的重要特征，是社会主义制度优越性的重要表现。社会主义精神文明建设大体可以分为文化建设和思想建设两个方面。建设社会主义精神文明不是一件轻而易举的事，是全党，是各条战线的共同任务。
1985.6	《两个文明要一起抓》	社会主义精神文明的建设，关键是执政党要有好的党风。要加强共产党员的党性教育，提高共产党员的素质。
1985.9	《在中国共产党全国代表会议上的讲话》	当前的精神文明建设，首先要着眼于党风和社会风气的根本好转。端正党风是端正社会风气的关键，改善社会风气要从教育入手。

① 根据《十二大以来重要文献选编》到《十九大以来重要文献选编》整理而来。

时间	文件	主要内容
1985.9	《必须纠正忽视精神文明建设的现象》	必须在思想上纠正忽视精神文明建设的现象，特别注意抵制资本主义腐朽思想和作风的渗入，各级党委和纪委负有重大责任。
1986.9	《中共中央关于社会主义精神文明建设指导方针的决议》	社会主义精神文明建设是关系社会主义兴衰成败的大事，明确了社会主义精神文明建设的根本任务。指出用共同理想动员和团结各族人民，树立和发扬社会主义的道德风尚，加强社会主义民主、法制、纪律的教育，普及和提高教育科学文化和马克思主义在精神文明建设中的指导作用等重要内容。提出了党组织和党员在精神文明建设中的责任。
1986.10	《关于社会主义精神文明建设指导思想的几个问题》	我们的精神文明建设，同我们的物质文明建设一样，都是社会主义的；共产主义最高理想和共同理想是辩证统一的；坚持以马列主义、毛泽东思想为指导，是我国社会主义现代化事业的根本，也是社会主义精神文明建设的根本；高度民主是社会主义精神文明在国家和社会生活中的重要体现；社会主义精神文明建设离不开中国共产党的领导。
1991.11	《中共中央关于进一步加强农业和农村工作的决定》	建设社会主义新农村必须加强思想政治工作，坚持物质文明和精神文明一起抓；继续深入开展社会主义思想教育及其农村精神文明建设和民主法制建设；努力造就一代有理想、有道德、有文化、有纪律的新型农民。

时间	文件	主要内容
1992.9	《中共中央关于加强和改进宣传思想工作，更好地为经济建设和改革开放服务的意见》	坚持物质文明和精神文明两手抓，是建设有中国特色的社会主义的战略方针。精神文明建设要着眼于建设。要大力加强青少年的教育工作。改革开放愈是深入，愈要加强思想政治工作，任何怀疑、削弱思想政治工作的观点和做法，都是错误的、有害的。
1992.10	《加快改革开放和现代化建设步伐，夺取有中国特色社会主义事业的更大胜利》	坚持两手抓，两手都要硬，把社会主义精神文明建设提高到新水平。发挥思想政治工作的优势，激发广大群众投身社会主义建设的积极性。
1995.10	《中央宣传部、农业部关于深入开展农村社会主义精神文明建设活动的若干意见》	加强社会主义精神文明建设是党在农村的一项十分重要的战略任务，坚持不懈地对农民进行思想教育，把农村道德建设提高到一个新水平，扎实开展创建文明家庭、文明村镇和文明乡镇企业活动，加强对农村精神文明建设活动的领导。
1995.10	《认真贯彻十四届五中全会精神，进一步加强社会主义精神文明建设》	把社会主义精神文明建设提到更加突出的地位；紧紧抓住培育"四有"新人这一根本任务；坚持精神文明重在建设的方针；加强思想道德教育，大力弘扬时代精神；充分依靠群众，广泛吸引群众参与；把最好的精神食粮贡献给人民；形成有利于精神文明建设的舆论氛围；狠狠地抓，一天不放松地抓，从具体事件抓起；全社会共同来做，齐抓共管，形成合力；加强领导，守土有责。

时间	文件	主要内容
1996.10	《中共中央关于加强社会主义精神文明建设若干重要问题的决议》	加强社会主义精神文明建设是一项重大战略任务；社会主义精神文明建设的指导思想和奋斗目标；努力提高全民族思想道德素质；积极发展社会主义文化事业；深入持久开展群众性精神文明创建活动；切实增加精神文明建设的投入；加强和改进党对精神文明建设的领导。
2003.12	《在全国宣传思想工作会议上的讲话》	面对市场经济的快速发展，建设社会主义精神文明的任务非常繁重。加强精神文明建设，弘扬和培育民族精神是重要任务，思想道德建设是中心环节，思想政治工作是我们党的重要政治优势。
2005.10	《在全国精神文明建设工作表彰大会上的讲话》	总结经验，面向未来，进一步增强做好精神文明建设工作的责任感和紧迫感；认真贯彻落实十六届五中全会精神，全面推进社会主义精神文明建设；再接再厉，乘势而上，努力开创精神文明建设新局面。

时间	文件	主要内容
2017.11	《在全国精神文明建设表彰大会上的讲话》	党的十八大以来社会主义精神文明建设取得历史性成就、发生历史性变革;把学习宣传贯彻党的十九大精神作为当前和今后一个时期社会主义精神文明建设的首要政治任务;着眼培育时代新人,积极培育和践行社会主义核心价值观;突出以人民为中心,把为民利民要求贯穿到工作中去;深化精神文明创建活动,把精神文明建设各项任务落到基层落到实处;聚焦实现文化小康,满足人们群众日益增长的精神文化需求;注重典型示范引领,深入开展先进人物学习宣传活动;着力推动改革创新,不断增强精神文明建设的针对性、实效性和吸引力、感染力;切实加强党的领导,形成全社会共建共享精神文明

参考文献

1. 《马克思恩格斯全集》第 1、11、30 卷，人民出版社 1995 年版。

2. 《马克思恩格斯全集》第 1 卷，人民出版社 1956 年版。

3. 《马克思恩格斯全集》第 2 卷，人民出版社 1957 年版。

4. 《马克思恩格斯全集》第 3 卷，人民出版社 2002 年版。

5. 《马克思恩格斯全集》第 6 卷，人民出版社 1961 年版。

6. 《马克思恩格斯全集》第 20 卷，人民出版社 1971 年版。

7. 《马克思恩格斯全集》第 42 卷，人民出版社 1979 年版。

8. 《马克思恩格斯选集》第 1—3 卷，人民出版社 2012 年版。

9. 《马克思恩格斯文集》第 1—3 卷，人民出版社 2009 年版。

10. 《列宁全集》第 3 卷，人民出版社 1984 年版。

11. 《列宁全集》第 25 卷，人民出版社 2017 年版。

12. 《列宁全集》第 42 卷，人民出版社 1987 年版。

13. 《列宁选集》第 4 卷，人民出版社 2012 年版。

14. 《列宁专题文集论社会主义》，人民出版社 2009 年版。

15. 《毛泽东文集》第 5 卷，人民出版社 1996 年版。

16. 《毛泽东文集》第 7、8 卷，人民出版社 1999 年版。

17. 《毛泽东选集》第 1—4 卷，人民出版社 1991 年版。

18. 《邓小平文选》第 1—2 卷，人民出版社 1994 年版。

19. 《邓小平文选》第 3 卷，人民出版社 1993 年版。

20．《邓小平年谱（1975—1997）》（上、下），中央文献出版社2004年版。

21．《邓小平传（1904—1974）》（下），中央文献出版社2014年版。

22．《毛泽东、邓小平、江泽民论思想政治工作》，学习出版社2000年版。

23．《江泽民文选》第3卷，人民出版社2006年版。

24．《胡锦涛文选》第3卷，人民出版社2016年版。

25．《习近平谈治国理政》，外文出版社2018年版。

26．《习近平谈治国理政》第2卷，外文出版社2017年版。

27．《习近平谈治国理政》第3卷，外文出版社2020年版。

28．《孙中山选集》，人民出版社1981年版。

29．《周恩来选集》（下），人民出版社1984年版。

30．《彭真文选》，人民出版社1991年版。

31．《建党以来重要文献选编》第1、7、17册，中央文献出版社2011年版。

32．《建国以来重要文献选编》第4册，中央文献出版社2011年版。

33．《十一届三中全会以来重要文献选读》（上），人民出版社1987年版。

34．《十一届三中全会以来党的历次全国代表大会中央全会重要文件选编》（上），中央文献出版社1997年版。

35．《十二大以来重要文献选编》（上、中、下），中央文献出版社2011年版。

36．《十三大以来重要文献选编》（中、下），中央文献出版社

2011年版。

37.《十四大以来重要文献选编》（上、中、下），中央文献出版社2011年版。

38.《十五大以来重要文献选编》（上），人民出版社2000年版。

39.《十五大以来重要文献选编》（中、下），中央文献出版社2011年版。

40.《十六大以来重要文献汇编》（上），中央文献出版社2005年版。

41.《十六大以来重要文献选编》（中），中央文献出版社2006年版。

42.《十八大以来重要文献选编》（上），中央文献出版社2014年版。

43.《十八大以来重要文献选编》（中），中央文献出版社2016年版。

44.《十八大以来重要文献选编》（中），中央文献出版社2011年版。

45.《十九大以来重要文献选编》（上），中央文献出版社2019年版。

46.《社会主义精神文明建设文献选编》，中央文献出版社1996年版。

47.《中共中央国务院关于"三农"工作的一号文件汇编》（1982—2014），人民出版社2014年版。

48.中共中央宣传部办公厅，中央档案馆编研部编：《中国共产党宣传工作文献选编》，学习出版社1996年版。

49.中共中央党史研究室：《中国共产党历史》第2卷（1949—

1978）上册，中共党史出版社2011年版。

50．中共中央党校马克思主义理论教研部、中国马克思主义研究基金会：《马克思主义中国化研究》，人民出版社2011年版。

51．国家卫生健康委员会编：《中国流动人口发展报告2018》，中国人口出版社2019年版。

52．《习近平关于全面深化改革论述摘编》，中央文献出版社2014年版。

53．《思想政治教育学原理》编写组：《思想政治教育学原理》，高等教育出版社2016年版。

54．《中共中央国务院关于实施乡村振兴战略的意见》，人民出版社2018年版。

55．陈秉公：《思想政治教育学》，吉林大学出版社1992年版。

56．陈益元：《建国初期农村基层政权建设研究：1949—1957——以湖南省醴陵县为个案》，上海社会科学院出版社2006年版。

57．陈赟：《现时代的精神生活》，新星出版社2008年版。

58．费孝通：《费孝通文集》第2卷，群言出版社1999年版。

59．费孝通：《乡土中国》，北京出版社2005年版。

60．冯刚：《高校马克思主义大众化研究报告（2009）》，光明日报出版社2009年版。

61．冯天策：《当代中国主流信仰的情感变迁及价值研究》，安徽大学出版社2011年版。

62．高化民：《农业合作化运动始末》，中国青年出版社1999年版。

63．国家卫生健康委员会编：《中国流动人口发展报告2018》，中国人口出版社2019年版。

64．贺雪峰：《大国之基：中国乡村振兴诸问题》，东方出版社2019年版。

65．贺雪峰：《小农立场》，中国政法大学出版社2013年版。

66．胡绳：《中国共产党的七十年》，中共党史出版社1991年版。

67．黄稻、刘海亮：《社会主义法治意识》，人民出版社1995年版。

68．黄慧珍：《信仰与觉醒——生存论视域下的信仰学研究》，人民出版社2007年版。

69．黄琨：《从暴动到乡村割据：1927—1929——中国共产党革命根据地是怎样建立起来的》，上海社会科学院出版社2006年版。

70．金耀基：《从传统到现代》，中国人民大学出版社1999年版。

71．劳允栋：《英汉语言学词典》，商务印书馆2005年版。

72．李大钊：《青春》，高等教育出版社2010年版。

73．李辉：《现代思想政治教育环境研究》，广东人民出版社2005年版。

74．梁鸿：《中国在梁庄》，江苏人民出版社2010年版。

75．梁丽萍：《中国人的宗教心理》，社会科学文献出版社2004年版。

76．梁启超：《饮冰室合集·文集》之四十，中华书局1989年版。

77．梁漱溟：《中国文化要义》，学林出版社1987年版。

78．林语堂：《中国人》，学林出版社2005年版。

79．刘建明：《社会舆论原理》，华夏出版社2002年版。

80．刘润清：《西方语言学流派》，外语教学与研究出版社2002年版。

81．刘伟：《普通人话语中的政治：转型中国的农民政治心理透视》，北京大学出版社2015年版。

82．鲁鹏：《制度与发展关系》，人民出版社2002年版。

83．陆费逵：《陆费逵教育论著选》，人民教育出版社2000年版。

84．罗荣渠：《现代化新论》，北京大学出版社1993年版。

85．莫雷：《20世纪心理学名著》，广东高等教育出版社2002年版。

86．欧阳庆芳：《中国共产党法制教育研究》，武汉大学博士学位论文2014年版。

87．潘光旦、全慰天：《苏南土地改革访问记》，三联书店1952年版。

88．邱林川、陈韬文：《前言：迈向新媒体事件研究》，见邱林川、陈韬文主编：《新媒体事件研究》，中国人民大学出版社2011年版。

89．沈壮海：《思想政治教育有效性研究》，武汉大学出版社2002年版。

90．宋明哲：《现代风险管理》，中国纺织出版社2003年版。

91．谭培文：《利益认同机制研究》，中国社会科学出版社2014年版。

92．陶涵：《新闻学传播学新名词词典》，经济日报出版社1997年版。

93．王南湜：《从领域合一到领域分离》，山西教育出版社1998年版。

94．魏传光：《风险社会中人的发展研究》，中国社会科学出版社2015年版。

95．吴忠民：《社会公正论》，山东人民出版社2004年版。

96．伍庆：《消费社会与消费认同》，社会科学文献出版社2009年版。

97．夏丹波：《公民法治意识之生成》，中共中央党校博士学位论文2015年版。

98．夏勇：《乡民公法权利的生成，走向权利的时代》，中国政法大学出版社2000年版。

99．夏征农主编：《辞海缩印本》，上海辞书出版社1989年版。

100．肖锋：《信息主义：从社会观到世界观》，中国社会科学出版社2010年版。

101．徐勇：《非均衡的中国政治：城市与乡村比较》，中国广播电视出版社1992年版。

102．徐勇：《乡村治理与中国政治》，中国社会科学出版社2003年版。

103．许启贤：《中国共产党思想政治教育史》第2版，人民出版社2004年版。

104．杨国斌：《悲情与戏谑：网络事件中的情感动员》，见邱林川、陈韬文编：《新媒体事件研究》，中国人民大学出版社2011年版。

105．叶澜：《教育概论》，人民教育出版社1996年版。

106．叶泽雄：《社会理想论》，武汉大学出版社1998年版。

107．衣俊卿：《现代化与日常生活批判》，人民出版社2005年版。

108．张春兴：《张氏心理学大辞典》，上海辞书出版社1992年版。

109．张厚安：《中国农村基层政权》，四川人民出版社1992年版。

110．赵树凯：《农民的政治》，商务印书馆2018年版。

111．赵树凯：《乡镇治理与政府制度化》，商务印书馆2010年版。

112．郑永廷：《思想政治教育方法论》，高等教育出版社2001年版。

113．钟敬文：《民俗学概论》，上海文艺出版社2009年版。

114．卓泽渊：《法的价值论》，法律出版社1999年版。

115．〔奥〕阿尔弗雷德·许茨：《社会实在问题》，霍桂桓、索昕译，华夏出版社2001年版。

116．〔德〕斐迪南·滕尼斯：《新时代的精神》，林荣远译，北京大学出版社2006年版。

117．〔德〕黑格尔：《小逻辑》，贺麟译，商务印书馆2014年重印版。

118．〔德〕马克斯·韦伯：《社会科学方法论》，李秋零、田薇译，中国人民大学出版社1992年版。

119．〔德〕沃尔夫冈·查普夫：《现代化与社会转型》，陈黎、陆宏成译，社会科学文献出版社2000年版。

120．〔德〕乌尔里希·贝克：《风险社会》，何博闻译，译林出版社2004年版。

121．〔德〕乌尔里希·贝克：《世界风险社会》，吴英姿，孙淑敏译，南京大学出版社2004年版。

122．〔俄〕卡列娃等：《苏维埃国家和法的基础》，中国人民大学编译室译，法律出版社1955年版。

123．〔法〕H．孟德拉斯：《农民的终结》，李培林译，社会科学文献出版社2005年版。

124．〔法〕卢梭：《社会契约论》，何兆武译，商务印书馆1980年版。

125．〔法〕让·波德里亚：《消费社会》，刘成富，全志钢译，南京大学出版社2006年版。

126．〔法〕让·雅克·卢梭：《爱弥儿》，李平沤译，商务印书馆2008年版。

127．〔古希腊〕亚里士多德：《政治学》，吴寿彭译，商务印书馆1983年版。

128．〔美〕阿历克斯·英格尔斯等：《人的现代化》，殷陆君编译，四川人民出版社1985年版。

129．〔美〕埃弗里特·M．罗杰斯等：《乡村社会变迁》，王晓毅、王地宁译，浙江人民出版社1988年版。

130．〔美〕保罗·蒂利希：《信仰的动力学》，成穷译，商务出版社2019年版。

131．〔美〕贝塔兰菲：《一般系统论》，秋同等译，社会科学文献出版社1987年版。

132．〔美〕宾克莱：《理想的冲突——西方社会变化着的价值观念》，马元德译，商务印书馆1983年版。

133．〔美〕伯尔曼：《法律与宗教》，梁治平译，商务印书馆

2012年版。

134.〔美〕戴维·H.乔纳森主编：《学习环境的理论基础》，郑太年等译，华东师范大学出版社2002年版。

135.〔美〕道格拉斯·诺思：《制度、制度变迁与经济绩效》，刘守英译，三联书店1994年版。

136.〔美〕杰克·特劳特等：《新定位》，李正栓、贾纪芳译，中国财政经济出版社1996年版。

137.〔美〕莱斯利·怀特：《文化科学》，曹锦清译，浙江人民出版社1988年版。

138.〔美〕莱斯利·里普森：《政治学的重大问题》，刘晓译，华夏出版社2001年版。

139.〔美〕曼纽尔·卡斯特：《认同的力量》，夏铸九等译，社会科学文献出版社2003年版，。

140.〔美〕萨缪尔森：《经济学》（上），高鸿业译，商务印书馆1979年版。

141.〔美〕斯塔夫里阿诺斯：《全球通史》，董书慧译，北京大学出版社2005年版。

142.〔美〕沃尔特·李普曼：《公众舆论》，闫克文等译，上海人民出版社2006年版。

143.〔美〕约翰·杜威：《杜威全集》中15卷，汪堂家等译，华东师范大学出版社2012年版。

144.〔美〕约翰·杜威：《民主主义与教育》，王承绪译，人民教育出版社1990年版。

145.〔美〕约翰·罗尔斯：《正义论》，何怀宏译，中国社会科学出版社1988年版。

146．［美］约书亚·梅罗维茨：《消失的地域：电子媒介对社会行为的影响》，肖志军译，清华大学出版社2002年版。

147．［美］詹姆斯·A．罗伯茨：《幸福为什么买不到》，田科武译，电子工业出版社2013年版。

148．［美］詹姆斯·C．斯科特：《农民的道义经济学：东南亚的反叛与生存》，程立显、刘建译，译林出版社2001年版。

149．［美］詹姆斯·S．科尔曼：《社会理论的基础》，邓方译，社会科学文献出版社1990年版。

150．［日］大河内一男等：《教育学的理论问题》，曲程、迟凤年译，教育科学出版社1984年版。

151．［瑞士］索绪尔：《普通语言学教程》，高名凯译，商务印书馆1985年版。

152．［以色列］尤瓦尔·赫拉利：《人类简史》，林俊宏译，中信出版社2017年版。

153．［英］安东尼·吉登斯：《现代性与自我认同》，赵旭东、方文译，三联书店1998年版。

154．［英］安东尼·吉登斯：《现代性的后果》，田禾译，译林出版社2000年版。

155．［英］鲍曼：《寻找政治》，洪涛、周顺、郭台辉译，上海人民出版社2006年版。

156．［英］弗兰克·艾利斯：《农民经济学：农民家庭农业和农业发展》，胡景北译，上海人民出版社2006年版。

157．［英］齐格蒙特·鲍曼：《流动的现代性》，欧阳景根译，三联书店2002年版。

158．［英］维尔：《美国政治》，王合，陈国清，杨铁钧译，商务印书馆1981年版。

159．［英］亚当·斯密:《国富论》,郭大力等译,商务印书馆2019年版。

160．Eatwell, John. The New Palgrave: A Dictionay of Economics. The Macmillan Press Ltd, 1987. 241.

161．Haken H. I nf ormation and Sel f — organi z ation : A Marcroscopic A p proach to Cpmplex s ystems [M] . Berlin& New York : Oxford university Press Inc. 1988. 11,6.

162．Kevin O. Brien, "RightfulResistance," World Politics, Vol. 49, No. 1, 1996, pp. 31—55; Kevin J. O'Brien, Lianjiang Li, Rightful-Resistance in Rural China, New York: Cambridge University Press, 2006, p.2.

163．Larson T J.The Rise of Professionalism: A Sociological Analysis [M]. Berkeley: University of California Press, 1977:5.

后　记

在中国共产党成立 100 周年之际，中共中央、国务院印发的《关于新时代加强和改进思想政治工作的意见》指出要加强农村思想政治工作，加强农村精神文明和思想道德建设，开展弘扬时代新风和移风易俗行动，抵制腐朽落后文化侵蚀，培养有理想、有道德、有文化、有纪律的新时代农民。没有乡村的振兴，就没有中华民族伟大复兴。在中华民族伟大复兴的伟大征程中，农村一定会实现跨越式的发展，农村精神文明建设也必然实现巨大跃升。

本书是偶然所得，也是积累的结果。在学习中一直在思考农村的问题，在硕士研究生阶段就围绕这个议题有粗略的思考并写了一些小文章。现在我所在的学校是农业类大学，"三农"议题是我们学习研究中谈及较多的问题，前辈同事对相关问题的研究有丰富的沉淀，长期的耳濡目染对"三农"的问题也有意无意地进行观察与思考。在北京访学的时候就开始着手本书写作，2020 年我们面对突如其来的疫情，作为一名教师能做的就是认真上课的同时不到处走，有了一段集中的时间整理相关资料。从这个意义说，本书完成是由于工作学习生活中经历了较长时间的沉淀，又是个体面对疫情过程中的副产品。本书的完成特别感谢白宁老师的鼓励督促，感谢康健老师的辛勤付出，感谢山西教育出版社领导、老师的支持，感谢李辉教授一直以来无私关心和倾心指导，感谢刘建军教授的接纳、指导和帮助，感谢陈桂蓉教授的悉心指导，感谢华南农业大学马克思主义学院领导和老师的帮助支持，感谢领导、同事、朋友一直以来的关心，感谢王然、肖珊、王一波、郭永健在稿件整理和校对等环节的付出，王然还整理了文献综述的相关内容。本书的部分成果曾在相关期刊发表，在写作过程中参考了学者同仁们的诸多成果，特此感谢！

本书是本人承担的国家社科基金项目"培育马克思主义信仰的群众基础"（2017MKS141）的阶段性研究成果。

练庆伟